编辑委员会名单

中国地方社会科学院学术精品文库·浙江系列

中国地方社会科学院学术精品文库·浙江系列

社区精英与村落共同体再造

——右坞村城市化的观察与阐释

Community Elites and Rural Community Reconstruction

The Observation and Analysis
of the Youwu Village's Urbanization

● 莫艳清 / 著

社会科学文献出版社
SOCIAL SCIENCES ACADEMIC PRESS (CHINA)

打造精品　勇攀"一流"

《中国地方社会科学院学术精品文库·浙江系列》序

光阴荏苒，浙江省社会科学院与社会科学文献出版社合力打造的《中国地方社会科学院学术精品文库·浙江系列》（以下简称《浙江系列》）已经迈上了新的台阶，可谓洋洋大观。从全省范围看，单一科研机构资助本单位科研人员出版学术专著，持续时间之长、出版体量之大，都是首屈一指的。这既凝聚了我院科研人员的心血智慧，也闪烁着社会科学文献出版社同志们的汗水结晶。回首十年，《浙江系列》为我院形成立足浙江、研究浙江的学科建设特色打造了高端的传播平台，为我院走出一条贴近实际、贴近决策的智库建设之路奠定了坚实的学术基础，成为我院多出成果、快出成果的主要载体。

立足浙江、研究浙江是最大的亮点

浙江是文献之邦，名家辈出，大师林立，是中国历史文化版图上的巍巍重镇；浙江又是改革开放的排头兵，很多关系全局的新经验、新问题、新办法都源自浙江。从一定程度上说，在不少文化领域，浙江的高度就代表了全国的高度；在不少问题对策上，浙江的经验最终都升华为全国的经验。因此，立足浙江、研究浙江成为我院智库建设和学科建设的一大亮点。《浙江系列》自策划启动之日起，就把为省委、省政府决策服务和研究浙江历史文化作为重中之重。十年来，《浙江系列》涉猎领域包括经济、哲学、社会、文学、历史、法律、政治七大一级学科，覆盖范围不可谓不广；研究对象上至史前时代，下至 21 世纪，跨度不可谓不大。但立足浙江、研究浙江的主线一以贯之，毫不动摇，为繁荣我省哲学社会科学事业积累了丰富的学术储备。

贴近实际、贴近决策是最大的特色

学科建设与智库建设双轮驱动，是地方社会科学院的必由之路，打造区域性的思想库与智囊团，是地方社会科学院理性的自我定位。《浙江系列》诞生十年来，推出了一大批关注浙江现实，积极为省委、省政府决策提供参考的力作，主题涉及民营企业发展、市场经济体系与法制建设、土地征收、党内监督、社会分层、流动人口、妇女儿童保护等重点、热点、难点问题。这些研究坚持求真务实的态度、全面历史的视角、扎实可靠的论证，既有细致入微、客观真实的经验观察，也有基于顶层设计和学科理论框架的理性反思，从而为"短、平、快"的智库报告和决策咨询提供了坚实的理论基础和可靠的科学论证，为建设物质富裕、精神富有的现代化浙江贡献了自己的绵薄之力。

多出成果、出好成果是最大的收获

众所周知，著书立说是学者成熟的标志；出版专著，是学者研究成果的阶段性总结，更是学术研究成果传播、转化的最基本形式。进入20 世纪 90 年代以来，我国出现了学术专著出版极端困难的情况，尤其是基础理论著作出版难、青年科研人员出版难的矛盾特别突出。为了缓解这一矛盾和压力，在中共浙江省委宣传部、浙江省财政厅的关心支持下，我院于 2001 年设立了浙江省省级社会科学院优秀学术专著出版专项资金，从 2004 年开始，《浙江系列》成为使用这一出版资助的主渠道。同时，社会科学文献出版社高度重视、精诚协作，为我院科研人员学术专著出版提供了畅通的渠道、严谨专业的编辑力量、权威高效的书稿评审程序，从而加速了科研成果的出版速度。十年来，我院一半左右科研人员都出版了专著，很多青年科研人员入院两三年左右就拿出了专著，一批专著获得了省政府奖。可以说，《浙江系列》已经成为浙江省社会科学院多出成果、快出成果的重要载体。

打造精品、勇攀"一流"是最大的愿景

2012 年，省委、省政府为我院确立了建设"一流省级社科院"的总体战略目标。今后，我们将坚持"贴近实际、贴近决策、贴近学术前沿"的科研理念，继续坚持智库建设与学科建设"双轮驱动"，加快实施"科研立院、人才兴院、创新强院、开放办院"的发展战略，努力在 2020 年年底总体上进入国内一流省级社会科学院的行列。

根据新形势、新任务，《浙江系列》要在牢牢把握高标准的学术品质不放松的前提下，进一步优化评审程序，突出学术水准第一的评价标准；进一步把好编校质量关，提高出版印刷质量；进一步改革配套激励措施，鼓励科研人员将最好的代表作放在《浙江系列》出版。希望通过上述努力，能够涌现一批在全国学术界有较大影响力的学术精品力作，把《浙江系列》打造成荟萃精品力作的传世丛书。

是为序。

张伟斌

2013 年 10 月

前　言

一百多年前，马克思曾深刻指出，现代化的历史就是一部乡村城市化的历史。[①] 如今，这一论断正被中国城乡社会已经发生和正在发生的历史性巨大变化印证着。在史无前例的城市化、工业化进程中，"乡村中国"正在以前所未有的速度朝着"城市中国"高歌猛进，中国的万千村落在滚滚而来的时代大潮冲击下，发生着亘古未有的历史变迁。[②] 民政部的统计数据显示，在2002～2012年这10年间，中国的自然村落由360万个锐减至270万个，这无疑会给中国的未来发展带来难以预料的历史性影响。因此，乡村社会作为中国现代化发展的蓄水池和稳定器，在城市化进程中如何对其村落进行保护和再造，是当下这个时代向社会科学界提出的重大课题。

已有的研究表明，在城市化进程中，村落变迁至少存在着两种完全不同的形式：一类是村落的消失或解体。村落消失或解体的形式大致分为两种：第一种是李培林提出的"村落的终结"。城中村和近郊村落受到工业化、城市化和非农化的影响，血缘和地缘关系逐渐淡化

---

① 《马克思恩格斯全集》（46卷上），人民出版社，2006，第480页。
② 冯骥才：《古村落抢救已到最紧急关头》，《新华日报》2012年6月8日，第B03版。

与消解，社区边界将最终解体，村落走向终结。① 第二种是在城市化进程中，大量青壮年外出谋生，村落内部组织和结构趋向解体，成为"空壳村"。另一类是"村落的再造"。折晓叶研究发现，在工业化、城市化过程中，村民主动采取集体行动，举办非农产业，大力发展集体经济，村落最终形成政经社一体的"利益关联共同体"。在此过程中，村落并非萎缩和消亡，而是村政功能不断增强，社区结构不断发展和完善，村落整体实现了"重建"和"创新"。② 就当前更大范围内的乡村实际来看，"村落再造"的发展模式似乎更可资借鉴和研究。它所体现出的学术价值在于，社区成员立足自身，借助外界有利条件在原来的生产、生活范围内进行的一种积极的、发挥主观能动性的创造性发展实践。要洞察和理解隐藏在这一伟大创造性实践背后的"社会隐秘"，对村落场域内的精英人物及其"创新行动"的研究就显得至关重要。因为即使处于同样的宏观环境，自然条件相似的不同社区，由于其内部行动主体的行动差异，社区将会走上不同的发展道路。同时，"创新"往往是极少数精英人物的冒险举动，而非所有成员的共同行动特征，毕竟尝试新鲜事物的结果预期不如例行化行动那样绝对可靠。因为习俗经济是交易费用最低的经济，新制度经济学家这样提示我们。

本书研究的基本问题就是城市化进程中"村落再造"这一变迁类型的发展实践和村落精英人物及其行动的内在相关性。本书以浙北近郊右坞村的城市化、市场化历程为背景，以村落的创新发展与再造实践为叙述主线，试图通过对历史动态村落场域内社区精英的"创新行

---

① 李培林：《村落的终结——羊城村的故事》，商务印书馆，2010，第40页。
② 折晓叶：《村庄的再造——一个"超级村庄"的社会变迁》，中国社会科学出版社，1997，第14页。

动"及其策略的详细考察和深入分析，在"国家—精英—农民"的框架内来探寻他们对村落发展的功能与影响，从而描摹出城市化进程中"村落再造"的过程特征、变迁轨迹，挖掘出其背后的微观动力机制，旨在为城市化进程中村落共同体的再造提供一个微观层面的学理性解释，并希冀通过对这一"村落再造"实践的透视来为其他村落的发展提供经验借鉴。

本研究课题首先坚持马克思主义的历史唯物主义理论。按照马克思的唯物史观，"人们奋斗所争取的一切，都同他们的利益有关"。①"引起重大历史变迁的行动"②的动因正是人民群众，人民群众创造了历史。笔者认为，相比于普通大众，人民群众中的精英人物及其行动在社会变迁中的作用则显得更为重要。正如巴特摩尔所说："在那些社会变革复杂多样、困难重重，人们业已习惯的社会生活发生翻天覆地变化的地方会产生对杰出领袖和精英的迫切需要。因此，我们可以在当今的发展中国家里找到考察产生新的精英的社会力量，以及精英在努力建设经济发达的现代化国家时所进行的种种活动的绝好机会。"③

本研究课题坚持历史与逻辑相统一，经验事实与理论演绎相统一，运用历史的分析方法，通过对研究个案右坞村30年城市化变迁的考察与审视，以提炼出30年来村落城市化的演进逻辑。笔者根据历史演进中的"社会事实"建构村落30年城市化变迁的基本框架，努力将实证调查的个案材料、文献资料与理论逻辑演绎相结合，将经验事实与理论阐释相结合，以使笔者的研究与阐释符合经验事实与逻辑演绎。

---

① 《马克思恩格斯全集》第一卷（上），人民出版社，2006，第187页。
② 《马克思恩格斯选集》第四卷，人民出版社，2012，第256页。
③ 〔英〕巴特摩尔：《平等还是精英》，尤卫军译，辽宁教育出版社，2006，第79页。

本研究课题遵循"社会事实"的学术原则，采用"过程—事件分析"方法，主要运用精英行动与社会变迁的理论。

（1）"社会事实"原则。本研究课题遵循涂尔干"把社会事实作为物来考察"的"社会事实"原则，尽量摆脱理论设想的一切预断和研究过程中的主观臆断，始终坚持遵从"社会事实"的原则。笔者把城市化进程中社区精英与村落共同体再造的研究建立在固有的"社会事实"基础上，而非建立在已有的概念、理论或规则上。"理论是灰色的，而生活之树是常青的"①列宁提示我们需要尊重不断发展的鲜活的社会事实。笔者以村落的城市化和市场化历程为背景，以村落的创新发展与再造实践为叙述主线，通过对村落历史发展场域内精英人物的"创新行动"及其行动时所采用的各种策略的考察，来探寻"村落再造"的发生机制。笔者采取循序渐进的方式，逐步把研究推向深入，力图将精英人物及其"创新行动"对村落变迁的功能和影响通过鲜活的社会事实展现在读者面前。

（2）"过程—事件分析"方法。"过程—事件分析"方法最早是孙立平教授在从事土地改革50年来农民生活经历的口述史研究时提出的。他认为"'过程—事件分析'研究策略的最基本点，是力图将所要研究的对象由静态的结构转向由若干事件所构成的动态过程，并将过程看作是一种独立的解释变项或解释源泉"②。本研究将"村落再造"的整个过程作为一个整体事件来分析，"村落再造"的过程又是由一个个动态的历史事件所构成，通过对社区内部各类精英的行动过程和事件发生过程的观察来揭示村落变迁的微观机制和内在演进逻

---

① 《列宁专题文集：论马克思主义》，人民出版社，2009，第169页。
② 孙立平：《"过程—事件分析"与中国农村中国家——农民关系的实践形态》，载《清华社会学评论》（特辑），鹭江出版社，2000，第1页。

辑，进而在微观的社区行动与宏观的社会变迁之间发觉某种可以衔接的机制。在这里我们还可以通过对"村落再造"这一动态的社会事实的研究，了解到孙立平的"过程—事件分析"方法是如何将布迪厄的社会实践方法论真正进行落地和应用于社会实践研究的。

（3）精英行动与社会变迁理论。卡莱尔曾说："历史是英雄创造的。"虽说卡莱尔的"英雄决定论"过分主张作为主观能动的人的作用，但毋庸置疑的是英雄在社会变迁中确实发挥着较普通人更大的作用，帕累托的精英循环理论、莫斯卡的统治阶级论和米尔斯的权力精英理论均强调了精英人物在社会变迁中的巨大作用。在本项研究中，笔者透视村落精英在村落城市化变迁中的作用，并非平铺直叙地阐述村落精英的结构、构成来源及其作用的变化，而是突破以前的单一研究精英人物的研究范式，将精英人物放在一个鲜活的村落城市化、市场化历程中去探寻他们的功能和影响，尤其是一个村落在城市化进程中成功实现再造的社会事实更能鲜活地体现精英人物的创造性作用。笔者不仅是在村落城市化变迁中来探寻精英对村落实现再造的创造性功能，还注意到村落城市化发展的外部机遇、内部条件对村落精英的产生、发展、角色转变的催生作用，以更科学、更全面地展示城市化进程中社区精英与村落共同体再造的内在机理。

本书为温州大学任映红教授主持的国家社科基金重点课题"城市化进程中村落变迁的特征概括与规律分析"的研究成果之一。本项研究从研究策划、田野调查、资料整理到书稿最终定稿，历时3年。作为学术生涯的第一本专著，全书的写作过程是笔者与20余万文字间痛苦又快乐、煎熬又兴奋的对话过程。

本项研究得到了调研对象村落的村干部、大学生村官以及部分村民的大力支持，正是由于他们的详尽介绍，才使本研究有了鲜活的研究素材，为笔者深刻认知右坞村在城市化进程中的再造实践提供了坚实的材料支撑和研究基础。然而，需要说明的是，为了学术研究的需要，本书中的部分地名和所有人名均为化名（公众人物除外），书中部分档案材料和图片资料也做了相应的隐饰。

本项研究还得到了杨建华教授和任映红教授的理论指导和学术支持，他们对研究工作提供了极其宝贵的引领、扶持和襄助。浙江省社会科学院学术委员会的评审专家，对本书亦提出了许多具有建设性的修改意见和建议，正是由于他们的大力支持，本书才得以资助出版。

在此，对以上所有提供指导和帮助的专家、老师、右坞村村干部以及访谈对象致以最诚挚的谢意。

莫艳清

2016 年 5 月于杭州西子湖畔

目　录

第一章
绪　论

一　问题缘起

自社会学在中国兴起，村落变迁便是社会学领域的研究重点，近百年来这个研究主题历久弥新，成为中国社会学研究中周期最长、文献成果最多的领域。当然，在不同的时期，村落变迁所赋予的研究使命也就有所不同，从 20 世纪 30 年代的乡村建设与村落研究热潮（如梁漱溟、晏阳初的乡村建设理论与实验、费孝通的乡土重建思想）到改革开放后的村落城市化研究（如折晓叶的"村落再造"、李培林的"村落终结"以及贺雪峰的"村落空心化"研究），无不体现着时代所赋予的研究使命。当前，我国正处于城市化的加速发展期，作为我国现代化主要目标的城镇化和工业化势必会引致村落发生剧烈、深刻的变化，对城市化进程中的村落变迁进行深入细致的研究是当下乡村社会学者义不容辞的重要使命。

已有的研究表明，在城市化进程中，村落变迁至少存在着两类完全不同的形式：一类是村落的消失或解体。村落消失或解体的模式大致分为两种：第一种是李培林提出的"村落的终结"。城中村和近郊村落受到工业化、城市化和非农化的影响，血缘和地缘关系逐渐淡化与消解，社区边界将最终解体，村落走向终结。[①] 第二种是在城市化进程中，大量青壮年外出谋生，村落内部组织和结构趋向解体，成为"空壳村"。这两种解体模式源于地域和社会经济发展的差异。另一类是"村落的再造"。折晓叶研究发现，在工业化、城市化过程中，村民主动采取集体行动，兴办非农产业，大力发展集体经济，村落最终形成政经社一体的"利益关联共同体"。在此过程中，村落并非萎缩和消亡，而是村政功能不断增强，社区结构不断发展和完善，村落整体实现了"重建"和"创新"。[②] 从当前更大范围内的乡村实际来看，"村落再造"的发展模式似乎更可资借鉴和研究。它所体现出的学术价值在于，社区成员立足自身，借助外界有利条件在原来的生产、生活范围内进行的一种积极的、发挥主观能动性的创造性发展实践。它是一种以改善生产、生活条件为目标的发展实践，也是一种相关利益主体共享、可持续的发展实践。

从客观上来看，城市化和工业化作为村落变迁的外源性动力，对村落的非农化发展自然影响巨大。但实际上，村落在受到外在宏观因素的影响时，走向终结还是实现再造，在很大程度上取决于村落内部的主观因素。也就是说，尽管宏观的制度安排会引致村落结构的变化，但这种变化最终要通过人的行动来实现，人的行动才是村落变迁的主观动因。因此，要洞察和理解隐藏在"村落再造"这一伟大创造性实践背后的"社会隐秘"，对村落场域内的精英人物及其"创新行动"

---

① 李培林：《村落的终结——羊城村的故事》，商务印书馆，2010，第40页。
② 折晓叶：《村庄的再造——一个"超级村庄"的社会变迁》，中国社会科学出版社，1997，第14页。

的研究就显得至关重要。因为即使处于同样的宏观环境，自然条件相似的不同社区，由于其内部行动主体的行动差异，社区将会走上不同的发展道路。同时，"创新"往往是极少数精英人物的冒险举动，而非所有成员的共同行动特征，毕竟尝试新鲜事物的结果预期不如例行化行动那样绝对可靠，因为习俗经济是交易费用最低的经济，新制度经济学家这样提示我们。

鉴于此，研究村落场域内的精英人物及其行动与城市化进程中"村落再造"的内在关系，就成为本书的研究主题。实际上，本研究主题所涉及的是一个常识：任何一个地方或者社区的惊人式发展，通常是由一个或者一群能人（社会学上称之为精英）带动或激发起来的，如华西村的吴仁宝、南街村的王宏斌等，反之，在任何一个欠发展或发展速度极其缓慢的地方，往往也难以找到快速发展地区那样的卓越行动者——能人。这一普遍事实的社会学意义是，不同的社会行动者及其行动对社会变迁的影响力是不同的。从理论构建和发展的意义上来说，通过对这一普遍事实的深入考察和研究，将有助于构建起农村社会结构演变的内在动力机制的理论模型。

本书以浙江杭州市近郊右坞村的城市化、市场化历程为背景，以村落场域内的社区精英及其行动为研究对象，将村落的创新发展与再造实践作为叙述主线，试图通过对历史动态村落场域内社区精英的"创新行动"及其策略的详细考察和深入分析，在"国家—精英—农民"的框架内来探寻他们对村落发展的功能与影响，从而描摹出城市化进程中"村落再造"的过程特征、变迁轨迹，以及挖掘出其背后的微观动力机制，旨在为城市化进程中村落共同体的再造提供一个微观层面的学理性解释，并希冀通过对这一"村落再造"实践的透视来为其他村落的发展提供经验借鉴。

二 理论准备与文献综述

(一) 关于精英研究的理论和文献述评

1. 精英社会学: 从帕累托到米尔斯

关于精英与社会历史关系的思考和研究, 学界主要有以英国著名历史学家托马斯·卡莱尔为代表的"英雄决定论"和以客观唯心论者黑格尔为代表的"社会决定论"的两极理论。卡莱尔在《英雄和英雄崇拜》一书中声称: "在我看来, 世界的历史, 人类在这个世界上已完成的历史, 归根结底是世界上耕耘过的伟人们的历史。它们是人类的领袖, 是传奇式的人物, 是芸芸众生踵武前贤, 竭力仿效的典范和楷模。甚至不妨说, 它们是创世主。我们在世界上耳闻目睹的这一切实现了的东西, 不过是上天派给这个世界的伟人们的思想的外部物质结果、现实的表现和体现。可以公正的说, 整个世界历史的灵魂就是这些伟人的历史。"[①] 卡莱尔的社会历史观归根结底为一句话: 历史是英雄创造的。作为客观唯心主义者, 黑格尔极不同意卡莱尔近乎狂热的英雄崇拜观, 他的社会历史观归结为一句话: 历史是在"客观精神"的支配下进行的, 任何人都无法创造历史。黑格尔认为, 英雄和群众一样, 不能创造任何东西, 更不能创造历史, 他们只是执行"客观精神"展现到他们所处的时代时给他们委派的任务, 他们是被历史推上舞台的, 都是身不由己的。[②]

通过上述两种观点的综述, 基本可以看出, 卡莱尔的"英雄决定论"过分主张作为主观能动的人的作用, 而黑格尔的"社会决定论"过分强调了客观存在对历史发展的作用, 两种观点都有失偏颇。当然,

---

① 〔英〕托马斯·卡莱尔:《英雄和英雄崇拜——卡莱尔的讲演集》, 张峰、吕霞译, 上海三联书店, 1998, 第1~2页。
② 〔德〕黑格尔:《历史哲学》, 王造时译, 上海书店出版社, 2006, 第69~70页。

对上述两种观点的阐述，并非是本研究的主要任务，只不过是希望能在这两种观点中找到笔者的研究立场，即对农村社区精英在村落变迁中历史性地位的社会学考察。这里主要梳理一下与本研究紧密相关的社会精英理论，为本研究做好理论准备。

（1）帕累托的精英循环论。意大利经济学家和社会学家维尔弗雷多·帕累托，在其代表作《精英的兴衰》中阐述了他的"精英循环"思想。帕累托认为，社会资源的占有和分配总是不平等的，在任何社会，始终存在着占统治地位的一小部分人和被统治的广大群众之间的分离和对立，前者被称为"精英"，后者则被称为"大众"。"精英"有广义和狭义之分。广义的"精英"是指那些在人类活动的各个领域里取得突出成绩而达到较高层次的冒尖人物，如医术高明的医生、主顾最多的律师、财富巨大的富翁、最受欢迎的妓女等，这样的人聚在一起形成一个阶级，称之为"精英阶级"。狭义的"精英"就是少数的统治者，能够制定政策，做出重大决定的人，即"统治精英"。① 他认为，精英的兴衰和精英与非精英之间的循环是必然的政治历史现象，合理的循环和流动能够保持社会的基本平衡，如果在精英之间和精英与非精英之间缺乏正常的循环和流动，就会造成经济、社会和政治的不稳定，最终引发革命和暴动。②

帕累托的精英理论实际上存在诸多问题：比如，帕累托对"精英"的定义完全忽视了道德标准，不论他们所干的事情是好是坏，只要他们在本行业内出类拔萃或者创造了纪录，就将其归入精英行列。又比如，他的精英理论极度夸大了统治精英在社会发展中作用，将政治与社会的互动视为统治精英对非统治精英和大

---

① 贾春增：《外国社会学史》（修订本），中国人民大学出版社，2000，第173～174页。
② 贾春增：《外国社会学史》（修订本），中国人民大学出版社，2000，第174～176页。

众的单向度统治，这为个人独裁政治提供了理论依据，进而贬低了人民群众在历史创造中的主体性作用，这是帕累托精英理论的致命缺陷。①

尽管帕累托的精英理论有这样的缺陷，但我们仍然可以从中得到一些启示：①只有依靠自己的真才实学和实际成就成为精英的人才能真正占据统治地位，而根据家庭背景或者先赋条件获得精英地位的人，以及那些已经不具备精英资格而仍然占据着精英地位的人，早晚会被非精英群体中的杰出人物所替代；②所谓的"精英"，应当是一个对外开放的社会集团，让每一个人凭借自己的后天努力和自致成就来获得相应的社会地位和权力，实现合理的社会流动是保持社会稳定并充满活力的一个关键条件。②

（2）莫斯卡的统治阶级论。精英主义传统认为，任何社会都存在着一个完全独立并且居于支配地位的政治分层体系，而这一传统的奠基理论之一就是莫斯卡的统治阶级论。莫斯卡在《统治阶级》一书中阐述了他的统治阶级思想。他首先对"统治阶级"的概念做了明确的界定："在所有社会中……都会出现两个阶级——一个是统治阶级，另一个是被统治阶级。前一个阶级总是人数较少，行使所有社会职能，垄断权力并且享受权力带来的利益。而另一个阶级，也就是人数更多的阶级，被第一个阶级以多少是合法的、又多少是专断和强暴的方式所领导和控制。被统治者至少在表面上要供应给第一个阶级物质生活资料和维持政治组织必需的资金。"③

莫斯卡接着阐述了作为少数人的统治阶级，能够实现对多数人统

---

① 孙青美：《帕累托精英理论概述》，《经营管理者》2010 年第 1 期，第 120 页。
② 陈光金：《中国农村社区精英与中国农村变迁》，中国社会科学院研究生院，博士学位论文，1997，第 18 页。
③ 〔意〕加塔诺·莫斯卡：《统治阶级》，贾鹤鹏译，译林出版社，2002，第 97 页。

治的三大原因：一是统治阶级拥有卓越的组织能力；二是统治阶级通常拥有在其所处的社会中得到任何物质、知识、道德方面的优势，并且具有相当影响力；三是统治阶级除了通过其卓越的组织能力和优越的社会品质来实现自己的统治外，他们通常还会诉诸道德、法律和军事等手段。①

莫斯卡还谈到了统治阶级的流动问题。他认为，尽管统治阶级都有稳定和延续自己统治的世袭化倾向，但是任何统治阶级的统治都无法永恒持续。他指出："只要政治力量的平衡发生转变——也就是当人们感到需要不同于旧有力量的势力统治国家时，当旧有力量因而丧失了他们的重要性，或者权力分配发生变化时——那时统治阶级得以建立的方式也会发生变化。如果一个新的财富源泉在社会中发展起来，如果知识的实际重要性得以增长，如果旧有的宗教衰落或者新的宗教产生，如果一个新的思潮扩展开来，那么统治阶级中就会发生广泛的混乱。"②

当然，莫斯卡的统治阶级论也有极端和片面之处。他将整个人类历史都视为统治阶级的更替和循环。虽然有极端之处，但对精英社会学仍有以下两点贡献：①他独创性地揭示了在政治统治中，组织起来的少数精英群体远比人数众多但却一盘散沙的大众的力量强得多；②他指出了建立在利益纽带之上的精英与社会的关系。③

（3）米尔斯的权力精英理论。米尔斯的权力精英思想集中体现在《权力精英》一书当中。米尔斯认为，美国是一个由"权力精英"支

---

① 〔意〕加塔诺·莫斯卡：《统治阶级》，贾鹤鹏译，译林出版社，2002，第 98~117 页。
② 〔意〕加塔诺·莫斯卡：《统治阶级》，贾鹤鹏译，译林出版社，2002，第 114 页。
③ 陈光金：《中国农村社区精英与中国农村变迁》，中国社会科学院研究生院，博士学位论文，1997，第 19 页。

配的社会，"权力精英由这样一些人组成——他们的地位可以使他们超越普通人所处的普通环境；他们的地位可以使他们做出具有重要后果的决定。相对于他们所占据的关键位置而言，他们是否做出如此决定并不重要。行动未果，或决策失败，其行为本身就比做出决策更具影响力。因为他们主宰了现代社会的主要等级制度和组织结构。他们支配着大公司，操纵着国家机器并拥有各种特权，掌握军权，占据着社会结构的战略要津。所有这一切集中了他们享有的权力、财富和声望的各种有效的手段"。[①]

在阐述了"权力精英"的概念后，米尔斯对"权力精英"进行了分类。他认为，二战后的美国社会，国家的主要权力已集中在经济、政治和军事三大领域内，其他机构建制则滑向了现代历史的边缘，它们偶尔还要适当地从属于主角。他在书中阐述道："宗教的、教育的和家庭的制度不是国家权力的自主中心，反之，这些去中心的领域越来越由三巨头（the Big Three，政府、军队、垄断公司）所塑造，并且发展态势极为迅猛和具有决定性。……在三巨头内，典型的结构单元已经发展壮大，且日益行政化。同时，显得更为集中化。……三种权力的掌门人，军界领袖、企业行政长官、政治董事，倾向于齐心协力，共同组成美国的权力精英。"[②] 因此，米尔斯将美国的"权力精英"划分为政治、经济和军事精英三大类型，且进一步阐释了政治、经济与军事权力精英三者之间的关系。第一，由于精英们出身与受教育程度的相似性，使得他们之间能够达成一种合作关系；第二，三种权力精英之间可以进行相互转换；第三，在不同的历史时期，三种权力的重

---

① 〔美〕米尔斯：《权力精英》，王崑、许荣译，南京大学出版社，2004，第2页。
② 〔美〕米尔斯：《权力精英》，王崑、许荣译，南京大学出版社，2004，第4~7页。

要性程度会有所差异。①

"权力精英"与"大众"的关系是米尔斯的权力精英思想的重要组成部分。他从分析美国社会结构的基本特点入手,来阐述二者的关系。米尔斯认为,二战后的美国社会结构呈现出上层一体化、中层僵化、底层碎片化的特点。社会上层是掌控着国家政治、经济和军事权力的权力精英,三者之间不断联合而占据垄断地位。社会中层则由大部分新兴中产阶级组成,成为一种平衡的僵持力量。社会底层是些政治碎片,因在政治上毫无话语权,而逐渐形成大众社会。"权力精英"主要通过大众媒介将自己的决策和行动,以一种表面民主的姿态呈现在大众面前,并且通过各种活动来充塞人们的闲暇时间,以转移人们对政治问题的关注。由此,大众社会逐渐失去了对政治的自主性要求,"权力精英"因而获得对大众社会的有效控制。②

2. 当代中国农村精英研究综述

过去 30 多年来,中国农村精英群体的兴衰以及他们与中国农村发展之间的关系,引发国内外学者的关注。由于相关背景知识和研究旨趣的不同,国内外学者关于该问题的研究存在明显差异。因此,为便于文献梳理,下面分开阐述两大研究群体的相关研究成果。

(1) 零散的经验阐述:国内学者对中国农村精英的研究。国内学者对农村精英群体的研究比较零散,学者们基本上是从各自的角度或者选取某个调研点进行某一问题或者某一层面的研究,相互之间缺乏思想共鸣和批评性的交流,更没有提出具有概括性和解释力强的精英理论模型。下面分别从"农村精英"的概念界定、类型划分、角色演变以及他们在村落治理和发展中的作用等几个方面来梳理国内有关中

---

① 〔美〕米尔斯:《权力精英》,王崑、许荣译,南京大学出版社,2004,第 347~355 页。
② 〔美〕米尔斯:《权力精英》,王崑、许荣译,南京大学出版社,2004,第 380~408 页。

国农村精英群体的研究成果。

随着时代背景和社会发展条件的变化，"农村精英"的界定标准也会随之发生变化。人民公社时期，以占有政治资源的多少来作为"农村精英"的界定标准，主要是指那些在长期的政治运动中形成的，以阶级身份为基础的，具有政治资源的党员、干部和贫下中农。① 改革开放以后，由于政治身份桎梏的打破，"农村精英"的界定标准也随之发生变化。王汉生根据所占有的资源以及资源的重要性为标准，将"农村精英"定义为"那些具有特殊才能，在某一方面或某一活动领域具有杰出才能的社区成员，他们往往是在权力、声望和财富等方面占有较大优势的个体或群体"。② 折晓叶、陈婴婴在"超级村庄"进行调研时发现，某些人常常在村落的日常生活中扮演着管理者和决策者的角色，成为影响农村生存或发展的关键人物。③ 至此，对社区发展影响力的大小成为界定"农村精英"的一项重要指标。项辉、周俊麟二人综合王汉生和折晓叶等人的观点，对"农村精英"的划分标准做出了新的阐述。他们认为，随着社会的发展，精英群体日益表现出复杂性，单一的标准难以概括，他们把拥有资源优势、一定程度的成功以及对社区的影响作为界定"农村精英"的三项重要指标。④ 陈光金对"农村精英"的界定与项、周二人有较大相似之处，但又有所不同。他把项、周二人关于"农村精英"群体划分标准的第三条"对社区的影响"，进一步明确为"对社区社会结构的维持或变化具有一定贡

---

① 贺雪峰：《村庄精英和村庄记忆：理解村庄性质的二维框架》，《社会科学辑刊》2000 年第 4 期，第 34~40 页。
② 王汉生：《改革以来中国农村的工业化与农村精英构成的变化》，《中国社会科学季刊》1994 年总第 9 期，第 18~24 页。
③ 折晓叶、陈婴婴：《社区的实践——"超级村庄"的发展历程》，浙江人民出版社，2000。
④ 项辉、周俊麟：《乡村精英格局的历史演变及现状——"土地制度—国家控制力"因素之分析》，《中共浙江省委党校学报》2001 年第 5 期，第 90~94 页。

献"。① 仝志辉强调精英的产生背景，他将"农村精英"定义为："在小群体的交往实践中，那些比其他社会成员更能调动社会资源、获得更多权威性价值分配如安全、尊重、影响力的人，就可称为精英。"②

关于"农村精英"类型的划分，学界最早的当属王汉生的三分法。王汉生根据精英拥有的资源优势类型和发挥影响的社区互动领域，将"农村精英"分为党政精英、经济精英和社会精英。③ 王汉生的三分法虽然具有一定的合理性，但也有一定的局限性，主要表现在该划分方法存在较大的模糊性，上述三类精英虽然相对独立，但更多时候是处于相互重合的状态。因此，贺雪峰通过二元框架的划分方法，将"农村精英"分为治理精英和非治理精英，前者为在任的村干部，后者为对村干部的行为与决策有重大影响力的一类人。④ 贺雪峰的二分法是对王汉生的三分法的一种突破，他的划分方法不受地域、经济发展程度、掌握资源多少等因素的限制，深刻揭示了农村精英权力结构的构成。金太军认为，贺雪峰的二元框架的划分方法虽然值得肯定，但容易造成误解。他认为，治理精英本身就包括非治理精英，因此他把"农村精英"划分成掌握政治资源的体制内精英和掌握非政治资源的体制外精英，体制内精英主要指村支书和村主任，体制外精英主要指宗族精英、宗派精英和宗教精英等。⑤ 金太军的划分方法得到学界的普遍认同，后来大多数的乡村社会学者采用此种划分方法。

"农村精英"的角色和地位也是乡村学者的研究重点。家庭联产

---

① 陆学艺主编《内发的村庄》，社会科学文献出版社，2001，第383页。
② 仝志辉：《农民选举参与中的精英动员》，《社会学研究》2002年第1期，第1~9页。
③ 王汉生：《改革以来中国农村的工业化与农村精英构成的变化》，《中国社会科学季刊》1994年总第9期，第18~24页。
④ 贺雪峰：《村庄精英和村庄记忆：理解村庄性质的二维框架》，《社会科学辑刊》2000年第4期，第34~40页。
⑤ 金太军：《村庄治理中三重权力互动的政治社会学分析》，《战略与管理》2002年第2期，第105~114页。

承包责任制的实施，给村干部的地位造成了巨大冲击。为反映村干部地位的变化，王思斌构造了"边缘人"模型。他认为，在农村基层社会管理系统中，村干部处于行政管理系统和村民自治系统之间，就其基本身份而言，他们属于村民自治系统。当两个系统对他们的要求相互矛盾时，基于自身利益的考虑，他们往往转向村民自治系统。因此，当他们在行使管理职能时，出现非规范行为，导致农村社会管理系统出现失调现象。王思斌的"边缘人"模型深刻揭示了村干部在乡村社会管理系统中归属的不确定状况。① 受王思斌"边缘人"模型和费孝通"双轨政治"思想的影响，徐勇将村干部描述为"当家人"和"代理人"。他认为，村干部一方面要贯彻执行国家的法律、法规，办好上级交代的各项行政任务，做好本村域内的行政工作，充当上级政府的"代理人"；另一方面，要负责领导本村村民自主管理本村事务，成为村落大家庭的"当家人"。② 吴毅认为，徐勇对村干部在国家与社会关系中的地位和角色的把握，虽然具有一定的合理性，但他忽略了村干部作为行动主体所具有的主观能动性。他认为，村干部是难以摆脱"双重角色"的，当村干部在两种角色之间矛盾时，作为一个理性的行动者，他会扮演一个消极的"守夜人"角色，通常就是在国家和村民之间摆平衡、踩钢丝甚至两头对付。③

在对"农村精英"的定义、类型、角色的有关文献进行梳理后，笔者回到本节的讨论重点，即农村精英在村落治理和发展中的作用。全志辉认为农村精英是促使选举更具竞争性的初始力量和助推器，是

---

① 王思斌：《村干部的边际地位与行为分析》，《社会学研究》1991 年第 4 期，第 46～51 页。
② 徐勇：《村干部的双重角色：代理人和当家人》，《二十一世纪》1997 年第 8 期，第 152～153 页。
③ 吴毅：《双重边缘化：村干部角色与行为的类型学分析》，《管理世界》2002 年第 11 期，第 78～85 页。

影响村民选举的关键力量。① 王慧等人则讨论了农村精英之间的博弈对村落民主发展的影响。他们认为，农村精英之间的博弈在一定程度上促进了乡村民主的发展，提高了村民的权力意识。② 张有为认为，农村精英能够利用其所拥有的丰富的社会资源，将家庭联产承包责任制下的散沙状村民组织起来，对村民的再组织具有关键性作用。③ 然而，张有为只注意了农村精英对村落再组织的作用，而并未注意到精英内部的利益分歧和矛盾可能带来的村落分裂和对立。宋清国、李甜芬认为，农村精英是农村治理不可或缺的力量，他们在社会资本的培育中扮演着不可或缺的角色：农村传统社会资本的维护者和传承者、农村现代观念的传播者、农民组织化的组织者和农村社会关系网络的中介者。④ 胡书芝、刘征通过对湖北洪林村和河南南街村的考察发现，农村精英之所以能够领导社区走向共同富裕，主要在于他们有以下几个作用：创造合作预期，凝聚民心；整合领导力量，组建精英集团；挖掘本社区资源，发挥资源的比较优势；有效领导、正确决策和适应市场。⑤ 陈冰着重研究非治理精英对村落发展的作用。他认为，非治理精英能够促进村落经济发展、实现公共物品有效供给和参与村落治理。⑥

当前，国内学者对农村精英的研究还存在一定的不足，主要有：①对农村精英的研究停留在分散的精英定义、类型、角色和发挥的作

① 仝志辉：《精英动员与竞争性选举》，《开放时代》2001 年第 9 期，第 23～27 页。
② 王慧、祝苏东、付少平：《乡村精英博弈与乡村民主的发展》，《山东农业大学学报》（社会科学版）2007 年第 2 期，第 32～36 页。
③ 张有为：《村民再组织过程中社区精英的地位和作用——对皖西大别山区石村的观察与思考》，《学术论坛》2002 年第 2 期，第 138～141 页。
④ 宋清国、李甜芬：《论农村精英在农村社会资本培育中的作用》，《甘肃农业》2007 年第 8 期，第 64～65 页。
⑤ 胡书芝、刘征：《农村精英与农村社区发展》，《社会》2003 年第 1 期，第 45～47 页。
⑥ 陈冰：《非治理精英与村落发展》，南京农业大学，硕士学位论文，2008，第 43～44 页。

用等方面，而未把农村精英群体作为一个整体来进行研究；②对农村精英的研究基本上都停留在静态的分析，尤其是对村落发展的作用停留在简单的描述和分析，而没有用村落发展的实际案例来动态地展示精英对村落发展的作用，也无法揭示村落发展过程中精英的行动逻辑；③对随着时代的变化，精英角色、功能和产生机制的变化很少有系统的研究和阐述；④对农村精英的研究停留在对他们掌握村落内部资源而进行的类型和权力结构的划分，而没有对中国村落精英内部的资源掌握状况、对不同性质资源支配力传递机制以及对村落治理和选举还缺少一个阐释框架和实证考察。

（2）激烈的理论争论：国外学者对中国农村精英的研究。海外学者对中国农村精英的研究，缘起于他们对社会主义国家市场化取向改革的浓厚兴趣。他们的研究主要集中在精英的流动机制和干部与农民的关系。与国内零散的经验阐述不同，海外学者对中国农村精英的研究更为系统，不同的观点常引发激烈的争论与质疑，并在对中国农村进行实地调研的基础上，提炼出能够反映自己思想和观点的理论模型。

关于中国农村精英流动的内在机制的争论，主要有精英复制论和精英循环论。精英复制论的倡导者主要有魏昂德和奥伊。魏昂德认为，中国的改革是市场化改革而非私有化改革，产权的变化主要由政府代理机构向公有企业的转让和确权，而非转向私人，于是公有资源控制的主导权仍然掌握在代表政府的官员手中。因此，在中国的改革中，很多政治精英直接转换为经济精英，或者干脆两者兼具，即经济精英具有政治身份背景，这就是中国精英的复制模式。[①] 奥伊通过对天津郊区和苏南地区集体经济强大的村落的调查发现，村干部由于掌握着

---

① Walder et al. , "Markets and Inequality in Transitional Economies: Toward Testable Theories," *American Journal of Sociology* 4 (1996): 1060 - 1073.

村落公共资源的分配权，如劳动就业、收入分配、投资机会等的决定权，因此真正的企业家是地方干部。①

精英循环论的倡导者倪志伟认为："干部身份以及在当干部期间建立起来的关系并没有赋予他们在准市场经济中的地位。"② 相反，村干部身份甚至对家庭收入有一种负面影响。当然他否定的是村干部身份，而不是村干部本人。他坚持认为，虽然大队干部成为企业家的可能性较高，但大部分企业家却是直接来源于生产者。当过干部的人之所以较容易成为企业家，并非因为他们的干部身份所获得的政治社会资本，而是由于他们在当干部期间增加了人力资本（优势专长和管理技能）的缘故。③ 该结论的提出当即激起了怀特等人的反击。实际上，倪志伟的结论有绝对化嫌疑。怀特等人在武汉郊区所做的调查反证了倪的观点。后来，倪志伟也承认了自己观点的片面性，通过进一步的研究，他认为地方干部仍然在市场改革中具有相当大的优势，他们不仅没有失利，还学会利用市场为自己牟利。但他仍然坚持认为，这是因为中国的改革还处于从农村发端的局部的改革，以致出现了市场经济和再分配经济杂糅在一起的"混合型经济"。如果彻底市场化，就不会出现这种状况了。④

关于中国农村精英的流动机制，两派不同的观点是建立在不同的

① Jean C. Oi, "The Fate of the Collective after the Commue," in Davis, D., and Vogel, E. F., eds., *Chinese Society on the Eve of Tiananmen: The Impact of Reform* (Cambridge, Harvard University Press, 1990), pp. 15 – 36.

② 倪志伟：《市场转型理论：国家社会主义由再分配到市场》，载边燕杰主编《市场转型与社会分层——美国学者分析中国》，生活·读书·新知三联书店，2002，第196~216页。

③ 倪志伟：《市场转型理论：国家社会主义由再分配到市场》，载边燕杰主编《市场转型与社会分层——美国学者分析中国》，生活·读书·新知三联书店，2002，第196~216页。

④ 倪志伟：《一个市场社会的崛起：中国社会分层机制的变化》，载边燕杰主编《市场转型与社会分层——美国学者分析中国》，生活·读书·新知三联书店，2002，第217~259页。

关于农村干部与农民关系理论基础之上的。奥伊的精英复制理论是建立在庇护主义模型的基础上，而倪志伟的精英循环论则是建立在市场转型理论的基础上。①

奥伊的庇护主义模型本身是用来挑战用以解释社会主义再分配国家中的政治过程的集权主义模式和群体利益模式的，但之后她的模型却又受到倪志伟的市场转型论的强烈挑战。奥伊认为，中国的行政村处于国家与社会的交叉点上。处于利益平衡木两端的村干部，一方面需要负责执行国家政策，另一方面又需要用国家赋予的权力来服务于自己所属的社区。为了平衡这两种利益，他们通常采用各种手段来使自己手里的权力变得富有个人化特征的伸缩性。在所属的社区利益与国家利益发生冲突时，他们通常会在条件许可的范围内，保护自己所在社区（包括社区成员）的利益。为了保护自己的利益，社区内的成员通常采用各种方式讨好村干部，而村干部为了赢得村民的支持，通常也会在条件许可的情况下来保护本社区成员的利益。总体来说，一方面，村民要依赖具有国家权力的村干部；另一方面，村干部又要与村民建立良好关系。因此，村干部与村民的关系就是"庇护人—被庇护人"的关系。②

奥伊得出村干部与村民之间的庇护与被庇护的关系，主要是基于对中国农村经济、政治和社会生活的误解。因此，奥伊的庇护主义理论有以下几个缺陷：①明显夸大了作为生产队长的村干部在执行国家政策时的伸缩性和个体性；②过分低估了村民的独立性和国家制度所

---

① 陈光金：《中国农村社区精英与中国农村变迁》，中国社会科学院研究生院，博士学位论文，1997，第 25 页。

② Jean C. Oi, "The Fate of the Collective after the Commue," in Davis, D., and Vogel, E. F., eds., *Chinese Society on the Eve of Tiananmen: The Impact of Reform* (Cambridge: Harvard University Press, 1990), pp. 15 – 36.

赋予的合法性权利和要求；③在方法论上不够严谨，奥伊并没有告诉我们在何种情况下，庇护与被庇护的关系起作用，到底起多大作用，她都没有给出合理的解释。①

奥伊的庇护主义理论由于缺乏严谨性，自然受到了来自倪志伟的挑战。倪志伟的考察重点是改革开放后农村权力结构的变化。他的市场转型论的基本观点是：再分配干部权力将随着市场转型而衰落。倪志伟通过对厦门郊区的调查，得出如下结论：市场转型论并不认为，市场一旦支配经济活动，干部的权力就会立马消失，在市场局部改革的情况下，经济的整合原则仍然遵循再分配的原则；当市场经济逐步取代再分配经济时，再分配的权力就会明显衰落，在再分配以外获得收益的机会大大增加；当市场的流动大于再分配造成的流动时，由再分配造成的不平等就会逐步缩小。②

市场转型理论在一定程度上揭示了改革开放后中国农村精英权力结构的变化，但也受到了各种批评。为了应付挑战，也为了弥补自己理论的不足，倪志伟又利用中国预防医学科学院收集的有关全国138个乡镇138个村8950个家庭的调查资料，来再一次验证他的市场转型理论。通过对调查资料的分析，他仍然坚持自己的基本观点不变，但考虑了不同地区的不同情况，即市场转型改革具有一种平等化效应，而不同地区的差异只是表明这种平等效应所起作用的程度有所不同。③

尽管倪志伟对自己的市场转型论做出了一定的修正，但仍然遭到

① 陈光金：《中国农村社区精英与中国农村变迁》，中国社会科学院研究生院，博士学位论文，1997，第26～27页。
② 倪志伟：《市场转型理论：国家社会主义由再分配到市场》，载边燕杰主编《市场转型与社会分层——美国学者分析中国》，生活·读书·新知三联书店，2002，第196～216页。
③ 倪志伟：《市场转型理论：国家社会主义由再分配到市场》，载边燕杰主编《市场转型与社会分层——美国学者分析中国》，生活·读书·新知三联书店，2002，第217～259页。

学术界的批评。边燕杰和罗根通过调查得出结论：在干部地位、干部关系和高收入之间具有正相关关系。① 原本支持市场转型论的泽林尼后来也指出，虽然市场改革的引入，社会不平等程度会稍稍有所下降，但随着市场改革的深入，收入不平等的程度又会增强。②

总体上来说，国外学者对中国农村精英的学术研究很规范，争论也很激烈，根据经验调查建立起了相应的理论模型，但是由于他们不了解中国的传统文化和中国的具体国情，用一些他们所调查到的案例去构建整个理论模型，有以偏概全之嫌。

（二）关于社会变迁的研究述略

本书主要考察精英行动（创新行动）与村落变迁的内在关系，并对其作出理论性解释。因此，在综述了有关农村精英的研究成果后，对相关的经典社会变迁理论和我国乡村社会变迁的主要研究成果进行梳理就显得十分必要。

1. 经典的社会变迁理论

本节主要介绍以帕森斯和默顿为代表的结构功能主义理论、布迪厄的社会实践理论、吉登斯的结构化理论和张兆曙的"非常规行动"与社会变迁理论，这是本研究运用的核心理论。

（1）结构功能主义理论——对帕森斯和默顿的讨论。结构功能主义是二战后在美国崛起的重要社会学派，帕森斯和默顿则是结构功能主义的两个代表人物。帕森斯在继承前任经典社会学家的社会变迁理论的基础上，建构起了宏观的、庞大的、包容一切的结构功能主义分析框架，而默顿则将经验分析引入结构功能主义，他倡导中层理论，

---

① Bian Yanjie &John R. Logan ，"Market Transition and the Persistence of Power ：The Changing Stratification System in Urban China," *American Sociological Review* 61（1996）：739 – 758.

② Ivan Szeleyni et al. ，"The Market Transition Debate：Toward a Synthesis?" *American Journal of Sociology* 4（1996）：1082 – 1096.

对帕森斯的宏观结构功能主义理论表示反对。下面将简单介绍一下这两种理论。

帕森斯结构功能主义理论的基本分析单位是单位行动，单位行动构建社会行动系统。社会行动系统包括经济系统、社会系统、人格系统和文化系统。社会行动系统，之所以能够生存和维持下去，是因为社会结构能够满足四个基本的功能性条件：适应、达鹄、整合和维模。帕森斯认为，社会行动系统的四个子系统是分别满足上述四项功能需求的四类制度性结构。这四类制度性结构分别是经济制度、政治体制、法律和以家庭、教育为主的制度。帕森斯强调，社会行动系统的运行状态是否稳定，不仅取决于它是否具备了满足基本功能需求的子系统，还取决于这些子系统能否进行跨越边界的对流式交换。社会行动系统的四个子系统是通过各种不同类型的媒介来进行交换的，分别是货币、权力、影响和义务。只有实现了四个子系统之间交换的平衡，社会秩序才能得以维持。[①] 帕森斯晚年用结构功能主义来分析社会变迁和社会冲突。帕森斯认为，社会结构分化的同时会带来社会子系统边界关系的复杂化，由于各个部分分化的速度和水平的不一致，打破了原有边界关系的平衡，造成子系统之间边界的紊乱和紧张，如果一旦没有达到新的平衡，则会产生社会变革。[②]

在帕森斯展开其庞大的结构功能主义之前，默顿就对人类学家的功能主义进行批判和反思。默顿认为人类学家的三个传统假设——"功能统　性"、"功能普遍性"和"功能不可或缺性"否定了社会中存在的不平衡和冲突，因此也否定了社会变革的可能性。默顿通过对前理论的批评和反思，建立起用以指导经验研究的功能分析范式。默

---

① 贾春增：《外国社会学史》（修订本），中国人民大学出版社，2000，第220～234页。

② 贾春增：《外国社会学史》（修订本），中国人民大学出版社，2000，第235～236页。

顿的功能分析范式首先是对功能分析的项目进行明确，然后将项目的各种可观察后果区分为"显功能和潜功能""正功能和反功能"，同时提出了"功能选择""结构性制约"等概念，并强调要高度关注社会文化事项对行动者的行动后果。他认为，社会价值决定着社会追求的目标，社会规范决定着为达到目标所采用的各种手段，一旦文化结构与目标同社会结构或制度化手段之间发生抵触或者脱节，就会出现社会失范的行为，其中最典型的行动就是越轨。[①]

（2）布迪厄的社会实践理论。布迪厄的社会实践理论，力图超越社会学长期以来根深蒂固的二元对立，即结构与人的能动性的对立、符号性分析与物质性分析的分离以及理论和经验研究的长期脱节。该理论力求在人与结构之间寻求可以互通的中介，通过场域、资本、惯习等概念连同各种资本来探索社会生活中实践的奥秘。"场域"是布迪厄实践理论的主要概念之一。他把场域定义为："在各种位置之间存在的客观关系的一个网络，或一个构型。正是在这些位置的存在和它们强加于占据特定位置的行动者或者机构之上的决定性因素之中，这些位置得到了客观的界定，其根据是这些位置在不同类型的权力（或资本）——占有这些权力就意味着把持了在这一场域中利害攸关的专门利润的得益权——的分配结构中实在的和潜在的处境，以及它们与其它位置之间的客观关系（支配关系、屈从关系、结构上的对应关系，等等）。"[②] 场域是人们生活于其中的社会空间，人们为了争夺各种资源而在其中进行合作与竞争。"惯习"是实践的逻辑。布迪厄对惯习的定义是："惯习是深刻地存在在性情倾向系统中的、作为一

---

① 贾春增：《外国社会学史》（修订本），中国人民大学出版社，2000，第238～245页。
② 〔法〕皮埃尔·布迪厄、〔美〕华康德：《实践与反思——反思社会学引导》，李猛、李康译，邓正来校，中央编译出版社，1998，第133～134页。

种技艺存在的生成性（即使不说是创造性的）能力，是完完全全从实践操持的意义上来讲的，尤其是把它看作某种创造性艺术。"[①] 具体来说，惯习有三层含义：第一，惯习积淀于人类的内心之中；第二，惯习与社会生活中人们的互动与交往是有密切关系的；第三，人们根据惯习来进行对社会生活过程中的行为进行归类。"资本"是布迪厄实践理论体系中又一个关键概念。在布迪厄看来，"资本"体现为一种以物质化与身体化的形式沉淀下来的累积性劳动，并具有生成性，意味着一种生产利润的潜在能力，一种以等量或扩大的方式来生产自身的能力。行动者或群体所有者可以在排他的基础上占有这种劳动，并具有产生新利润的潜力。个人或团体能够通过占有资本来迅速获取更多的社会资源。在布迪厄看来，资本分为经济资本、文化资本、社会资本和符号资本四类。[②]

布迪厄提出惯习、场域与资本三个概念来对社会实践生活进行辩证分析，它用数学关系来表示他们之间的关系：惯习×资本＋场域＝实践。从公式可以看出，场域、资本与惯习共同组成了实践。布迪厄认为，人们的头脑中对社会世界存在着多样化的观点，但大多数都是对社会世界某一侧面的反映。社会是不断发展变迁的，人们的思想观点也是变化的，而作为积累于人们身体中的关系也是要发生变化的。不同的社会地位会拥有不同的惯习，这样人们的实践活动改变了社会，而惯习随着关系而变化，所以实践又可以影响和塑造惯习。[③]

----

① 〔法〕皮埃尔·布迪厄、〔美〕华康德：《实践与反思——反思社会学引导》，李猛、李康译，邓正来校，中央编译出版社，1998，第165页。

② 〔法〕皮埃尔·布迪厄、〔美〕华康德：《实践与反思——反思社会学引导》，李猛、李康译，邓正来校，中央编译出版社，1998，第168～169页。

③ 曲强：《布迪厄社会实践观解读》，吉林大学，硕士学位论文，2010，第35～38页。

（3）吉登斯的结构化理论。结构化理论是吉登斯探究个人的社会行动及其能动性与社会结构之间关系的理论。他不赞成将宏观与微观、个人与社会、行动与结构、主观与客观视为彼此独立存在的两极的社会学理论传统，而认为宏观与微观、个人与社会、行动与结构、主观与客观都是相互包含的，并不构成各自分立的客观现实。《社会的构成》一书全面地体现了他的结构化理论的核心思想——行动与结构的二重性原理。①

吉登斯将"结构"定义为连续卷入社会系统再生产过程之中的规则和资源。他认为结构具有二重性，它不仅对人的行动具有制约性，还是使行动得以进行的前提和中介，结构使行动变得可能。人的行动既维持着结构，又改变着结构。行动与结构之间相互依持、互为辩证的关系体现在处于时空当中的社会实践。行动者的创造和再创造因被社会实践所依赖而具有其特定的规律性：行动者是具有反思性和实践性的知识的。因此，行动者在行动时，不仅有实施行动的理由和动机，而且还能对自己的行动及所处情境的社会和物理特性进行反思性监控。但行动者并非具有完全的知识，故而其行动通常会遇到一些"未被认知的行动条件"，即社会结构，从而导致一些"非预期的行动后果"，而后者又会反过来成为前者。未被行动者认知的行动条件、行动者的反思性监控、行动的理性化、行动背后的动机以及"非预期的行动后果"构成了吉登斯的"行动自我的分层模型"。吉登斯认为，该模型是人类所有行动的表现，且认知基础都是实践意识。②

吉登斯通过对结构化理论的演绎试图弥合社会学传统上的二元

① 张云鹏：《试论吉登斯的结构化理论》，《社会科学战线》2005 年第 4 期，第 274～277 页。
② 〔英〕安东尼·吉登斯：《社会的构成：结构化理论大纲》，李康、李猛译，生活·读书·新知三联书店，1998，第 78～92 页。

论，强调"主观—客观""行动—结构""微观—宏观"的相互包容性，并提出了两者相互建构的观点，对社会学理论发展做出了具有原创性的重大贡献。

（4）张兆曙的"非常规行动"与社会变迁理论。行动与结构的关系是社会学的核心问题，对这个问题的不同解答形成了不同的学术流派和理论阵营。张兆曙的"非常规行动"与社会变迁理论则从全新的角度解答了行动与结构之间的关系问题。他对"非常规行动"的表述是："'非常规行动'就是行动者在安排社会行动的过程中'不按套路（或常规）出牌'，或者在例行化的行动程序和路径之外'另起炉灶'。"① 张兆曙认为，尽管"非常规行动"广泛存在于社会生活的各个领域，但中外社会学家们构建的一系列经典社会行动概念中，没有一个概念是指向"非常规行动"的。对此，他阐述道："从社会行动的角度看，任何意义上的创新和改革都应该属于'非常规行动'的范畴。中国近30年的改革成果以不争的事实证明了'非常规行动'在推动社会进步中巨大的历史作用。但是，尽管我们不断强调创新却又缺乏容忍'异端'、'另类'等'非常规行动'的社会思想环境。这就要求我们对'非常规行动'进行系统的清理和把握，为'非常规行动'正本清源。"②

关于"非常规行动"与社会变迁之间的关系，张兆曙从"非常规行动"的实践逻辑意味着对社会生活组织原则和组织方式的改变的基本事实出发来进行探究。尽管"非常规行动"是一种微观个体层面的行动，而社会变迁是一种宏观层面的变化，但个案形态的"非常规行

---

① 张兆曙：《非常规行动与社会变迁：一个社会学的新概念与新论题》，《社会学研究》2008年第3期，第172页。

② 张兆曙：《非常规行动与社会变迁：一个社会学的新概念与新论题》，《社会学研究》2008年第3期，第173页。

动"经由某种特定的社会过程演化为一种流行的行动式样后,则可导致社会组织原则和组织方式事实上的变化。这个特定的社会过程就是"非常规行动"的普遍化与常规化过程,即某种"非常规行动"在社会生活中不断被效仿、借鉴、传播、扩散和反复发生并发展成为社会生活的普遍趋势。由此,张兆曙将"非常规行动"与社会变迁的因果逻辑总结为,"非常规行动"的普遍化和常规化导致了社会生活新规则(包括反规则、潜规则、损规则和益规则)的生成,新规则的生成及其对旧规则的接替和促变共同构成了社会变迁的基本脉络。人们的日常社会生活正是在新规则的生成及其对旧规则的接替和促变中充满了不同的节奏,社会结构也在这个过程中不断地变动、调整、转型、解构和重构。①

2. 当代中国村落城市化研究的文献述评

关于中国乡村社会变迁的研究成果可谓层出不穷。国外学者杜赞奇的《文化、权力与国家——1900~1942年的华北农村》一书,从国家政权与地方精英的互动角度,对传统华北乡村的社会变迁进行了研究和分析②;施坚雅的《中国农村的市场和社会结构》一书,基于中国乡村社会变迁的实证考察提出了"集市体系"的分析模型,并将中国乡村的社会结构描述成"集市社会结构"。③ 国内早期也有很多研究乡村社会变迁的学者,如费孝通的《江村经济》一书,通过对一个农业和手工业发达的村落的农民生活的描述,指出发展乡村企业对农村

---

① 张兆曙:《非常规行动与社会变迁:一个社会学的新概念与新论题》,《社会学研究》2008年第3期,第190~199页。

② 〔印〕杜赞奇:《文化、权力与国家——1900~1942年的华北农村》,王福明译,江苏人民出版社,1994。

③ 〔美〕施坚雅:《中国农村的市场和社会结构》,史建云、徐秀丽译,中国社会科学出版社,1998。

改造的作用①；费孝通和张之毅合著的《云南三村》一书，利用类型比较法，有的放矢地选择了中国农村的几种类型，进行调查、分析和比较，由一点到多点，由局部到全体，进而认识中国农村的整体面貌。② 当然还有林耀华对凉山彝族的追踪研究等。

虽然关于中国乡村社会变迁的研究成果颇多，但笔者在本节不打算对其所有研究成果进行综述。如果笔者那么做，则会导致任务繁重，工作量大，也没必要，因为学界关于这方面的文献梳理颇多，且本书只是针对村落城市化问题进行研究。此外，对改革开放以来我国村落城市化的研究主要是由国内学者来担纲完成的，国外学者研究很少，因此，本节主要对国内学者关于我国村落城市化的研究成果进行综述。回顾30多年来的中国村落城市化研究，既有人类学、社会学、政治学等不同学科的研究探索，也有从村落的变迁形式或者变迁内容方面进行的探索。本节将从村落的再组织、村落的终结、村落的社会经济变迁以及村落变迁与治理等四个方面，对国内的村落城市化研究成果进行梳理。

（1）村落的单位化与再组织。村落的单位化与再组织是村落城市化变迁的一种重要形式，这方面的研究学者主要有毛丹、折晓叶和王颖。毛丹的《一个村落共同体的变迁——关于尖山下村的单位化的观察与阐释》一书，选择杭州萧山区的一个村落为实地调研对象，描述发生在村落中的以单位化为特征的组织变迁，以及这一变迁所指向、伴生、引发的其他方面的社会变迁。毛丹在研究中着重观察单位化村落兴起的组织资源、生态环境资源和政策资源，以及单位化村落的形成过程和单位化村落的运转状况，分析单位化的组织方式与村落变迁

① 费孝通：《江村经济》，北京大学出版社，2012。
② 费孝通、张之毅：《云南三村》，社会科学文献出版社，2006。

的相互作用。① 折晓叶的《村庄的再造——一个"超级村庄"的社会变迁》一书，研究了在家庭联产承包责任制实施以后，珠三角的农民何以组织起来利用整个外部大环境去和市场对接，进而在城镇化过程中实现再组织的过程。折晓叶认为，万丰村能够再组织的根本和核心在于共有体制。通过个人的土地和均分的集体资源入股，还有后期真正股份制经营中的个人资金投入以及集团性的资金投入，在很大程度上解决了个人的激励问题，实现了村落集体的效率。这种共有体制最根本的支撑在于土地产权、强有力的集体组织和血缘亲缘地缘重合的家族组织。② 王颖的《新集体主义：乡村社会的再组织》一书通过对南海乡村社会再组织的调查指出，新集体经济是中国传统和现代市场经济相结合的产物。它的成功之处，恰恰是因为站在了中华民族历史与传统的基础上，吸收西方现代市场经济的成功经验与现代社会的有效管理模式，使历史与现代相结合，中国文化与西方文化相渗透，遂形成了具有中国传统文化特征的现代社会组织方式与管理方式。③

（2）村落的终结。"村落终结"问题的研究基本以珠三角地区的村落为实地调研对象，主要以李培林对广州"城中村"的研究为代表。李培林的《村落的终结——羊城村的故事》一书，探讨了随着城市扩建、农村的消失而在广州出现的"城中村"现象。李培林等通过对广州"城中村"的调查发现，"村落终结"之艰难并不仅仅在于生活的改善，也绝不是非农化和工业化的问题，甚至也不单单是变更城乡分割的户籍制度问题，而在于它终究要伴随产权的重新界定与社会关系网络的重组。李培林试图通过构建具有普遍解释力的"村落终

① 毛丹：《一个村落共同体的变迁——关于尖山下村的单位化的观察和阐释》，学林出版社，2000。
② 折晓叶：《村庄的再造——一个"超级村庄"的社会变迁》，中国社会科学出版社，1997。
③ 王颖：《新集体主义：乡村社会的再组织》，经济管理出版社，1996。

结"类型来构建村落城市化整个链条的最后一环,以便能够在理论上复制中国改革开放以来村落非农化、工业化、城市化的全过程。① 蓝宇蕴的《都市里的村庄——一个"新村社共同体"的实地研究》一书,是对"新村社共同体"具体类型的研究。该研究是想在城市化的大背景下,在"自然秩序"与"本土资源"的脉络中,厘清都市村社共同体的内在逻辑及其功能意义。通过对珠江村的个案研究,蓝氏力图阐明,在乡村城市化的过程中,在产业与职业都已经转型的社会条件下,在村社区的地理坐落也已经走进城市的情形下,建立在非农社会经济基础上的、既具有历史延续性、同时又具有现实变异性的都市村社共同体,是一个内含丰富社会资本等社会资源与多层面适应功能的社会组织,是一种值得注意的"新型社会空间"。②

另有一些学者从村落的追踪研究视角,探讨了城市化过程中的"村落终结"问题。周大鸣、高崇的《城乡结合部社区的研究——广州南景村 50 年的变迁》一文,探讨了广州南景村在长达半个世纪的都市化过程中的种种经历,通过对新中国成立以来南景村在不同历史时期政治、经济、文化、社会结构等各方面特征的动态分析,展示了一个村落从农村社区向城乡结合部社区发展的过程。③ 孙庆忠在《都市化与农民的终结——广州南景村经济变迁研究》④、《都市村庄:南景——一个学术名村的人类学追踪研究》⑤ 中,比较了杨庆堃时代与

① 李培林.《村落的终结 羊城村的故事》,商务印书馆,2004。
② 蓝宇蕴:《都市里的村庄——一个"新村社共同体"的实地研究》,生活·读书·新知三联书店,2005。
③ 周大鸣、高崇:《城乡结合部社区的研究——广州南景村 50 年的变迁》,《社会学研究》2001 年第 4 期,第 99 ~ 108 页。
④ 孙庆忠:《都市化与农民的终结——广州南景村经济变迁研究》,《中国农业大学学报》(社会科学版) 2003 年第 2 期,第 15 ~ 22 页。
⑤ 孙庆忠:《都市村庄:南景——一个学术名村的人类学追踪研究》,《广西民族大学学报》(哲学社会科学版) 2004 年第 1 期,第 62 ~ 68 页。

20世纪90年代的南景村经济变迁的轨迹，指出都市化不仅是行政区域的改变，而且是与经济方式和社会组织演进相伴的城市生活方式与生活观念的获得，南景村的变迁承载了传统农民终结的历程。他的另一篇论文《乡村都市化与都市村民的宗族生活——广州城中三村研究》指出，都市化形成的城中村使得都市村民的宗族意识淡化，转化为远离其传统载体的文化躯壳，并在跨越边界的社区网络中渐淡地延续下去。[①] 陈玫君、杜放的《中国城市化的先锋——深圳农村城市化的实践与创新》，总结了深圳农村城市化进程中的经验，以深圳的实证性资料分析了值得关注的土地所有制、集体资产改革、农村社会保障、农村劳动力就业和农村的可持续发展等重点问题。[②]

（3）村落的经济社会变迁。关于村落经济社会变迁的研究视角多样，有从日常生活变迁、制度变革与社会变迁相互关系的视角对其进行的研究，也有从文化人类学的角度对其进行的历时性整体研究。杨建华主编的《经验中国》，以浙江的七个村落为研究个案，从日常生活的"社会事实"本身入手，通过直接观察村民日常生活世界，来追踪展示中国村落50年变迁过程中村民日常生活的活动图式、内在结构、实践范围、运行逻辑、历史演变，以及日常生活存在的冲突与裂变、消解与建构。通过细琐叙述村民日常生活，捕捉、描摹出他们生活的基本样式及其变化，村落变迁的历程和轨迹，以及隐藏其后的一些变量，如时间安排、空间格局、基本的关系网络等。[③] 王玉贵、娄胜

---

① 孙庆忠：《乡村都市化与都市村民的宗族生活——广州城中三村研究》，《当代中国史研究》2003年第3期，第96~104页。

② 陈玫君、杜放：《中国城市化的先锋——深圳农村城市化的实践与创新》，经济科学出版社，2006。

③ 杨建华主编的《经验中国》共有5本书，分别为《村落的非农经济》《村落的政治》《村落的技术》《村落的宗族》《村落的生活世界》，社会科学文献出版社，2006。

华的《当代中国农村社会经济变迁研究——以苏南地区为中心的考察》一书，从制度变革与社会变迁相互关系的角度，对新中国成立后苏南农村地区在土地改革、农业合作化运动（农业社会主义改造）、人民公社和家庭联产承包责任制时期所引发的社会经济变迁，进行了全面、深入、系统地考察和研究。[①]

曹锦清等人从文化人类学的角度对村落的经济社会变迁进行历时性的整体研究。曹锦清、张乐天、陈中亚的《当代浙北乡村的社会文化变迁》一书，从文化人类学的角度，对浙北一个乡村自土地改革以来，在生态环境、土地制度、人口与生育制度、农业生产的组织与分配、村民生活水平与消费结构、婚姻与家庭、教育与卫生、乡村市场、村落文化、乡村政府等各个方面的变化进行历时性的整体研究。[②] 萧楼的《夏村社会——中国"江南"农村的日常生活和社会结构（1976～2006）》一书沿着费孝通"差序格局"的理论脉络，以当下的中国东部沿海村落的社会整合已由横向整合转变为横向和纵向相结合的格局为由，提出了"差序场"的概念和分析框架，并以此为核心，在村落人格系统、文化系统和社会系统三位一体的层面，以行动和结构互动为特征，以村落日常生活的意义构建为内容，对"江南夏村"进行了精致的民族志描写，为学界认识当代中国东部沿海地区村落社会的特质提供了不可多得的案例。[③]

（4）村落变迁与治理。关于村落变迁与治理的研究，主要是对村落在城市化过程中产生的治理难题进行的原因和对策分析，研究学者

---

① 王玉贵、娄胜华：《当代中国农村社会经济变迁研究——以苏南地区为中心的考察》，群言出版社，2006。

② 曹锦清、张乐天、陈中亚：《当代浙北乡村的社会文化变迁》，上海远东出版社，2001。

③ 萧楼（笔名，真名为章伟）：《夏村社会——中国"江南"农村的日常生活和社会结构（1976～2006）》，生活·读书·新知三联书店，2010。

的代表有徐勇和肖唐镖。徐勇、徐增阳的《流动中的乡村治理》一书，运用政治社会学的方法来研究农民流动问题，主要分析农民流动的政治社会动因、农民流动的政治后果、不同的乡村治理格局对农民流动的影响等，据此探究农民流动与乡村治理两者之间的关联性，并为在农民流动的条件下改善乡村治理提出了公共政策性设想。徐勇认为，一方面，农民流动改变着乡村的生产要素，给乡村治理提供了新的资源；另一方面也促使农村的生产要素处于流动之中，进而需要重新配置。资源的逐利性配置也导致一些地方的村落资源不但没有增加，反而趋向减少，陷入农民收入有增长而农村经济无发展的困境。[①]

肖唐镖的《转型中的中国乡村建设》一书，是他在十余年不间断地进行乡村田野调研的同时，向地方政府提供乡村施治方案和政策依据的一系列研究报告。肖唐镖针对 20 世纪的最后 10 年，在我国一些地区，"三农"问题日渐凸显，乡政与村治矛盾逐渐抬头的问题，进行了深入的理论思考，并对乡村建设做了战略性分析。他所做的一系列报告关注实际的事实和数据，着重于政策分析，资料性与对策性并重，反映了一个以农业省情为主的地区，十余年间乡村建设不同阶段的现实及其变迁背景和运作机制。[②]

三 内涵界定与研究思路

（一）内涵界定：若干概念说明

通过上两节的工作，笔者已经提出了本书的研究主题，并做了相对坚实的理论准备。在进行深入细致的研究之前，笔者必须对本研究课题所涉及的核心概念加以明确和说明。本研究课题所涉及的核心概

---

① 徐勇、徐增阳：《流动中的乡村治理》，中国社会科学出版社，2003。
② 肖唐镖：《转型中的中国乡村建设》，西北大学出版社，2003。

念有三个：①农村社区精英；②创新行动；③村落共同体再造。每一个核心概念实际上都包含若干子概念，因为每一个概念实际上是一个概念集。笔者力求将这三个核心概念组成一个相对完整的概念系统，以反映本研究课题的研究思路和研究内容。

1. 农村社区精英

"农村"是本研究课题的核心概念首先要予以界定的词。农村是与城市相对立的概念，根据《词源》的解释，"农村"是指主要从事农业生产、人口分布较城镇分散的地方。一般而言，农村是非城市社区的总称，但两者之间的边界比较模糊，尤其是在农村生活和城市生活相互渗透的当代社会，两个地区之间人流和物流的交换使得两者之间的边界变得愈加模糊。因此，为了研究和分析的方便，也为了更加明确本研究课题的对象范围，在此对"农村"一词进行明确界定。笔者基本采用陈光金的观点，将农村看成是一个社会学范畴，而不是一个地理学范畴。陈光金将"农村"定义为："它是这样一些人的集合，这些人拥有农村户籍，对基本农业用地行使集体所有权和（改革后）个体或家庭使用权与收益权，并且拥有一种明确的归属农村的自我身份意识，以致即使他们不再耕耘土地，而是离土进厂，他们的身份归属仍然不会发生变化。"[①]

本研究课题的主要对象是"农村社区精英"，因此对"社区"一词的界定就要限制在农村这一范围。"社区"一词最早是由我国著名社会学家费孝通先生从德国社会学家滕尼斯的《共同体与社会》[②]一书中翻译过来的。在滕尼斯的概念中，社区主要存在于传统的乡村社

---

① 陈光金：《中国农村社区精英与中国农村变迁》，中国社会科学院研究生院，博士学位论文，1997，第29页。
② 滕尼斯的《共同体与社会》（又译为《社区与社会》或者《礼俗社会与法理社会》），商务印书馆，1999。

会中，它是人与人之间关系密切、守望相助、富有人情味的社会团体。滕尼斯关于社区的概念并没有明确的地域性特征，他强调的是人与人之间所形成的亲密关系和对社区强烈的归属感和认同感。① 实际上，桑德斯对"社区"这一概念做了充分解释，他认为"社区"可以有四种解释：①把社区视为一个地方；②把社区视为一群居民；③把社区视为一个社会系统；④把社区视为一个社会场域。② 在本书中，笔者综合桑德斯对"社区"概念的解释，将"社区"视为一个社会场域，社区成员在其中行动和活动，而他们行动或者互动的结果形塑着这个社会场域的总体特征。本项研究的社区场域就是村落的边界。本书中的"农村社区"即为行政村，因为当前社会经济活动的发生基本上是在以村委会为核心的村域范围内发生，政府政策命令的执行也是以行政村为单位。

对"农村社区"进行了概念界定后，现在对本组概念的核心词——"精英"——进行定义。"精英"一词最先由意大利经济学家和社会学家帕累托提出。帕累托关于"精英"的定义有广义和狭义之分。广义上的"精英"是指那些在人类活动的各个领域内取得突出成绩而达到较高层次的冒尖人物，如律师、医生、政治家等；狭义上的"精英"则指少数能够制定政策，做出重大决定的统治者。③ 莫斯卡和米尔斯关于"精英"的定义与帕累托狭义上的"精英"较为相似。莫斯卡将"精英"界定为"统治阶级"，是指行使所有社会职能，垄断权力并且享受权力带来的利益的少数人。④ 米尔斯眼中的"精英"，即为"权力精英"。他将"权力精英"界定为主宰现代社会的主要等级制度和组织结构，并

① 参见姜振华、胡鸿保《社区概念发展的历程》，《中国青年政治学院学报》2002 年第 4 期，第 121~124 页。
② 〔美〕桑德斯：《社区论》，徐震译，黎明文化事业股份有限公司，1982，第 23~24 页。
③ 贾春增：《外国社会学史》（修订本），中国人民大学出版社，2000，第 173~174 页。
④ 〔意〕加塔诺·莫斯卡：《统治阶级》，贾鹤鹏译，译林出版社，2002，第 97 页。

享有各种权力、财富和声望特权的少数人，并将"权力精英"划分为经济、政治和军事精英三大类。① 上述三大主流理论关于"精英"的定义可以综合为，在社会中占据统治地位，并且享有各种特权的少数人。

关于"农村精英"的定义，通过前面的文献梳理可知，因时代背景和社会发展条件的不同，学术界对"农村精英"的概念界定也会有所差异。贺雪峰以占有政治资源的多少为划分标准，将改革开放前的"农村精英"定义为在长期的政治运动中形成的，以阶级身份为基础的，具有政治资源的党员、干部和贫下中农。② 王汉生以占有资源的多少以及资源的重要性为划分标准，将改革开放后的"农村精英"定义为"那些具有特殊才能，在某一方面或某一活动领域具有杰出才能的社区成员，他们往往是在权力、声望和财富等方面占有较大优势的个体或群体"。③ 折晓叶、陈婴婴则提出，"应将在社区管理和决策中的影响力大小作为划分精英群体和非精英群体的一项重要标准"。④ 项辉、周俊麟二人综合王汉生和折晓叶等人的观点，将"农村精英"的划分标准定为三条：①拥有资源优势；②一定程度的成功；③对社区的发展具有影响。⑤ 陈光金对"农村精英"的定义与项、周二人有相似之处，但他将项、周二人的第三条划分标准明确为"对社区社会结构的维持或变化具有一定贡献"。⑥ 全志辉对"农村精英"的概念进行界定时，强

---

① 〔美〕米尔斯：《权力精英》，王崑、许荣译，南京大学出版社，2004，第2~7页。
② 贺雪峰．《村庄精英和村庄记忆：理解村庄性质的二维框架》，《社会科学辑刊》2000年第4期，第34~40页。
③ 王汉生：《改革以来中国农村的工业化与农村精英构成的变化》，《中国社会科学季刊》1994年总第9期，第18~24页。
④ 折晓叶，陈婴婴：《社区的实践——"超级村庄"的发展历程》，浙江人民出版社，2000，第252页。
⑤ 项辉、周俊麟：《乡村精英格局的历史演变及现状——"土地制度—国家控制力"因素之分析》，《中共浙江省委党校学报》2001年第5期，第90~94页。
⑥ 陆学艺主编《内发的村庄》，社会科学文献出版社，2001，第383页。

调精英产生的群体背景，认为精英区别于其他社会成员的一项重要标准就是"比其他社会成员更能调动社会资源、获得更多权威性价值分配"。①

本书综合采用上述学者关于"精英"和"农村精英"的定义，并结合对"农村"和"农村社区"二词的定义，将"农村社区精英"定义为，相比其他群体，在社区生活的某一个或几个领域内拥有优势资源，且能调动更多社会资源，对推动村落发展和维护村落秩序稳定具有一定贡献的少数人。在此需要说明的是，本书中的"农村社区精英"仅指村落一级的社区精英，如村干部、村内企业家和村内有社会威望的人等。从某种意义上来说，更多时候，本书中的"农村社区精英"特指对村落发展有突出贡献的村落带头人，本书中有时用"能人"一词来表述。

2. 创新行动

"创新行动"包括"创新"和行动（社会行动）两个子概念。首先来看"创新"一词。"创新"是"创新行动"的核心词汇，"创新理论"的提出者则是奥地利政治经济学家熊彼特。该理论认为，"创新"是企业的本质，是建立一种新的生产函数，亦即将一种从未有过的"新组合"（生产要素与生产条件）引入生产体系的过程。这种"新组合"主要包括五种情况：第一，应用一类新产品或一类产品的新特征；第二，运用一种新的生产工艺和方法；第三，开拓一个新市场；第四，发掘或控制原材料或半制成品的一种新的供应渠道和来源；第五，创造一种工业的新组织。因此，熊彼特所指的"创新"是一个经济概念，而非技术概念。它是将已有的技术革新引入经济组织，创造新的经济能力。如果没有"创新"，经济只能处于一种"循环流转"的均衡状态，经济增长只是数量上的变化，而非质的飞跃的"经济发

---

① 仝志辉：《农民选举参与中的精英动员》，《社会学研究》2002 年第 1 期，第 1~9 页。

展"。熊彼特认为，"创新"的主体是"企业家"。只有"企业家"实现"创新"，创造性地破坏经济循环的均衡状态，对经济结构内部进行革命性和创造性的破坏，才能实现经济发展。"创新"的主体是"企业家"，"创新"的主动力则源自"企业家精神"。"企业家精神"主要包括建立私人王国、对胜利的热情、创造的喜悦和坚强的意志。[①]熊彼特认为，光有"创新"的主动力还不够，成功的"创新"则取决于"企业家素质"。因为"企业家"要实现"创新"，首要任务就是进行观念更新，其次要具备预测能力、组织能力和说服能力。当然，阻碍"创新"的因素也有很多，如信息不充分条件下许多事情处于不可知的状态、人的惰性和社会环境的反作用等。[②]

至于"行动"的概念，从社会学意义上讲，韦伯是第一个使用"社会行动"术语的人，并且指出社会行动具有理性化的特征。韦伯认为，社会是由行动者构成的，要研究社会就要研究行动者，要研究行动者就要研究行动者的行动，社会行动构成了现实世界的各种社会现象。所谓"社会行动"是指向他人过去、现在或者未来的行为。[③]韦伯将行动分为四种类型：工具合理性行动、价值合理性行动、传统行动和情感非理性行动。[④] 帕森斯认为社会行动的基本单元是单元行动，由目的、手段、条件、规范这样一些要素构成，每一种行动都涉及主观目的，并构成行动中的意志自主因素。社会行动是一个庞大的系统，是由行为有机体系统、人格系统、社会系统和文化系统四个子系统构成，每个子系统都有自己维持和生存的边界，但又相互依存、

---

① 〔奥〕约瑟夫·熊彼特：《经济发展理论》，何畏等译，商务印书馆，2000，第96～102页。
② 〔日〕金指基：《熊彼特经济学》，林俊男、金全民译，北京大学出版社，1996，第78页。
③ 贾春增：《外国社会学史》（修订本），中国人民大学出版社，2000，第106～107页。
④ 张广利、王登峰：《社会行动：韦伯和吉登斯行动理论之比较》，《学术交流》2010年第7期，第135～139页。

相互作用，共同形成层次控制系统。① 吉登斯在阐述"行动"概念的过程中，不仅把行动看成是一种持续绵延的行动流，而且把行动本身看成是一种能动行为。在吉登斯的结构化理论中，通过对能动的定义赋予了社会行动一种新的意义，并使其具有动态性、时间性特征。② 吉登斯认为，能动并不是指一系列分散的行为结合在一起，相反，他指的是一种连续的行为流，是行动者实际上或者预期对不断进行的事件的干预流。③ 这样，吉登斯实际上深化了韦伯的"行动"概念，也将帕森斯的保守的、维持均衡的行动赋予全新的特征。

"创新行动"不仅是"创新"和"社会行动"两者的结合，实际上与张兆曙的"非常规行动"概念紧密相关。"非常规行动"就是行动者在安排社会行动的过程中"不按套路（或常规）出牌"，或者在例行化的行动程序和路径之外"另起炉灶"。当例行化程序和路径无法支持行动者的自主性欲求时，行动者将会筹划出新的行动程序和路径，借助非常规行动实现自主性欲求。"非常规行动"在初始形态上的个案性决定了它不足以导致宏观层面的社会变迁，但是它的普遍化和常规化过程将会带来行动程序和路径的"固定化"，进而生成社会生活新规则（包括反规则、潜规则、损规则和益规则），新规则对旧规则的接替和促变构成了社会变迁的基本脉络。④

结合上述概念和村落发展的实际，本书中的"创新行动"是指农村社区精英采取"非常规行动"，利用村落内外的各种资源和有利条

---

① 刘博：《韦伯、帕森斯、吉登斯社会行动理论之比较》，《社科纵横》2010年第4期，第145～146页。
② 张广利、王登峰：《社会行动：韦伯和吉登斯行动理论之比较》，《学术交流》2010年第7期，第135～139页。
③ 田启波：《吉登斯现代社会理论变迁思想研究》，人民出版社，2007，第73页。
④ 张兆曙：《非常规行动与社会变迁：一个社会学的新概念与新论题》，《社会学研究》2008年第3期，第172～200页。

件在村域社区层面进行组合与创造，生成了村域内发展实践的"创新"。"创新行动"既有个人层面、家庭层面的，也有组织层面的，每种不同的"创新行动"和不同层面的"创新行动"推动了整个村域社区的经济成长和社会发展。对村落发展而言，"村落再造"实践的"创新"是指社区层面的"创新"，主要有发现致富门路或者创造新的发展机会的"技术创新"、跟进"技术创新"而进行的"组织创新"以及在"组织创新"中所生成的"制度创新"。

3. 村落共同体再造

"共同体"的概念是德国社会学家滕尼斯于 1881 年在其著作《共同体与社会》中首次提出来的，他将"共同体"定义为建立在自然情感基础之上的、联系紧密且充满温情的"一种生机勃勃的有机体"。在滕尼斯看来，"共同体"是一种基于原始而自然形成的有机体。在共同体中，人们基于传统和自然的感情纽带而结合为一体，共同体结合的基础则为人类原始的统一的意志，滕尼斯将这种共同意志称为本质意志。在他眼中，本质意志是基于情感动机的一致性和相互融洽。在滕尼斯的概念里，"共同体"与"社会"之间有着本质区别，共同体的成员之间有共同历史和记忆，是一种血缘、地缘、精神为整体本位的有机体，自然村落是共同体的典型代表。按照滕尼斯的观点，广泛存在于中国四野八方的村落已经具有共同体的各种特质，这里姑且将"村落"与"共同体"统而论之，合称为"村落共同体"。①

至于"村落共同体"，贺雪峰在《村庄共同体》一文里进行了精辟的论述。人民公社"三级所有、队为基础"中的"队为基础"

---

① 汪玲萍：《从两对范畴看滕尼斯与涂尔干的学术旨趣——浅析"共同体"、"社会"和"机械团结"、"有机团结"》，《社会科学论坛》2006 年第 24 期，第 8 ~ 11 页。

主要包括两个方面：第一，生产小队是一个共同生产单位；第二，生产小队还是一个具有收益分配的经济核算单位。共同生产和统一分配使得生产小队成为一个生产生活的共同体。生产小队不仅有着明确的自然边界，而且也有明确的社会边界。家庭联产承包责任制实施以后，生产小队这个以共同生产为基础建立的统一分配的共同体也就解体变成了村民小组。如此一来，构成农村管理基础的层次，就由生产小队上升至由生产大队演化而来的村委会一级。村委会逐步替代生产小队而成为一个建构中的共同体。抽象地讲，"村落共同体"由三种边界构成，一是自然边界，二是社会边界，三是文化边界。自然边界构成人们交往的空间与基础，当前村委会一级的自然边界一般都很清晰；社会边界是对村民身份的社会确认或法律确认，具有村籍就具有村民的公共待遇，就可以承包村集体的土地，就可以从村集体收益中享受再分配的好处；文化边界即村民是否在心理上认可自己的村民身份，是否看重村落生活的价值，是否面向村落而生活。①

"再造"即为重新创造的意思，但"再造"一词要与城市化进程中"村落共同体"一词联系在一起进行解释。"村落共同体再造"是与"村落终结"相对的概念。城市化进程中的近郊村落，基本上存在两种不同的变迁形式：一种是李培林的"村落的终结"。它主要是指村落组织形态的解体，或通过"村改居"等形式实现由传统村落组织形态向城市组织形态转变的过程。② 另一种就是折晓叶的"村落的再造"。它是指村民采取集体行动，举办非农产业，整体地实现向非农

---

① 贺雪峰：《村庄共同体》，《三农中国》2001 年秋季卷。http://www.snzg.cn/article/2006/1031/article_ 511. html，最后访问日期：2006 年 10 月 31 日。
② 李培林：《村落的终结——羊城村的故事》，商务印书馆，2004，第 40 页。

的转化。在此过程中，村落与外部社会体系的联系在不断加强的同时，村落的内向聚合力和自主性在不断增强，村落内部的社会结构也在不断"重建"和"创新"。①

本书中的"村落共同体再造"一词基本沿用折晓叶提出的概念，但是笔者更强调的是，在城市化和市场化背景下，在人民公社时期的"官政共同体"彻底解体后，在村落带头人的引领下，村落居民立足自身，借助外界有利条件在原来的生产、生活范围内进行的一种积极地、发挥主观能动性地创造性发展实践，最终结成村落"利益关联共同体"的过程。这个"利益关联共同体"的形成使村落整合成政经社合一的村落经济集团，村落以"经济共同体"为基础形成社会、精神、文化、政治和经济为一体的"村落共同体"。

（二）研究思路与分析框架

1. 研究思路

本研究课题以在城市化和市场化背景下实现再造的浙北近郊右坞村为实证研究对象，运用社区研究和"过程—事件分析"等方法，对右坞村的整个再造实践过程进行描述和分析，以描摹出城市化进程中"村落再造"的过程特征和变迁轨迹，并在"国家—精英—农民"的分析框架内来探寻社区精英的"创新行动"对村落发展的功能与影响，以挖掘出城市化进程中"村落再造"的微观动力机制与内在演进逻辑，旨在为城市化进程中村落共同体的再造提供一个微观层面的学理性解释。同时，通过对该村发展实践经验的描述、分析与总结，为其他村落的发展提供经验借鉴。

---

① 折晓叶：《村庄的再造——一个"超级村庄"的社会变迁》，中国社会科学出版社，1997，第14页。

2. 分析框架

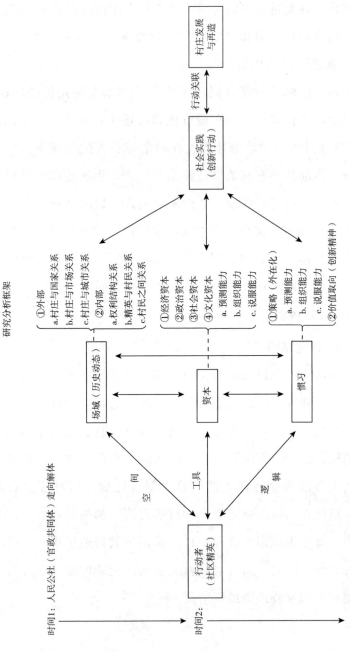

四 研究方法与具体工作

(一) 研究方法

1. 社区研究方法

"社区研究方法"是一种综合的实地调查研究方法。它是费孝通先生通过对马林诺夫斯基的人类学民族志研究方法和帕克的人文区位学研究方法的继承和批判,在对瑶山、江村等地进行实地调研的基础上,提出的一种方法。费孝通先生认为,社区研究应当是"一个综合的、实地的、对于中国文化现象的认识"。① 他主张研究者必须亲自与事实接触来获取第一手资料,他的《江村经济》和《禄村农田》都体现了社区研究方法的特点。②

虽然微型社区研究的代表性和有效性屡屡遭受人们的质疑,但作为认识和深入了解社区的切入点,研究者能在社区中深入观察体验社区的日常生产和生活,感受其中活生生的人和事,通过对宏观社会结构下的小型社区的深入研究来获得对同类型社会状况的认识,并且可以让微观建构与宏达叙事在具体社会的研究中建立起联系。③ 费孝通先生在谈到"社区研究方法"时曾讲道:"以全盘的社会结构作为研究对象,这对象并不能是概然性的,必须是具体的社区,因为联系着各个社会制度的是人们的生活,人们的生活时空的坐落,这就是社区。每一个社区都有它的一套社会结构,各制度配合的方式。"④

本书的实地调研对象右坞村,是一个较为典型的城市近郊村落。

---

① 费孝通:《关于〈变动中的中国农村教育的通讯〉》,《天津益世报》1937 年 2 月 10 日。

② 丁元竹:《费孝通社区研究方法的特色》,《北京大学学报》(哲学社会科学版) 1992 年第 4 期,第 45~52 页。

③ 邹琼:《全球化与乡村变迁——珠三角南村的实践》,商务印书馆,2012,第 45 页。

④ 费孝通:《乡土中国生育制度》,北京大学出版社,1998,第 9 页。

在城市化进程中，它既没有出现因人口外流而导致村落凋敝的现象，也没有因人口涣散而沦为城市的附属物，村落内部的各种关系也并未因城市化的影响而走向解体，它反而是通过主动地创造与发展，走上了一条新的可持续发展之路。本书的研究主题是社区内部的各类精英及其"创新行动"对村落共同体再造的功能与影响，也即探究村落走向再组织和再造的原因。社区精英一定是生活在社区内部的活生生的能人，他们的行动必然会影响社区的发展和变化，他们的行动也会受到村落场域内各种因素的影响。在村落的不同发展阶段，社区精英的行动条件必然不同，他们所采取的策略也就会有所不同。本书试图揭示社区精英如何推动村落在城市化进程中实现再造，进而挖掘出村落变迁的微观动力机制，而这种研究目标必须通过社区研究方法才能实现。

2. "过程—事件分析"方法

"过程—事件分析"方法最早是孙立平教授在从事土地改革50年以来农民生活经历的口述史研究时提出来的，他认为："做口述史的时候涉及一个概念，叫'过程—事件分析'，就是说在这50年中比较强调带有事件的过程，特别是那些有开头、有结尾、有情节的事件的过程。"① 在孙立平看来，"'过程—事件分析'研究策略的最基本之点，是力图将所要研究的对象由静态的结构转向由若干事件所构成的动态过程，并将过程看作是一种独立的解释变项或解释源泉"。②

"过程—事件分析"方法的提出，就其本质而言，乃是社会科学推崇实践的结果，或者说是如何应对处于实践过程中的社会生活的产

---

① 孙立平：《"过程—事件分析"作为一种研究策略》，《市场研究》（网络版）2004年第2期。http://www.emarketing.net.cn/magazine/adetail.jsp? aid =339.

② 孙立平：《"过程—事件分析"与中国农村中国家——农民关系的实践形态》，载《清华社会学评论》（特辑），鹭江出版社，2000，第1页。

物。"过程—事件分析"也是实践社会学在面对中国社会时的一个新思路。从方法论的角度来看，它对传统的口述史研究以及个案访谈法如何处理社会宏观结构层面的问题方面产生了影响。它可以促使先前主要应对微观行动层面的研究方法，为我们揭示宏观社会现象时提供翔实丰富的资料，为架通微观与宏观创造了可能性。① 周晓虹等人指出："过程—事件分析可以为切入实践的研究找到有效途径……可以使实践研究避免停留在抽象水平上，可以激活实践的展开过程，进而使实践以具体、动态的形式展现在社会学面前，社会学由此而达到对实践的过程、机制、技术和逻辑的真实把握。"②

"过程—事件分析"方法是本书的主要研究方法。右坞村的再造过程可以看作是由一个个动态历史事件构成的整体事件，通过对社区内部各类精英的行动过程和各类事件发生过程的观察，发现隐藏在实践背后的社区精英的行动逻辑和使用策略，从而揭示出村落变迁的微观动力机制和内在演进逻辑，进而在微观的社区行动与宏观的社会变迁之间发觉某种可以衔接的机制。

（二）实地调查工作

本书的实地调查工作历时一年多，其中有三个比较集中的调查阶段，分别为 2012 年 11～12 月、2013 年 6～7 月以及 2013 年 11～12 月。由于右坞村位于研究者所在城市的近郊，除了集中调查外，在写作过程中也会因补充相关材料而到场调查一两天。本次研究的实地调查工作主要有文献资料搜集、参与式观察和个案访谈。具体的实地调查工作分述如下。

---

① 淡卫军：《"过程—事件分析"之缘起、现状与前景》，《社会科学论坛：学术研究卷》2008 年第 12 期，第 50～52 页。
② 周晓虹等：《2003：中国社会学学术前沿报告》，《社会学研究》2004 年第 2 期，第 1～24 页。

1. 文献资料搜集

本研究主要搜集四类文献资料：一是地方志、主要姓氏族宗谱和各类档案资料；二是成文的村规民约、制度章程、工作总结、会议记录和纠纷调解记录材料；三是经济、人口、土地统计方面的各类报表；四是民间记录、民间契约文书、碑文、捐献记录等。

在笔者进入右坞村实地调研之前，该村为记录村落发展历史，已经邀请了历史学家撰写右坞村村史《风情小镇右坞村》。该村史记录为笔者了解右坞村的村落概况、历史发展脉络和文化传统提供了十分宝贵的资料。令人较为遗憾的是，右坞村第一大姓氏宗谱（《仇氏宗谱》）在"文革"中被烧毁，不过第二大姓氏宗谱（《李氏宗谱》）依然保存完好。① 右坞村的大部分档案资料保存较好，除了村落的经济、人口、土地统计方面的各类报表和村里的纠纷调解资料保存有部分缺失外，村里过去30多年来发生的大事件相关资料均保存完好，这些资料包括1994年因建设西湖国际高尔夫球场而征用水田的相关资料、1996年因建设杭州绕城高速公路而征用部分宅基地和农用地的相关资料、2004年的股份经济合作制改革资料以及2010年"风情小镇"创建的相关资料。这些资料通过仇识宽会计的帮助，在村档案室都可看到。通过对这些资料的收集和整理，使笔者对右坞村有了一个大概的了解和认识。此外，右坞村的变迁与国家宏观社会改革紧密相关，如果不对这些宏观政策进行了解和分析，也就无法对引发右坞村变迁的社会环境与制度环境有深层次的认识。

---

① 仇姓和李姓是右坞村的主要姓氏，仇姓约占70%，李姓约占20%，其他姓氏大约共占10%。《仇氏宗谱》在"文化大革命"中被烧毁，《李氏宗谱》保存完好。通过查阅《李氏宗谱》，也可以了解仇氏家族的一些情况。

2. 参与式观察

参与式观察也是本次实地调研的主要工作方法。所谓参与式观察，就是研究者深入研究对象的生活背景中，在实际参与研究对象日常社会生活的过程中所进行的观察。参与式观察的优点是能够避免研究者将自己的看法、观点强加于他试图理解的那个社会世界，它常常是在"没有先入之见"的情况下进行研究和探讨。它是获得社会现实的真实图像的最好方法。

在右坞村进行田野调查工作期间，笔者进入村落中与村民们同行同吃，共同参与一些活动，仔细观察他们的日常生产、生活、行为和消费习惯，体验他们的所思、所想、所盼，做好共时性的现场观察记录，及时写下自己的心得与想法，尽力做到对他们各方面的情况有较为全面地了解和深刻地把握，尤其做到对各类精英的具体行动有较为清晰地理解。由于右坞村村子较小，人口不多，所以观察起来较为方便。

3. 个案访谈

个案访谈是深入解剖典型、了解个人经历的有效方法，具有灵活性、开放性等诸多优势。本书的主要研究对象是村落内部的各类精英，故个案访谈法是本书的重点研究方法。笔者通过搜集相关文献资料，特别是读过右坞村村史《风情小镇右坞村》后，大致了解了村内的人和事，然后初步确定访谈对象。在正式接触访谈对象之前，笔者根据自己的研究目的和通过对右坞村相关情况的了解，精心拟定了访谈提纲。要说明的是，访谈对象的确定并非是一步到位的，而是通过先前的访谈来获取信息资料，然后根据访谈的具体情况再来确定后面的访谈对象。本书调研的访谈对象包括村干部、村中的经济精英和社会精英，还有一些对村子情况比较熟悉的村民等。在访谈过程中，笔者的主要联系人是大学生村官杜秀彤和仇启鹤，前者是村书记助理（非本村人），后者是村主任助理（本村人），通过他们来帮助笔者找寻合适的访谈对象和查阅、搜集相关资料。此外，在本次研究的个案访谈中，笔者对有的访谈对象还进行过多次重访和变换角度的访谈，如村里老会计仇识宽、村妇女主任葛爱莲和村股份经济合作社监委会主任仇中盛等。

第二章
一个再造的村落共同体：右坞村

一　区域概况

费孝通先生曾在《江村经济》一书中写道："为了对人们的生活进行深入细致的研究，研究人员有必要把自己的调查限定在一个小的社会单位内来进行。"[①] 基于村落本身的特点，社会或者人类学者通常将调查区域限定在某一个村落，笔者在此也采用这一原则。为了既能保持研究村落这个社会切片的完整性和满足本研究课题的需要，又能符合当下我国村落的建制特点，笔者选择了杭州市西湖区近郊的右坞村作为调查研究的对象。基于我国自上而下的行政建制特点，也为便于帮助读者了解和把握本项研究对象村落的基本情况，笔者决定采用定位放大的策略，先从区（县）情开始介绍，再进入街道（乡、镇）情况概览，最后来详细地介绍本研究对象的村落。通过这种方式，既能

----

① 费孝通：《江村经济》，商务印书馆，2001，第 17 页。

帮助读者循着一定的路径进入笔者的研究视野，同时又能在进入该村落前对调研村落的外围环境有一个整体上的认识。右坞村隶属于杭州市西湖区弯池街道，现就西湖区和弯池街道做一个简要介绍。

（一）西湖区概况

杭州市西湖区是浙江省委、省政府所在地，辖区总面积约312平方公里，人口约100万（其中户籍人口60.81万），现辖2个镇、10个街道，132个社区和48个行政村。西湖区地处杭州市老城区的西部，是杭州市五个老城区中面积最大、人口最多的一个城区，也是著名的旅游区，辖区内有西湖、西溪湿地两个国家5A级景区。西湖区南北长约28.5公里，东西宽约14公里，东连上城区和下城区，东北与拱墅区、东南与江干区相邻，东南部以钱塘江为界，与滨江区和萧山区隔江相望，南部濒临富春江，西南部与富阳市交界，西北部与余杭区接壤。该区平原、山地面积约各占一半，有五地四山一分水之称。全区平面形状呈反"S"形，北部区块地势上由西南向东北倾斜，平原海拔介于3.0～10.0米之间；南部区块地势上由西北向东南倾斜，平原海拔介于5.0～10.0米之间；西南部为天目山的余脉，最高峰为位于西湖区与富阳区交界处的如意尖，海拔537米，其他为海拔介于100～500米之间的山地丘陵。该区水资源十分丰富，江、河、湖、溪"四水共导"，辖区及周边有钱塘江、西湖、西溪、运河等水系，特别是钱塘江引水入城主体工程已完成，正在与西湖、西溪、运河等水系进行融汇贯通。

西湖区历史悠久，自秦到清，属钱塘县（隋朝开皇九年改为杭州）。1912年归属杭县。1927年划为杭州市第四区。1949年5月3日杭州解放，经浙江省委批准，建立中共杭州市西湖区委员会。1952年11月10日，建立古荡区。1955年5月撤销古荡区建制，并入西湖区。

1958 年 4 月，杭州市委决定，杭州市园林管理局与西湖区人民委员会合署办公。1961 年 3 月，杭州市委决定市园林管理局从西湖区（公社）划出由市直接领导，并将钱塘联社的上泗公社划入西湖区。同年 5 月，余杭区留下公社的九个生产大队和留下镇划入西湖区管辖。1966 年 5 月开始的"文化大革命"，很快波及西湖区，使西湖区陷于"文革"十年动乱之中，西湖区委及其工作机构受到严重冲击。1967 年 3 月，由西湖区人民武装部牵头，成立西湖区生产办公室，领导和组织全区的工农业生产。1968 年 5 月，成立西湖区革命委员会，实行党政"一元化"领导，同年 10 月建立西湖区革命委员会党的核心领导小组。1969 年 3 月，撤销西湖区建制，建立杭州市郊区，并建立郊区革命委员会和党的核心领导小组。1972 年 12 月，以杭州市园林管理局为基础重建西湖区，建立西湖区革命委员会和中共西湖区委，与杭州市园林管理局两块牌子，一套班子，并与郊区同时并存。1977 年 10 月，西湖区与杭州市园林管理局分开，郊区与西湖区合并，定名为西湖区，同时建立中共西湖区委。现今，西湖区共管辖 2 个镇、10 个街道，分别是双浦镇、三墩镇；弯池街道、留下街道、蒋村街道、西湖街道、灵隐街道、西溪街道、翠苑街道、文新街道、古荡街道、北山街道。

西湖区不仅是著名的风景旅游名胜区（西湖龙井茶产地），也是著名的文教区，拥有浙江大学、中国美术学院等名校和小和山高教园区等众多科研院所和高等院校；它还是国家级园区集聚区，包括之江国家旅游度假区、国家高新技术开发区（江北区块）、浙江大学国家大学科技园、中国美术学院国家大学科技园、西溪国家湿地公园、西山国家森林公园；它同时也是浙江省会机关聚集区，全省 80% 以上的省级机关设在西湖区。2012 年，西湖区实现地区生产总值 636.64 亿

元，其中服务业增加值 525.97 亿元；财政总收入 122.41 亿元，其中
地方财政收入 74.16 亿元，城镇居民人均可支配收入 37511 元，农民
人均纯收入 21256 元。

（二）弯池街道概况

弯池街道地处西湖南部，东濒钱塘江，西至灵山，南临富春江。
以平原为主，山丘为辅，地势呈北高南低。弯池街道坐落在 320 国道、
之江大道、环城高速公路交会处，是游览"三江两湖"（即钱塘江、
富春江、新安江、西湖和千岛湖）的必经之地。域内有宋城、未来世
界等著名旅游胜地。街道办事处驻地距离杭城中心 18 公里。2007 年，
经过行政区划调整，撤镇建街后的西湖区弯池街道成为全区面积最
大、所辖村（社区）最多，拥有山林资源最丰富的一个街道，是浙江
省经济百强乡镇之一。街道内古海塘、古桥等众多历史古迹与中国美
术学院、浙江工业大学之江学院等高等学府一起积聚起浓厚的文化底
蕴，凤坞村、清风谷景区、白龙潭景区、西湖国际高尔夫球场、宋城
等大型休闲游乐场所点缀在青山绿水间，使其成为杭城顶级别墅聚集
区域。

弯池来历，源远流长；春秋战国，一片汪洋；吴越水师，定山战
场；山河变迁，沧海见陆梁。"路绕定山转，塘连花浦横"；唐诗流
传，留名弯池。明清时期，弯池归属钱塘县；民国时期归属杭县。新
中国成立后，弯池划归杭州，设上泗区委；"大跃进"时期，建立公
社；1984 年改社为乡，1986 年设立建制镇。2007 年，西湖区撤销弯
池镇、凤坞镇建制，合并设立弯池街道办事处，并将灵隐街道办事处
珊瑚沙、五云、梦湖 3 个社区划归弯池街道办事处管辖。调整后的弯
池街道，东起钱塘江，西至富阳，南临双浦镇，北与留下街道接壤，
总面积达 75.15 平方公里，加上托管的回龙、何家埠两村共约 78 平方

公里，常住人口 55000 多人，流动人口 45800 多人，辖 24 个社区、18 个行政村，办事处驻地为弯池直街 7 号。

改革开放后，弯池街道进入了发展快车道。20 世纪 80 年代末，该街道建成万吨级自来水厂，解决了辖区居民喝水难的问题；随后又组建了环卫站，为弯池建设卫生文明镇打下良好基础。1990 年，浮山村的生态农业被联合国誉为亚太生态第一村，从此该村名扬四方，弯池街道的农工贸一体化企业也随之迅速发展。次年，弯池街道制订了弯池"八五"规划，提出开发牛放岭至金家岭沿公路 10 公里两侧的工业商业街设想；杭州市公交公司建成弯池公交车中心站，并启用通车，弯池成为上泗四乡镇的交通中心。随后，杭州市管会在弯池开始建设国家之江旅游度假区，弯池电视广播站建成，同时建立农科实验站。20 世纪 90 年代中期，弯池街道又制订了"九五"规划，提出开发弯池旅游资源，把弯池建设成旅游集散地。在此基础上，还组建了浮山集团公司、汽车板簧厂等 10 多家企业，宋城和未来世界在弯池街道也先后开业，环城公路和之江大道先后通车。截至 20 世纪 90 年代末，弯池的有线电视覆盖率达到 100%。该街道先后获得"西湖区科技先进镇"、"杭州市新农村乡镇"和"杭州市小康镇"、"浙江省绿色小城镇"和"浙江省经济百强乡镇"等光荣称号。

弯池街道现有工业产值约 5000 万元。随着弯池街道的大面积开发，弯池人主动接轨经济一体化的大潮，努力打造"富裕、活力、休闲、生态、和谐"的新环境。弯池街道引进各种名特优新养殖品种，以科技手段增产增效，年产野生鳖 50 万只，各种虾类 20 吨，鱼类 2000 吨；引进国际先进水产品加工线及包装，年加工能力达 1000 吨，并达到国际质量认证体系标准。

二　村落概况

(一) 地理位置与交通

右坞村位于杭州市西南部，地处横山大岭缓坡地，箬帽山下的半山坡上，山下是广阔的上泗平原，数百年前曾是一片汪洋。整个村落东面面山，南与王家桥相邻，西与左坞村相对，北与清风谷相挨，是西湖区弯池街道下属的一个行政村。右坞村距离弯池街道 3 公里，距离杭州市区 15 公里，位于素有"万担茶乡"之称的凤坞茶叶基地之中，是西湖龙井茶的主要产地。绕城高速公路和留泗大道穿村而过，向东直通弯池街上。该村全年平均降雨量在 1100～1600 毫米之间，年雨日 130～160 天。年均温度为 17℃，1 月平均气温 4～5℃，7 月平均气温 25～33℃，四季分明，日照充足，立体气候明显，水资源丰富，农业种植用水充足。右坞村面积共 130 公顷，土地类型以茶地和山林为主，水田和旱地较少。该村有两个自然村和 4 个村民小组，两个自然村分别是右坞村和丽景湾新村。① 右坞村占整个村落面积的大部分，亦是村委会办公楼所在地。右坞村虽然地处山区，村民依坡而居，但森林覆盖率高，因而村民的居住环境并没有面临太大的山体滑坡或者泥石流的危险。

从右坞村的平面示意图（见图 2-1）可以看出，西溪地区的交通大动脉——留泗公路和杭州绕城高速公路两条大道平行穿过右坞村，丽景湾新村和右坞村分别位于两条大道的东侧和西侧。留泗公路属于古道，南通富阳，北到余杭。杭州绕城高速公路，1996 年建成。该村内部有两条道路，分别是环村路和风情苑路。环村路西接留泗公路，

---

① 右坞村本来是一个行政村和自然村统一体的村落。由于 1996 年建市绕城高速公路，村子部分村民拆迁后搬到留泗公路东侧的茶地和荒地上，另形成一个自然村落——丽景湾新村。

1. 村入口广场　2. 规划村入口节点
3. 艺术中心　4. 樟树广场　5. 仇家井
6. 艺术之家　7. 朱德兰园
8. 溪边休闲广场　9. 停车场
10. 三和美术馆　11. 展览馆
12. 木栈道　13. 茶园栈道区
14. 元神茶馆　15. 艺术酒店
16. 艺术酒店与名家工作室　17. 茶园休闲区
18. 竹林休闲区
19. 漆艺馆　20. 艺术会所
21. 旅游综合体　22. 停车场
23. 一号桥洞　24. 西湖龙井
25. 二号桥洞　26. 张一元
27. 三号桥洞　28. 创意工坊
29. 南庄茶园　30. 四号桥洞
31. 北庄茶园　32. 旅游综合体

总平面图

图 2 - 1　右坞村平面示意图

环绕整个右坞自然村落，全长 1500 米，宽为 5 ~ 6 米。风情苑路相对
较短，但却是进入右坞村的重要中心通道，连接艺术广场。村道通到
村子每户人家，汽车可以直接入户。

右坞村的交通较为便利，村民外出除了可以自驾车外，也可到留泗公路上乘坐331路公交车，公交站旁还有市内公共自行车。近年来，西湖区大力发展乡村旅游，周末开通了从杭州市中心到弯池街道的风景旅游免费班车，大大方便了村民外出。

（二）宗族历史与建制沿革

1. 宗族历史

右坞村属于主姓村，仇姓占70%，李姓占20%，张、金、杨、娄姓等大约共占10%。右坞村民虽然以仇姓为主，但仇姓并不是右坞村最早的住民，李氏家族在仇氏家族迁徙来之前，就已存在。但李氏家族也不是最早的住民，在他们迁来之前，早有单氏家族在此定居。但不知什么原因，单氏家族很早就消失了。下面通过具体的姓氏来了解右坞村的宗族历史。

（1）仇氏宗族——从老樟树下的仇氏祖坟说起。关于右坞村仇姓的溯源还得从村头的百年老樟树说起。进入右坞村，迎面而来的老樟树下长眠着仇姓祖宗——"怀山太公"。大樟树已有几百年的树龄，至今仍枝繁叶茂、郁郁葱葱，被村民称之为"镇村之宝"。怀山太公虽不是仇姓始祖，但他是右坞村仇姓的祖先是毫无疑问的。右坞村的仇姓究竟起于何时，至今尚未查到确切资料，或许在比怀山太公还早的年代，也不无可能。但据现有史料来看，起码不会迟于明末。怀山太公生于明末，是始祖莺和公之第三子。

> 咱们仇氏家族至少是明末清初的时候迁到右坞村来的，因为我们祖坟的石碑是木制的，现在还在，风化得一塌糊涂。这个碑上写着是怀山太公。怀山太公是这样的，他有两个老婆。他立坟的时候是康熙十二年，我查了一下，是公元1673年。由于"文

革"时期的破四旧运动，我们的仇氏宗谱已经烧掉了，所以无法查验了。实际上我们平均二十年一世差不多，两百年有的嘛，那如此按照这么推理的话，我们最早可能是1400年前就到这边了。我们村子肯定是明朝时迁过来的，至于具体是哪一年迁过来的，就不知道了。(老会计仇识宽之访谈)

仇氏族人以商贸为业，视野广阔，经商有道，且仇氏世辈繁衍迅速，人丁兴旺。据考证，仇氏远祖为仇牧，始祖为仇莺和。据乾隆辛未年纂修的《仇氏宗谱》记载：明朝中叶弘治二年（1489），仇氏第一世为仇莺和，称之为仇始祖，江西吉安府吉水石研人（今江西吉安县），兄弟三人为莺和、莺鸣、莺凤，以贸易为生，明朝中叶由江西迁至湖南，莺和公迁至湖南安邑四都，莺鸣公迁至湖南湘阴，莺凤公迁至湖南岳州。莺和公娶黄氏为原配，生三子：文怡、文恺、文怀，次娶彭氏生一子文悌，共四子，称为四大房，四大房又生五子，取名：以仁、以礼、以义、以智、以信，后称为仇氏五族。四房五族过了数年后，子孙繁衍数百人，门户旺兴，迁徙地域甚广。因此推断，怀山太公是莺和公的子孙，至于从哪里迁徙而来，有两种说法：一种是仇姓研究者孙大正考证认为，怀山太公是从湖南迁入浙江严州（今建德梅城），因此，右坞村这支仇氏家族来自建德的可能性较大。另一种说法认为，仇姓始祖从河南南阳迁徙而来，后分成几支，一支迁往安徽，一支迁往宁波，还有一支迁往其他地方。怀山太公这支应该是从宁波迁徙而来。怀山太公开始并非直接迁徙到右坞村，而是先迁移到西溪的新凉亭，到达新凉亭后，又分成两支，一支迁往右坞村，另一支迁往仇家桥村。现在两个村落共同祭拜一个祖先——"怀山太公"，就此可以考证两支属于同一个祖先。

怀山太公传说是从宁波过来的，后来又查了一下，其实我们最早是从河南来的，就是那个南阳郡过来的。上次也有个老师过来了，他是杭四中的，他给了我一张名片，他叫仇孝虎。他跟我说，最早我们从南阳迁过来的时候，分成好几支，一支迁往宁波，一支逃亡安徽，我们再从宁波逃到这里来的。具体哪一年从宁波迁到这边来的，就说不清楚了。浙江历史博物馆有根基好查，有人去查过的。凤坞镇有两个村子姓仇的，另一个就是仇家桥，他们用的谱就是我们这个谱。他们什么时候过去的，我们也不清楚。我们右坞村仇姓的"正"字辈只有两个了，一个五十多岁，一个六十多岁。但是他们"庭"字辈的都还有。听我父亲说，凤坞这边有新凉亭这个地方，本来我们姓仇的都是住在新凉亭那边的，后来才迁到右坞村的。具体什么时候迁过来的不清楚，但是推测可能是当时从新凉亭迁出的时候，一部分人迁往右坞村，一部分人迁往仇家桥。可能是兄弟两个，你迁到这个山坞，那么我就迁到那个地方，这样就分开了，人多的话，迁往一个地方可能住不下，也生存不下来。那个时候很简单，一副担子就可以走了。我们小的时候，高堘这个地方的土地比我们多，他们一个山坡上的平地很多，他们也是一副担子挑起来，在这个地方开荒然后发展起来的。所以说，那个时候移民都很简单的，找个有水的地方开荒生存下来。因为右坞村这个山坞比较小，容不下这么多人啊，估计以前这个地方比现在还要小很多。就像现在仙人坑这个地方，当然现在用来做厂房了，以前那个地方我们都不敢去的，那个地方比较原始，砍柴都不敢跑那么远。当年日本鬼子来的时候，大家没地方躲，全都躲到仙人坑那个地方去了，那个地方还比较安全，

日本鬼子也不敢进来的。（老会计仇识宽之访谈）

关于怀山太公的迁徙过程，据《风情小镇右坞村》村史记载：明末清初，清兵入关，战火连绵，哀鸿遍野，百姓纷纷四处避难逃命，仇氏先辈怀山太公带着家眷长途跋涉再次迁徙。他沿着钱塘江一路寻找，望着一望无际的沼泽地一筹莫展，只得往凤坞镇方向走来，几经辗转，来到右坞村，举目四望，一片荒野，旷无人烟，但此地山清水秀，地域广阔，怀山太公觉得此处既能垦荒种地，又能躲避战乱，是一处风水宝地，于是决定在此安居。经过几年的垦荒劳作，茶园连片，生活安定，前来右坞村移居的异姓人也逐渐增多，形成了一定规模的自然村落。学艺经商的人日益增多，经济殷实的人家纷纷买地盖房。到了乾隆三十八年（1773），仇氏后代"兆"字辈，邀集族人共议重修祖坟，修建仇氏祠堂，以慰先辈迁徙建业之功绩，让仇氏后代铭记这位不辞辛劳的仇氏先辈——怀山太公。怀山太公墓冢属氏族祖墓，有一定的规模（"文革"时期部分被损坏）。据地方文史研究者西湖区文化馆孙大正先生考证：怀山太公在仇氏先辈史籍上鲜有记载。[1]

（2）李氏家族——右坞村第二大姓。李氏家族最早从诸暨迁徙到此，李家的第一代就与单家通婚，因此两家颇为交好。单家虽为右坞村最早的住民，但最终不知迁往何处。李氏家族和仇氏家族也颇为交好，主要也是两家一直相互通婚的缘故。此外，由于仇氏家族重商好学，文化素质较高，而李氏家族条件相对较差，文化素质也比较低，因此，每次仇氏家族修缮《仇氏宗谱》，都会顺带帮助李氏家族一起修缮《李氏宗谱》。

----

① 见《风情小镇右坞村》，内部资料。

莫艳清（笔者，下称莫）：大伯，咱们李氏家族迁到右坞村来是什么时候？

李：洪武年间。

莫：好像仇氏家族也差不多是洪武年间迁过来的吧？

李：他们那个坟怀山太公只有 240 多年。

莫：他们说怀山太公是十一世嘛。

李：这个我不清楚。

莫：你们《李氏宗谱》上有没有记载，到底是仇氏家族先到右坞村的还是李氏家族先到右坞村的？

李：没有，在我们的印象里，李氏家族先到的。最先到的应该是单家，现在还有个单家井。咱们李氏宗谱上的第一代跟单家有联姻关系，就是他们单家的姑娘嫁给了我们李氏的"太太"（方言：意为祖先）。

莫：那李家和单家是谁先过来的？

李：单家先过来的。

莫：也就是说这边最早可能是单家？

李：对的。仙人坑那个地方就叫单家区，那口井叫单家井。

莫：单家井有多少年历史了？

李：这个我就不知道了，单家和李家结亲，我也是从谱上看来的。

莫：你们第一代的始祖李仁远是从什么地方迁过来的？

李：好像是从诸暨迁过来的，因为这个年份太长了。我 1992 年退休的时候，全部看过姓李的宗谱，当时 1992 年的时候想重修，但是没钱。现在肯定不修了，我们李家穷，没钱修不起。比方讲，我没有儿子，我过继一个儿子进来，他不愿意姓李，那你不姓李的话，这个谱是做不上去的，那他也就不肯出钱了。所以啊，难度很大。

莫：咱们现在这本《李氏宗谱》是什么时候修好的？

李：1909 年吧。

莫：看这个宗谱，还是仇家人帮你们修的。

李：我们李家很穷的，都没文化，因为穷得念不起书。仇氏家族一直都是比较重视学习的。你看，第一次修宗谱是在嘉庆六年，从越郡暨邑迁过来的，是仇德备记录的。

莫：这些是李家的人口述，仇家的人帮你们记下来的。

李：咸丰十年也做过一次谱的。最后一次是宣统元年（1909）修的。

莫：好像仇氏很兴旺的嘛。同在右坞村的，应该土地差不多吧，仇氏家族好像发展得快，条件好很多。

李：他们仇氏很会做生意的，我们李氏不会做生意。

莫：他们可能一开始迁过来的时候，文化修养就相对比较高，对吗？

李：他们读书识字的人比较多一点。

莫：土改划家庭成分的时候，咱们李氏家族有地主吗？

李：有一个，叫李阿大。但是他破产了，他在解放之前就赌博将家里的财产都输光了，但是资料上查他有这个东西，那个东西的。所以就把他划为地主，实际上他什么都没有了。仇氏的倒是有好几个地主的。

莫：你们是 1388 年迁过来的，他们是明朝开国后 20 年迁过来的。我看了下《李氏宗谱》，每次都是仇氏修宗谱的时候，就顺便帮你们李氏修宗谱了。那民国时期，李家和仇家通婚多不多？

现在仇氏家族里面，姓李的多吗？

　　李：还可以吧。有的，现在的李盛就是他爸爸姓仇，他妈妈姓李的，然后他父亲是入赘的。有是有的，不是很多。

　　莫：在"文化大革命"时期，这个《李氏宗谱》是放在谁手里的？

　　李：就是这个李盛家里。李盛的爷爷叫李重喜。李重喜是我的大伯，现在走了。

　　（《李氏宗谱》保管者李文成之访谈）

　　（3）大姓与小姓的关系。右坞村各姓之间的关系较为融洽，小姓基本上是通过雇工、经商、通婚或者政府安置等方式迁移而来，大姓和小姓之间都有通婚关系。右坞村面积较小，土地不多。土改时期，划分家庭成分时，右坞村主要为小地主、富农和中农，少部分为雇农。雇农主要为村里的小姓，他们由以前的雇工身份转变而来。右坞村治保主任金向明的祖父从杭州萧山区来到右坞村打工，然后定居至此。杨姓分两支迁移而来，一支因祖先到右坞村租房卖铁锅而从诸暨迁移至此，现在为村里的老支书杨金华家；另一支就是土改时期从严父桥迁移而来，由于严父桥土地不够分配，村与村之间进行土地调剂，所以迁到右坞村来，现在有三户。娄姓因当兵退伍而被安置到右坞村，就是大队老书记娄东律一家。张姓人口也不多，因通婚入赘迁移至此。

　　2. 建制沿革

　　关于右坞村的历史文献记载甚少，直至明清时代，右坞村才在历代文人墨客吟咏的诗作中脱颖而出。道光末年，上泗人张道撰写的《定山小记》记载了当时上泗地区沧海桑田的部分历史面貌，同时也记录了右坞村周围的山山岭岭、寺庙道观等。一个多世纪过去了，随着上泗地区的历史变迁，右坞村行政建制也随之变异。据《风情小镇右坞村》村史记载，右坞村的行政建制沿革如下。[①]

南宋时，杭州成为一朝帝都，城内设厢坊，郭外设乡里。据《淳祐临安志》《咸淳临安志》记载，钱塘县城内隶 6 厢 52 坊，郭外分 13 乡，隶 52 里，其中与今弯池、凤坞有关的地方均在郊外西部山区一带，即定山南乡、定山北乡所在的范围之内，右坞村包括在其中。

元代，上泗地区行政区划与南宋时同。明代，杭州府与钱塘县、仁和县同城设治，其时上泗属钱塘县管辖，郭外设 9 乡，辖 115 里，右坞村似在定山、长寿乡之内。

清代，宣统二年（1910），钱塘县分县城和江干、西湖、上泗等 7 个乡，右坞村隶属上泗乡。

民国元年（1912）1 月 22 日，并钱塘、仁和县为杭县。民国十六年（1927）5 月，划杭县所属等地增设杭州市，划分为 12 个都，都辖图，图辖乡。自一都至六都为市区，七都至十二都属县区。上泗地区属十二都，右坞村为十二都下的二图所辖之花坞乡（今右坞村 54 号仇锦盛家门上仍有当年"杭县六区花坞乡 51 号"的门牌）。民国三十五年（1946）6 月设立杭县上泗区，下辖 9 乡，右坞村为凤坞乡所属之行政村。

1949 年 5 月，杭州（杭县）解放，10 月 1 日中华人民共和国成立。其后，杭县置 5 区 5 镇，44 乡，右坞村为杭县上泗区凤坞乡之行政村。

1951 年 6 月，杭县调整为 10 区 6 镇 127 乡，凤坞乡划入留下区，右坞村为留下区凤坞乡行政村。

① 见右坞村村史记录《风情小镇右坞村》，内部资料。

1956 年撤区并乡，将凤坞、白龙、花坞乡合并成凤坞乡，划入上泗区，右坞村（合作社）为上泗区凤坞乡之行政村（社）。

1958 年 4 月，杭县撤销，上泗区划入杭州市。右坞村随上泗区凤坞乡划入杭州市。同年 10 月，撤销乡的建制，成立上泗人民公社，右坞所在的凤坞乡改为上泗人民公社凤坞管理区，右坞村沿袭金星高级社之名，与清风谷合称为凤坞管理区属下的金星生产队。

1959 年成立拱墅联社，上泗公社划入拱墅联社。右坞村成为拱墅联社属下的上泗公社凤坞管理区金星生产队。

1960 年 1 月，拱墅联社和半山联社合并，定名钱塘联社，钱塘联社下辖上泗公社，公社下设管理区。右坞村为钱塘联社辖下的上泗公社凤坞管理区金星生产队。

1961 年 5 月，撤销大公社，上泗公社划归西湖区，上泗公社原 8 个管理区调整为弯池、袁浦、周浦、凤坞 4 个公社，右坞村与清风谷正式分开，成为西湖区凤坞公社右坞生产大队。

1969 年撤销原西湖区，建立杭州市郊区，右坞村为杭州市郊区凤坞公社右坞生产大队。1977 年郊区与西湖区（西湖公社与园文局合署）合并，定名西湖区，右坞村复为西湖区凤坞公社右坞生产大队。

1984 年 5 月，实行行政体制改革，恢复乡村建制，凤坞公社改称凤坞乡[①]，右坞大队改为右坞村。1997 年 12 月，凤坞乡改称凤坞镇，右坞村归属凤坞镇。

2007 年 10 月，凤坞镇与弯池镇合并，改称弯池街道，右坞村随

---

① 由于行政建制沿革，当叙述 1984 年 5 月之前发生的事件时，使用"凤坞公社"一词；叙述 1984 年 6 月至 1997 年 12 月之间发生的事件时，使用"凤坞乡"一词；叙述 1998 年 1 月至 2007 年 10 月之间发生的事件时，使用"凤坞镇"一词；当指代整个凤坞区域范围时，则使用"凤坞地区"一词。

之成为西湖区弯池街道下属行政村。截至 2011 年底，右坞村总人口共 562 人，其中女性 280 人，男性 282 人。

（三）人口与土地资源

1. 人口与劳动力

人口与劳动力的构成状况可以反映出一个村的经济发展状况。在过去的 30 多年里，右坞村的人口总量并未发生太大变化。随着城市化的推进和村落经济的发展，右坞村的人口构成和来源发生了一些变化，主要是政府征地导致的户籍人口变化、股份合作制实施导致的婚配关系变化和村落经济的发展导致外来人口的增加等。在过去的 30 多年里，右坞村的人口变化情况可见表 2 – 1。

表 2 – 1　右坞村人口变化情况（1978 ~ 2011）①

单位：人

年份		1978	1984	1996	2001	2005	2011
人口		521	525	408	501	540	562
劳动力	总数	340	344	307	376	385	380
	男	167	173	161	220	252	220
	女	173	171	146	156	133	160
户数		125	147	145	155	162	160
低保户		3	3	4	4	4	5

从表 2 – 1 可以看出，右坞村在过去的 30 多年里，人口总量和家庭总数变化不大。下面简要介绍一下过去 30 多年间右坞村人口变化的基本状况。

———————

① 由于会计更换，村落人口数据统计不太齐全，选取了几个关键年份数据进行统计和分析。

（1）通婚导致的人口姓氏多样化。人口姓氏多样化主要是右坞村在 2004 年开始实施股份经济合作制的缘故。按照传统的婚姻习俗，成年女子出嫁后，都会将户口迁至男方户口所在地。实施股份经济合作制以后，村里有股份分红等各种福利，成年女子结婚后，不但没有将户口迁出，反而将男方户口迁至右坞村。此外，由于右坞村经济较为发达，许多欠发达地区的男性愿意入赘到此，这使得右坞村的人口姓氏构成不断发生变化。

（2）城市化推进导致的户籍人口转变。1994 年，西湖区政府征用凤坞乡位于西湖旁的水田用来建设西湖国际高尔夫球场。1996年，杭州市建设绕城高速公路，右坞村的部分农用地和宅基地被征用。按照拆迁补偿政策，一些符合条件的村民从农村户口转为非农户口。① 虽然两次征地导致村落人口总量骤减，但由于大部分的农转非人员为家中未婚的年轻人和未成年的小孩，并非整个家庭成员的户口转换，故整个村子的家庭总数并未发生太大变化。从收集到的资料来看，两次村民户口农转非的基本情况如下：①1994 年水田征用，农转非人口共 95 人，其中男性 22 人，女性 73 人，主要为 20 世纪 70～80 年代出生的年轻人。此次户口农转非，女性比男性多，主要是考虑女性将来要出嫁，户口农转非或许对今后出嫁有好处。②1996 年绕城高速路征地，农转非人口共 108 人，其中男性 36 人，女性 72 人，年龄构成同样主要为 70～80 年代出生的年轻人，其中还有几个 90 年代出生的未成年人。当然，此次女性比男性多的原因估计和前一次差不多。

---

① 20 世纪 90 年代，右坞村的经济还不太发达，当时村民们都觉得非农户口好，农民能够转变为居民似乎是"鲤鱼跳龙门"。为此，符合条件的家庭都极力将小孩的户口转为非农户口。现在村里的经济条件好了，村民们都不愿意再把户口迁出去了。

（3）村里回迁户增多。所谓回迁户，就是已经将农村户口转变为非农户口的村民或者出嫁的女儿将户口重新迁回右坞村。这也是村里实行股份经济合作制以后出现的情况。这些回迁户主要是因为村里的分红福利和将来可能根据户口分房的征地拆迁政策，而将户口迁回右坞村。近年来，总共回迁了 20 多户，这些回迁户是不能单独立户的，需要挂靠在自己亲属的家庭户籍名下，也就是所谓的"空挂户"。

（4）外来务工人员的进入。随着改革开放的深入和市场经济体制的改革，外来人口开始进入右坞村。20 世纪 80 年代，外来务工人员主要在右坞村的两个石矿打工，随着各类企业的进驻，外来务工人员慢慢增多。1994 年右坞村工业园区建成以后，大量务工人员进入右坞村，有些还是举家迁入。右坞村现有的外来务工人员大约为 200～300 人。村委会对外来务工人员的管理和服务也比较到位，妇女主任每年都将计划生育福利准时发放到外来务工妇女手中。

（5）部分艺术家成为常住人口。右坞村的"艺术村落"建设吸引了许多艺术家前来入驻，可以说，艺术家群体已经嵌入了右坞村。他们既是右坞村"艺术经济"的发动机，也逐渐成为右坞村人。

2. 土地资源

右坞村土地资源少，但土质较好，茶地资源丰富，现为西湖龙井茶国家二级保护区。右坞村的农用地以茶地和林地为主，目前已没有水田[①]和旱地。过去 30 年，右坞村的土地变化情况可见表 2 - 2。

---

① 右坞村最初有 133 亩水田，1993 年村里的工业园区建设占用水田 20 亩，1994 年建设西湖国际高尔夫球场征用水田 103 亩，虽然目前账面上还有 4 亩水田，实际上都挪作工业用地了。

表 2-2 右坞村农用地变动情况 (1983~2012)①

单位：亩

年份 类型	1983	1989	1995	1999	2002	2005	2012
总农用地面积	1568	1574	1461	1319	1312	1312	1455
茶园面积	332	332	352	282	282	282	282
水田面积	127	133	10	10	3	3	4
林地	1077	1077	1067	1027	1027	1027	1169
旱地	32	32	32	0	0	0	0

从表2-2可以看出，右坞村的主要农用地为林地，其次为茶地，水田不多，旱地更少。在1989~1995年间，右坞村的总农用地面积少了113亩，茶地面积却多了20亩，这是因为1994年为建西湖国际高尔夫球场，征用水田103亩，再加上1993年村内的工业园区建设，占用村民水田20亩，政府为了补偿村民，开垦10亩林地和部分荒地，变成20亩茶地赔偿给村民，这样总农用地面积少了113亩，茶地面积则多了20亩。1996年，杭州市绕城高速公路建设，征用了70亩茶地、40亩林地和所有的旱地，这样右坞村的总农用地面积少了142亩。在1999~2005年间，村里的农用地面积未发生太大变化，只有村里的水田面积从10亩减少为3亩。在2005~2012年间，村里的林地面积增加了142亩，这是由于政府强调环保，关闭了村里的两个石矿，恢复林地142亩。

（四）村落文化与习俗

1. 村落文化

右坞村位于杭州市郊区，现代文化与传统文化的双重影响成就了

---

① 从数据统计表可以看出，因村落内部建设而改变了一小部分土地的用途，致使账面数据在某些年份发生小的变动。

现在的"风情小镇"右坞村。下面简要介绍一下右坞村的文化。

（1）红色文化：朱德四访右坞村。20世纪五六十年代，朱德委员长先后四次造访右坞村，视察茶农生产和生活，指导大队干部和茶农发展茶叶生产。1954年，朱德首次造访右坞村，在浙江省公安厅厅长王芳的陪同下来到右坞村视察春茶开采情况。第二次造访是在1958年的春暖花开时节，在浙江省省长周建人的陪同下来到右坞村。此次考察结束时，朱德委员长再三叮嘱大队干部，要搞好长远发展规划，努力开拓茶山，让集体经济快速发展起来，尽快提高茶农生活质量。第三次造访是在1961年1月下旬，正值农历寒冬腊月，朱德委员长冒着严寒来到右坞村。朱德委员长第四次造访右坞村是在1966年的春天，他在杭州市公安局八处的警卫员陪同下只身前来，了解和关心村里的茶叶生产和茶农的生活状况。

现在虽已过去40多年，但村民们对朱德委员长那可敬可亲的淳朴形象却记忆犹新。如今村民生活幸福，为了怀念他老人家，村里将曾经接待过朱德委员长的老屋改建成了朱德纪念室，将他视察过并劳作过的茶园命名为朱德茶园。村民们知道他老人家生前喜爱兰花，也曾到过右坞村的老焦山、笠帽山一带挖过兰花，所以在朱德纪念室旁边建了"兰花苑"，作为对朱德委员长的永远怀念，并将一代一代传下去。

（2）茶文化：龙井香飘右坞村。右坞村的茶文化历史源远流长，这与整个凤坞地区的茶文化基本一致。根据《风情小镇右坞村》的史料记述：早在明清时期，《西溪梵隐志》就有记载，产于凤坞、树塘（今弯池）、寿民、云泉、定山、回龙等一带的绿茶称"定山茶"，其中以凤坞、树塘为佳。历史上，西湖茶叶产区被划为西湖龙井茶产区和旗枪茶产区。龙井茶产区主要分布于花家坞、龙井、翁家山、灵隐一带，即现在的西湖街道；旗枪茶产区主要有凤坞、弯池、留下等地。右坞村属旗枪茶产区。茶叶采摘以芽一叶为主，因芽似枪，叶似旗，故名为"旗枪茶"。①

右坞村种茶源于何时已无从查考。右坞村的先民们祖祖辈辈种的茶树是群体品种。群体种茶树叶呈多状，有长叶、圆叶和瓜子状等，发芽也分早生、中生和晚生类型，有分枝密、萌芽力强、节间短、芽叶纤维肥嫩等特点，全年可分春、夏、秋、晚秋（亦称小春茶）四个茶期，采摘期长达190~200天。其中春茶期可采14~16批次，萌发轮次多，耐采摘，持嫩性强，故质量最佳。早在20世纪30年代，有人曾做过试验，将当年炒制的春茶，用茶色纸包好，放入石灰缸，密封压实，待到来年春茶上市，启封拿出来与新茶作比较，结果其香气、色泽毫不逊色于新茶，茶商观之惊叹，青睐有加。

（3）孝文化：仇家孝文化源远流长。仇氏家族源远绵长，名人辈出，仇氏子孙聪明睿智，忠义仁慈。一直以来，仇氏祖先就特别注重孝道，对子孙要求严格，在现今的右坞村还流传着烧乌米饭给娘吃、"丫"壳草鞋、枣生贵子树、"石"分"榴"连、好子湾毛笋等民间孝道故事。因此，右坞村一直以民风淳朴、邻里团结著称，外来人员与村民相处融洽、关系和谐。为更好地弘扬仇家孝文化，右坞村将恢复好的仇家祠堂打造成为孝文化基地，内设道德讲堂，融合有十多个孝文化故事展板，每月一次举办道德经、弟子规等宣讲，使右坞村孝文化基地成为村民接受精神洗礼、道德提升教育的第二课堂。

（4）村民日常生活：老有所乐。为了让老年人能安度晚年，老有所乐，右坞村采取了很多好的措施。村里建有星光老年之家，内设图书室、聊天室、棋牌室，彩电、空调、电扇等设施齐全，坚持每天对

---

① 见《风情小镇右坞村》，内部资料。

老年人开放。星光老年之家配有专人服务，全天免费为老人们供应茶水。如今，老人们三五成群地来到星光老年之家阅览图书、报刊，拉家常。一些爱好棋牌的老人，一起搓麻将、打扑克；一些喜欢安静的老人则在电视机前收看喜爱的文娱节目。村里还定期组织老人外出参观，参观过吴山广场、城隍阁、钱江新城、钱江二桥、三桥、四桥等景观，让村里的老人们了解外面的多彩世界，亲眼目睹改革开放后杭州的巨大变化。村里还建有康复活动室，杭州市体彩中心为活动室提供了各类运动器材，供老年人锻炼使用。

右坞村委领导十分注重老年工作，关心老年人的生活。每年召开专题会议研究老年人的生活起居问题。同时还积极鼓励老年人参加登山等健身活动，让他们保持身体健康。每年新春到来之际，村委会还要召开春节茶话会，给老人们送上慰问品和新春的祝福。

2. 传统习俗

除了节日习俗外，右坞村的传统习俗主要有年糕节、吃乌米饭过立夏和农家喜栽枣树。

（1）年糕节：吃年糕，年年高。每逢年节，杭州民间都有吃年糕的习俗，这是借年糕谐音，取其"年高""年年高"的意思。杭州人过年，还要将年糕做成元宝、如意、十二生肖等形状，作为请年菩萨供祭的礼馍。右坞村地处杭州市近郊，自然有此习俗。年糕节主要是在过小年（腊月二十三日）这一天或者持续至后几天，吃年糕方式有多种多样，有汤年糕、炒年糕、蒸年糕等。

与端午节纪念屈原的传说相仿，年糕节据说也是为了纪念吴国大夫伍子胥。相传春秋时期，为防御越国的进攻，吴王命伍子胥建造城池。城池建好后，伍子胥对亲信部将说道：我去世后，如果吴国遭难，人民饥苦无着，你们可在东门下掘土数尺，民饥可救。后来，伍子胥遭奸人所害，越国乘势进攻吴国。战争给老百姓带来巨大灾难，民不聊生，饥民遍野，众人在危难时忽然想起伍子胥生前说过的话，于是拆砖挖城，竟发现基砖是用糯米做成的。众人喜悦，蒸食充饥，缓解了饥荒。后人为纪念伍子胥备战备荒之功绩，每年过年都要做年糕来纪念他。

如今，右坞村赋予了年糕节更多的内容。自2011年以来，右坞村每年都要举办为期一个月的年糕美食节活动。在年糕美食节期间，游客们不仅能尝到正宗的年糕美食，还能亲自参与到打年糕的活动中，了解年糕文化。同时，还举办书画展、舞龙舞狮、手工编竹篮等活动，为年糕美食节增光添彩。

（2）吃乌米饭过立夏。吃乌米饭过立夏是凤坞地区流传了几百年的民间风俗。立夏时节正是乌米嫩叶旺发时期。右坞村的山朝南向阳，山上的乌饭树漫山遍野，乌饭叶稚嫩肥厚。每到立夏时节，妇女们都像采茶一样，到山上去挑选和采摘汁厚叶阔的乌饭叶。采来乌饭叶后，就要做烧乌米饭的准备工作。先淘好糯米、沥干，把摘来的乌饭叶再作处理，去硬梗、差叶、杂质，将乌饭叶倒入容器内，放入适量清水后，用手反复揉搓，先轻后重，揉搓时间以长为好，待水质变成乌黑，用新纱布滤去渣滓（要漏2~3次），放入糯米，再加适量的清水即可烧煮，火温要高，一气呵成，尤以柴灶为佳。饭烧好后要多焖一会，增加饭的糯度，揭开锅盖后，便会清香四溢。盛入盘碗后，再放上几匙白糖，显得黑白分明，既好看又好吃。除了自己吃以外，村民多有分给左邻右舍一起享用的习惯。乌米饭可以吃两、三天，一般不会变质，而且冷却后吃起来味道更好。右坞村民间风俗很多，但由于时代的变迁，许多风俗已逐渐淡化，唯独立夏烧乌米饭的风俗仍很流行。

（3）农家喜栽枣树。在右坞村，几乎家家户户的庭院内都栽有几棵枣子树。夏末秋初，枣子渐熟，青红相间的枣子一串串挂满枝头，惹人喜爱。大人们在农忙之余尝上几颗，可消除农活之际的劳累；孩子们放学之后，采上一把，可放松一天紧张的学习情绪。枣子也是馈赠亲友的时令佳果。农历七月十二日，家家户户都会在堂前供上一盘新枣，摆上几杯清茶，供奉祖宗。因此，栽种枣树也成了右坞村传统文化的组成部分。

三 选择理由

对于一项研究而言，研究工作的实际开展并非偶然，研究者和研究对象之间往往要经历一个彼此选择的过程。当然，主观的选择权还是在研究者手中。对于一项深入的社区研究工作而言，研究者选择一个调查区域的理由主要是基于研究者的兴趣、该区域的研究价值，以及研究进入与开展的可行性和便利性。笔者选择右坞村的理由也不外乎这三点。

第一，就当前我国更大范围内的村落发展实际而言，右坞村的发展模式与发展经验似乎更具可资借鉴之处。右坞村当前的发展程度和名气，或许还不能与国内的许多明星村（如华西村、南街村等）相比，但这个村落的发展历程在普通当中却又透露出特殊之处。普通之处在于，它与其他近郊村落一样，受到城市化、市场化和工业化的影响，村落发生了不同程度的变化；特殊之处在于，它在城市化背景下并没有走向解体或者完全被动地接受城市化，而是积极主动地组织起来，充分利用本土资源优势，顺应外界发展形势，积极发挥主观能动性，走上一条成功的再组织和再造之路。右坞村也不像其他明星村一样，一开始就有吴仁宝这样的领袖人物带领华西村迅速走上发展之路，而是在不同人的主导之下，村落的发展起起落落，最终在村落能人的带领下，走上一条成功致富之路。村落的再造，自然离不开村落能人。因此，笔者想了解的是，村落能人在这个发展过程中究竟起了多大的作用，或者说是如何来发挥作用的？不同的精英在其中发挥了怎样的作用？在不同的发展阶段、不同的领域，能人发挥的作用又是怎样的？同时，笔者还想了解的是，在"村落再造"的过程中，村落发展的微观动力机制和内在的演进逻辑又是怎么样的？它能否为城市化和市场化背景下的"村落再造"提供微观层面的学理性解释。

第二，右坞村实现再造的动力来源正是笔者的研究兴趣所在。本项研究是国家社科基金重点课题《城市化进程中村落变迁的特征概括与规律分析》的一个子课题，是对城市化进程中"村落再造"过程的特征概括及其内在规律的研究。右坞村在城市化进程中不是被侵蚀而消失或者逐渐消融，而是通过举办非农产业，将整个村落组织起来，进而再造成为一个新的村落。在当前的新型城镇化背景下，该村落的发展具有十分重要的借鉴意义，也具有非常重要的学术研究价值。尤其值得关注的是，该村落的发展与作为村落主体的村民或者说小范围内的精英紧密相关。笔者之前的研究兴趣是社会分层与社会发展，社会分层既能够反映社会发展的程度，又能够为社会发展增添动力或者设置障碍。因此，笔者好奇的是，右坞村的精英们在村落共同体再造过程中所发挥的作用及其作用机制是什么？对全国范围内其他村落的发展又有怎样的借鉴意义？

第三，笔者进入该村获取文献资料的可行性较强，调研入场和工作开展也具有人力、物力方面的便利。前文提及，笔者的研究兴趣在于，这样一个被重新创造或者说再组织起来的村落是如何发展起来，精英们在其中又是如何作为和发挥作用的，这些材料的收集都需要跨越历史时空，回溯右坞村30多年来的发展历程。如果没有一定的文献资料作为支撑，这项研究工作将会十分浩大和艰巨。幸运的是，右坞村正在邀请历史学家撰写村史《风情小镇右坞村》，在笔者想去右坞村调研时，该书初稿已经写好，所以能够从中获得大量的村史材料。在人力方面，该村有两位大学生村官，一位是外来的村支书助理，另一位是本村的村主任助理。他们一方面会帮助笔者解决语言上的障碍和困难；另一方面，由于两位村官与笔者年龄相仿，容易接近和沟通，他们不仅会向笔者介绍该村的一些情况，同时也会帮助笔者联系采访对象等。此外，右坞村的村支书和村主任也比较欢迎笔者来做这项研究。一方面，他们希望笔者的研究能够提升该村的知名度，为右坞村建成全省闻名的特色村助力添彩；另一方面，笔者的研究主题并不是政府、村民眼中的敏感话题（如干群关系、矛盾纠纷等），而是对村落成功发展历程的探究，尤其是精英们在其中发挥的作用，自然会受到他们的欢迎。

在该村漫长的发展历程中，客观上发生的故事会很多，将远远多于笔者所能收集到的材料。当然，这也是笔者无法在短短三年的研究时间里能够做到的，但笔者将努力把握自己的研究思路和研究要点，充分运用自己所学知识来观察和理解该村的发展历程和再造事实。

第三章
精英谱系："村落再造"的内驱力

本章将根据右坞村农户与村落关系的历史定位，描述和分析右坞村各种类型精英的构成、来源和成长。总体而言，右坞村的各类精英是以个人能力和实力为基础，以村落内部或外部环境的变化为契机，以整个村落的自然和人文空间为表演舞台而成长和发展起来的，个人能力和实力在其中起重要作用，家庭背景的作用并不明显。就本书的研究旨趣而言，他们是右坞村在城市化进程中实现再造的内生主导力量；就整个村落的发展而言，右坞村的各类精英都是在各自的领域中成长和发挥作用的。

前面第一章，笔者已对"农村社区精英"做了明确的定义，并将其分成三种类型，即政治精英、经济精英和社会精英。政治精英主要由右坞村党支部和村民委员会两个组织的主要负责人构成；经济精英主要由集体企业负责人和比较成功的私营企业主构成；社会精英主要由村内比较有威望的退休老干部、老党员和退休老教师构成。与其他许多村落的情况相似，右坞村的精英重合度也比较高，这与乡土社会的总体性结构特征紧密相关。本章将分别讨论右坞村三大精英群体的基本特征、生成机制以及精英与大众的关系。

一 右坞村精英的类型与特征

(一) 右坞村的政治精英

政治精英主要指村落的"干部—权力"集团，还包括非干部政治精英与潜在的政治精英。在右坞村 30 多年的城市化历程中，村落的"干部—权力"集团数次更迭，村落的发展也随之起落。本节主要介绍自家庭联产承包责任制实施以来，右坞村内部比较有影响力的政治精英。

1. "干部—权力"集团

右坞村村子较小，党支部和村委班子成员人数不多，主要分为三个层次。

第一个层次是村两委班子①的核心，即村党支部书记，主要指张飞跃和金立贤。他们在村中较有权威，不仅是因为他们处在村两委班子的最高位置，更因为他们对村落发展的贡献最大，尤其是张飞跃，右坞村近 10 年来取得的巨大发展成就与他的正确领导紧密相关。金立贤不仅本人对村落的发展有较大贡献，还是村里的伯乐，他在村落发展急需带头人的情况下，将颇有资质的张飞跃迅速培养起来。就村落发展而言，村落带头人、村落能人就是指他们两位。因为从右坞村的整个发展历程来看，带头人在"村落再造"过程中起到了无可比拟的作用。

第二个层次是右坞村的村主任和支部委员。根据这一标准，右坞村第二个层次的政治精英主要有仇增盛、杨英宏、葛爱莲、仇正义、

---

① 村党支部委员会和村民委员会，书中统称为村两委班子。

金向明 5 人。仇增盛自 1984 年开始担任村主任，1994 年开始担任村支书，于 2002 年卸任村支书，但继续担任村支部委员。按常理，他应该属于右坞村"干部—权力"集团的第一个层次，但由于其在职期间，没有为村落发展做出多少贡献，甚至一段时间内还使村集体经济遭受较大损失，故将他列入第二个层次；杨英宏从 1987 年开始担任村会计，1994~1999 年担任村主任，他一心想成为右坞村的村支书，但由于他和仇增盛给村里造成了较大的经济损失，在 1999 年的村支书和村主任竞选中均落败；葛爱莲为右坞村的支部委员，从 1993 年开始担任村妇女主任，于 1999 年竞选上村主任，同时兼任村妇女主任，但在 2002 年的村主任竞选中落败，继续担任村妇女主任；仇正义于 2002 年村委班子选举后，一直担任村主任；金向明，现为右坞村治保主任，入党已有 40 多年，于 1996 年担任村治保主任至今，为右坞村的治安稳定做出了重要贡献。

第三个层次是右坞村各职能部门的一般干部。他们是村委会的老会计仇识宽[①]、村企业管理员杨冬华、村支书助理（大学生村官，外地人）杜秀彤、村主任助理（大学生村官，本村人）仇启鹤。此外，村里还有社区公共服务工作站的工作人员，他们属于街道下派人员，不属于村两委工作人员，故不能划归为右坞村"干部—权力"集团。以前担任右坞村一些具体事务的村干部也未列入村"干部—权力"集团。

上面层次的划分是根据右坞村权力配置的基本格局做出的。显然，笔者并未将村里的所有干部视为政治精英，位于村落权力结构第

---

① 仇识宽，为本次调查提供了诸多资料，他是右坞村第一个考上重点中学的人。他中学毕业后，担任小学数学教师，后因"反右倾"运动，被贬回村里担任大队会计。1983 年平反后，继续回到学校教书，于 1996 年退休后，继续担任村会计至今。

一层次和第二层次的干部才能算作村里的政治精英。更严格地讲，只有张飞跃和金立贤才能算作右坞村的政治精英，不过这里还要加上仇正义，笔者下面将做出具体解释。为了人物关系梳理的方便，笔者按照他们三位对村落发展影响力的大小，来分别予以介绍。

张飞跃是右坞村家庭联产承包责任制实施以来最有影响力的政治人物，属于典型的知识型社区精英。关于这一点，无论是右坞村的普通村民，还是西湖区和弯池街道的党政负责人，都是如此认为的。张飞跃是土生土长的右坞村人，高中毕业后，做了 10 年的出租车司机，于 2001 年考取村主任助理。张飞跃文化程度较高（高中学历），见过世面，脑子灵活，对村落的发展有着自己独特的见解和想法。金立贤和村委老党员都认为张飞跃是一个得力的接班人，在他本人积极要求下，较快地介绍他入党，并在精心考察两年后，将其推选为村支书。张飞跃担任村支书几年后，村里发生了很大变化，这也是本书后面章节的讨论重点。一提起张飞跃，右坞村村民和村干部几乎异口同声："我们张书记人年轻，脑子活，有思想，有想法。村里正是因为有了他，才有这翻天覆地的变化。"村民的评价不仅可以反映出他们对张飞跃的肯定，也折射出精英对村落发展的巨大推动作用。

金立贤是右坞村家庭联产承包责任制实施以来仅次于张飞跃的重要政治人物，属于典型的经验型社区精英。金立贤于 1977 年参军，1981 年从部队复员后回到村里，1984 年开始担任村支部委员，兼任凤坞乡经济合作联社右坞分社社长，主抓经济工作，1987 年下半年开始担任村支书。在担任村支书期间，金立贤于 1993 年启动了右坞村工业园区建设工作，并带领村民开垦出 20 亩"龙井 43"的茶园，为村里经济发展做出了较大贡献。由于工作出色，于 1994 年下半年调入凤坞乡之江建设公司。后因右坞村征地补偿公共资金遭受巨大损失，凤坞镇政府又将他派回村里担任村支书，并交代其完成两个任务：一是整顿村务、挽回损失；二是培养一个得力接班人。张飞跃就是金立贤培养的得力接班人。

仇正义是右坞村担任村主任时间最长的人。他自2002年当选村主任以来，一直秉承村集体利益和村民利益至上的原则，积极配合村支书做好各项工作，备受村民拥护和爱戴。仇正义能当选村主任，并非因为他拥有某一方面的卓越才能，而是因为他为人正直，待人热情，生活作风好，人缘比较好，村民都很支持他。此外，他的当选，还与其家庭背景有关。仇正义的父亲仇学朋是右坞村人民公社时期的大队书记，属于典型的革命型社区精英。在担任大队书记期间，仇学朋带领村民开荒拓园，将右坞村的一大片荒山开拓成肥沃的茶园，为村里的茶叶产业发展做出了巨大贡献。同时，他父亲为人正直，忠厚能干，任劳任怨，以身作则，深得村民拥护和爱戴，是凤坞地区公认的数一数二的好书记。虽然仇学朋因患癌症，过早离世，但这并未影响到他在村民心目中的地位。村民们认为父亲如此大公无私，儿子肯定差不了，对仇正义的期望多少也来源于对他父亲的信任。

在右坞村的整个"干部—权力"集团中，主要参与村落政治运作，在村民中有较高声望，并对村落发展有较大贡献的主要就是上述三人。当然，上面提到的第二层次和第三层次的村干部，对村落的发展也起了一定作用，但不能算作精英，可以将他们划入政治亚精英行列。

2. 非干部政治精英与潜在的政治精英

在了解右坞村"干部—权力"集团基本情况的基础上，还应进一步了解对村落政治或者村落发展比较关心的其他成员，即右坞村的非干部政治精英和潜在的政治精英。他们主要是右坞村的经济能人或者是正在向经济能人转化的企业家。现有的研究表明，这些人可能继而参与政治竞争，对现职的村两委领导班子形成挑战。这种竞争既可能是公开的，也可能是潜在的，总之是存在的。在很大程度上，村落的政治稳定与村落的经济发展紧密相连，村落的政治变动也是经济发展状况的直接反映。随着村落内外经济环境的变化，村落自治程度和民主化程度的提高，会导致村落政治竞争的产生。

笔者认为，在右坞村至少可以找到两位公开竞争的非干部政治精英和一位潜在的政治精英。仇可仁，北京某茶叶公司杭州分公司的经理，曾经担任留下镇的小学数学教师，后辞职经商，从事茶叶销售，2002年想参与竞选右坞村村支书一职。当时正值凤鸟镇对村干部进行选举前的摸底调查，因村里的集体资产流失严重，村民强烈要求更换村支书。仇可仁亲自向凤鸟镇领导表明自己想担任右坞村村支书的意愿，但由于村里党员和村民们对他本人和其父母的为人并不认可，所以凤坞镇领导并没有答应他的请求，而是将金立贤从凤坞镇调回村里重新担任村支书。从此次村支书竞选事件可以看出，经济实力雄厚的仇可仁极力想谋得村支书一职，至于他的竞选动机，无外乎两个：一是实现自己的政治抱负；二是或许通过获得政治地位来谋取经济利益。另一个非干部政治精英就是曾经在村里开过石矿的仇实盛，他与仇可仁的情况比较相似。他于2002年参与村主任竞选。由于当时村里急需公道正直的人出来主持局面，生意人出身的仇实盛并不被村民们看好，认为他与仇可仁一样，竞选村干部无非是为了谋求个人利益，故而败选。此外，这两位非干部政治精英有两个共同点：第一，两人都是村内的经济能人；第二，两位平时没有在村里进行政治活动，只是在村委选举时临时参与竞选。他们的公开竞争没有平时的人脉做基础，加上他们的竞选动机也受到村民的质疑，在村里的经济和政治状况十分糟糕而急需公道正直的人出来主持局面时，他们的败选亦在情理之中。

右坞村潜在的政治精英主要指帅印茶叶公司的仇占江。仇占江是"80后"，之所以说他是村里潜在的政治精英，主要基于以下几个方面的理由：一是他有一定的政治抱负，辞去白领工作回到村里创办帅印茶叶公司，不单是为了赚钱，更是想把村里的红色文化发扬光大，同时他也是现任村主任仇正义的儿子，其父也希望儿子从政；二是他文化程度高，大学毕业，脑子灵活，有思想，具备成为政治精英的条件；三是他一旦具备雄厚的经济实力和丰富的社会经验，想参与村干部竞选时，有绝对的人脉优势，他的祖父和父亲在村内的政治声望颇高。可以说，仇占江是右坞村非常有冲击力的、潜在的政治精英。

综上所述，右坞村政治精英的主体部分是"干部—权力"集团的主要成员，公开与"干部—权力"集团展开竞争的非干部政治精英亦是存在的，只不过不具备或者暂时不具备挑战的资格和条件。同时还可以看出，公开参与竞争的都是村内的经济能人，经济发展已成为城市化进程中一个村落发展的重点和主流。村内的政治精英也必须具备一定的经济头脑，这是当下这个时代对村落政治精英的基本要求。

（二）右坞村的经济精英

准确地说，一个社区的经济精英主要由两部分人组成：一部分是被公认为有能力、对集体经济发展立下汗马功劳的集体企业创办者或管理者；另一部分是卓有成就的私营企业主。学术界通常把这两种经济精英合称为企业家群体。对社区经济发展和社区互动结构的变化来说，企业家群体的作用在某些方面甚至比政治精英群体的作用还要明显。因为，从某种意义上讲，社区经济精英对社区经济发展和社会结构变化的推动作用，尤其是在一个社区从传统农村社区向现代城市社区转型过程中体现出的重要作用，并不逊色于社区政治精英。

1. 集体企业家

在右坞村，集体企业家与政治精英的重合度比较高。根据对集体经济发展做出的贡献大小来判断，右坞村的集体企业家有三位，分别是前任村支书金立贤、现任村支书张飞跃和现任右坞村股份经济合作社监委会主任仇中盛。杨英宏虽然在担任村主任期间创办了几家集体企业，但他使村集体经济遭受过严重损失，故不能算作是经济精英。

右坞村的集体企业家和政治精英的重合度之所以比较高，这与右坞村的集体经济发展模式有关。右坞村村子较小，家庭联产承包责任制实施以后，村里的集体经济基本上就是房屋和土地出租。在金立贤担任村支书期间，他主要是将一些工厂和企业引进村里，并启动了工业园区建设，增加了村里的厂房和土地出租收入。

张飞跃之所以被称为集体企业家，是因为他大力发展村落集体经济，带领村民走上"艺术经济"的现代化致富之路。他是熊彼特笔下的具有"创新精神"和"创新能力"的企业家。他目前不仅担任村支书，还担任右坞村股份经济合作社董事长。

仇中盛是一位真正拥有集体企业家身份的经济精英。1978 年，凤坞公社创办精致茶厂，仇中盛进入该厂担任销售员。经历五年的销售工作，他被提拔为该厂厂长。"西湖十八家，凤坞第一家"说的就是精致茶厂。仇中盛在担任厂长期间，茶厂获得较大发展。1984 年，精致茶厂的年产值是 200 万元，到 1993 年他卸任厂长时，茶厂的年产值高达 500 万元。同时，茶厂的净利润从 1984 年的 20% 提升到了 1993年的 40%，这足以说明他有卓越的经营才能。仇中盛虽然不是右坞村集体企业的厂长，但他不仅给右坞村，还给整个凤坞乡带来了经济收益。2004 年，经过右坞村村民的集体推选，仇中盛开始担任右坞村经济股份合作社监委会主任，并兼任右坞村物业管理办公室主任一职。物业管理办公室目前主要负责右坞村"风情小镇"建设的后期维护工作，对右坞村的招商引资有着举足轻重的作用。

2. 私营企业主

右坞村的私营经济发展起步于 20 世纪 80 年代后期，村里主要有靠本土资源起家的茶叶公司、石矿厂和以技术为本的围巾加工厂。

在茶叶经营行业表现较为突出的私营企业主有两位，他们分别是右坞村茶叶收购站经理仇学文和北京某茶叶公司杭州分公司经理仇可仁；另一位是仇学文，1983 年经仇中盛介绍，进入凤坞公社精致茶厂担任销售员。后为解决本村村民的茶叶销售难问题，于 1986 年在村委会的大力支持下，开办了右坞村茶叶收购服务站。服务站的办公地点设置在村里的炒茶公房内，共有工作人员 8 名，茶叶主要销往山东滕县、枣庄、台儿庄等地，上海的 6 家茶叶经销店和杭州铁路局等单位也都是右坞村茶叶收购服务站的主要客户。为拓宽茶叶销售市场，仇学文与乡里的领导去山西、西安、北京、兰州等地寻找销路。1987 年，该茶叶收购服务站的年产值高达 100 多万元，净利润为 5 万多元，年销量名列凤坞乡茶叶收购站前三名。右坞村茶叶收购服务站一直经营到 1995 年。后因市场竞争激烈，货款不能及时到位，死账增多等方面的原因，服务站就此歇业。右坞村茶叶收购服务站不仅解决了村民的茶叶销售难问题，也在创造利润的同时，大力推动了公益事业的发展。

仇可仁，2006 年 3 月将北京某茶叶公司引进右坞村，成立某茶叶公司杭州分公司。某公司有中国茶叶行业里"中华老字号"的金字招牌，始建于清光绪二十六年（1900），已有百余年的历史。它不仅是一家经销茶叶的百年名店，更是一家集餐饮、品茗、休闲、娱乐、会议等多功能于一体的驰名企业，带给游客别致的茶文化体验。该公司在杭州的分公司不仅直接收购村民的茶叶，还凭借右坞村的自然资源和地理环境优势，大力发展旅游、餐饮服务。它是右坞村一个有品位、有特色的茶叶旅游公司，对村里的经济发展做出了一定贡献。

在围巾加工方面较为突出的私营企业主当数仇恒盛和王玉美。仇恒盛，于1992年开始在村里开办围巾加工厂。其爱人是围巾加工方面的熟练工，故其有着开办围巾加工厂的技术优势。他们刚开始以来料加工的方式进行围巾加工，后发现围巾销量很好，恰巧村里剩余劳动力又多，于是就开办了围巾加工厂。他们一方面买进机器在自家工厂进行机器锁边加工；另一方面让村民将围巾拿回家进行手工加工，围巾加工厂不断发展壮大，不仅吸纳了本村和周边村子的部分剩余劳动力，还增加了村民收入。工厂发展规模最大时，有20多台机器，有上百村民在家进行手工加工，村民收入相当可观。

王玉美是本村经济精英中的唯一女性，同时她还是村里私营企业主中的佼佼者。王玉美是从萧山嫁来右坞村的，她的发家之路与仇恒盛相似。在开办围巾加工厂之前，她一直在家务农。1993年，迫于家庭经济压力，王玉美开始寻找一条赚钱更多的门路。她在杭州丝绸市场考察期间，结识了几个做围巾的老板，于是开办起了围巾加工厂。在工厂规模最大时，她的围巾加工量比仇恒盛的还要大。现在虽然围巾市场萎缩，围巾加工业务量少，但她的工厂仍然还有10余个工人。

在石矿经营方面较为突出的私营企业主是仇泰盛和金全荣三兄弟。金全荣三兄弟在20世纪80年代末就开始承包村集体石矿，石矿年收益可观，能够解决村内剩余劳动力30余人。后来，金全荣三兄弟转到外地经营饭店，很少回村里。此外，金全荣还有一个特殊身份，那就是他是村委老支书杨金华的女婿。当时，村集体石矿实行私人承包制时，为了照顾老干部，再加上杨金华有石矿管理的实际经验，于是村委会就将集体石矿转给杨金华承包，而石矿的实际经营者是金全荣。2000年，村委将集体石矿转让给仇实盛、仇泰盛和仇恒盛三人，后因政府要求，集体石矿在2002年关闭，他们三人于是转到富阳进行石矿经营投资。

综上可以看出，右坞村的私营企业主不仅为自己创造了丰厚的家业，还为吸纳村内剩余劳动力、推动本村经济发展做出了一定贡献。

（三）右坞村的社会精英

右坞村的社会精英主要由村委退休老干部、村委老党员和退休教师三类人组成。与政治精英和经济精英拥有的实际权力不同，社会精英拥有的是情境性权力，是在某一场合下拥有的暂时性权力。社会精英的权威也主要是内生性权威，不像政治精英和经济精英那样拥有有形的资源而被外界赋予外在权威，他的权威主要靠平时的为人、能力和声望来维持。在北方，社会精英是大家俗称的"忙头"，在南方，其所指群体与"忙头"相似，只是叫法不同而已。在本书里，社会精英是指除政治精英、经济精英以外的、在村里有威望的一类人，他们对村落发展与稳定具有一定的贡献。当然，村里的政治精英由于其出色的执政表现，通常也是村里的社会精英，但在此不将其划归为社会精英。

1. 村里退休老干部

村里退休老干部在世的主要有娄东律和杨金华两人。娄东律，属于早年当兵退伍后被安置在右坞村的外乡人，由于其退伍军人和三代贫农的身份，于1971~1984年担任右坞大队书记，杨金华与其搭班子担任队长。娄东律退休后，杨金华开始担任右坞村村支书，于1987年退休。两人在担任大队干部期间，为人正直，为村民办了不少实事，深受村民爱戴。两人曾在村集体资产遭受损失时，出来主持大局，带头整顿村集体经济和挽回村集体损失。

2. 村里老党员

村里老党员主要有老年协会会长仇学归和村里老党员仇光盛等。仇学归在村集体资产流失时，也出来主持大局，在首次村股份经济合作社股份分红问题上据理力争，为百姓争得不少福利，现在带领村里老年人锻炼身体，参加各种娱乐活动，在村内声望颇高。仇光盛，现为"风情小镇"物业管理办公室管理人员，也是村里的老党员。他早年在杭州机械厂当临时工，后辞职开办铸钢厂。右坞村股份经济合作社成立时，他担任合作社董事会和监事会选举的总监票人，可见其在村内的威望颇高。

3. 退休老教师

村里退休老教师的代表就是笔者上面多次提到的现任村会计仇识宽。他现在除了担任村里的会计工作外，还负责村里红白喜事的文字书写工作，十分受人敬重。此外，他父亲也是个读书人，小时候念过私塾，多次参与修缮《仇氏宗谱》和《李氏宗谱》，在村里的威望也非常高。因此，老会计实际上代替了其父亲在村内的角色，成为村内受人敬重的社会精英。

二 右坞村精英的产生与成长

从理论上讲，精英生成机制主要包括精英生成的基本模式和精英生成的基本条件。关于中国农村社区精英的生成机制，理论界的讨论和研究已有很多，主要有两大理论假设：一是以奥伊为代表的精英复制论，即各种类型的精英之间可以相互转化生成；二是以倪志伟为代表的精英循环论，即各种类型的精英是直接生成，而非相互转化而来。

学术界关于两种精英生成机制的争论相当激烈，该讨论已在第一章详细阐述过，不再赘述。

就右坞村的精英生成机制来看，该村政治精英、经济精英的生成模式基本上属于独立生成类型，部分社会精英则由政治精英转化而来，但政治精英和经济精英的重合度比较高，这与中国其他许多村落一样，集体企业家通常也是村干部。此外，右坞村政治精英的优势地位似乎并未因市场化改革而丧失或者削弱，比如，干部身份似乎并未对他们整个家庭的收入产生负面影响，这或许与右坞村是龙井茶之乡的特殊资源因素有关；更重要的是，随着市场化改革的深入，干部型政治精英的社会地位又恢复到了村内的最高位置。这种状况的形成，与右坞村精英生成机制第二方面的特征有关，也即与精英生成条件相关。

各类精英的生成条件主要包括个人基本条件和个人所面临的环境条件与外部机遇。根据陈光金的观点，一个人所具备或所能控制的精英生成条件称为资源，而一个人无法控制但能够利用的精英生成因素成为机遇或者背景。[①] 本节对右坞村社区精英生成机制的分析，主要就是围绕他们的资源条件和背景来进行。根据一般分法，笔者将资源分成三种基本类型：人力资源，指个人的文化程度、专业技术、人格特征、各种操作能力与实践经验等；经济资源，指个人的家庭经济状况以及个人所能利用的社区公共经济要素等；社会资源，是指个人的各种社会关系网络及其社会声望等。所谓的背景条件，主要是指国家的宏观制度背景、地方政府的各种政策和决策、村落的政治经济"创新"等，这些条件的组合则构成村落精英表演的特定舞台，当然，这个背景条件发生改变，精英的表演舞台也会随之发生变化。对精英生

---

① 陆学艺主编《内发的村庄》，社会科学文献出版社，2001，第380页。

成机制的讨论在第一章已进行过详细的理论综述，本节主要集中讨论右坞村精英的生成条件。

（一）政治精英的生成机制

为方便陈述和分析，笔者先罗列出右坞村的政治精英以及政治亚精英的个人小档案，时间截至2013年。

张飞跃，男，42岁，中共中央党校研究生学历（当上村支书后不断进修学习，原本是高中学历）。高中毕业后，到全国各地进行茶叶销售，生活艰辛且不稳定。后通过学习驾驶技术，考取了驾照，开了10年的出租车，于2001年考取右坞村的村主任助理。张飞跃在担任村主任助理期间，各方面表现都较为出色。10年的跑出租经历让其见多识广，加上文化程度比较高，因此，他对村落的发展有着自己独特的见解和想法。他于2003年成为预备党员，2004年成为正式党员，2005年被推选为村支书。张飞跃家境一般，其父亲曾在右坞村集体企业谷萝厂担任技术员，跟乡里有一定的来往。张姓在整个右坞村只有一户，张飞跃的祖母是右坞村人，祖父为招赘入门，其后辈跟随祖父姓张。

金立贤，男，54岁，杭州市委党校大专函授学历（到街道城管科工作后进修获得的学历，原本为初中学历），退伍军人。1977年参军，在部队服役期间担任首长司机。由于文化程度低，无法晋升，于1981年退伍。回到村里后，搞过汽车运输，开过饭店，有一定的经营管理经验。1984年进入村两委班子，担任村支部委员，1987年开始担任村支书。金立贤在担任村支书期间，主要做了两件大事：一是1993年启动右坞村工业园区建设，为村里招商引资工作的开展奠定了基础；二是为补偿村民因工业园区建设而占用的土地，亲自带领村民开垦了20亩"龙井43"的茶园。1994年，由于其工作出色，被调入凤坞镇之江建设公司，后担任弯池街道的城建科科长。金立贤家庭出身不错，父亲为贫农，祖父为萧山人，年轻时在右坞村做炒茶工，与同样来自外地的采茶工祖母结婚，婚后在右坞村定居。

仇正义，男，51岁，初中学历。在担任右坞村村主任之前，一直在家务农，20世纪80年末到90年代中期，到山东、安徽等地做过茶叶买卖。1998年，到村集体企业中华雕刻厂担任厨师，后因车祸，在家休养。2002年，参加村主任竞选，凭借人缘好、为人正直、生活作风好等条件而当选为村主任。父亲为仇学朋，右坞村乃至凤坞地区最有名的大队书记。

仇增盛，男，55岁，初中学历，20世纪70年代入党，现为右坞村支部委员。人民公社时期，先后在小队担任会计和队长，于1984年开始担任村主任，1994~2002年担任村支书。根据村民评价，该人没有太大能力，但为人比较诚实。此人家境一般，家庭出身为贫农。

杨英宏，男，49岁，高中学历，1987年进入村委会担任会计。1994年，金立贤被调走后，他开始担任村主任。在与仇增盛一起搭班子工作期间，盲目办厂，导致村集体资产流失严重，在1999年村支书和村主任的竞选中均落败，现在家务农。杨英宏是仇学朋的外甥孙（杨英宏的祖母是仇学朋的姐姐），他进入村委班子与仇学朋的声望有一定关系，当然他本人的综合能力也比较强。

葛爱莲，女，50岁，高中学历，于1985年从左坞村嫁到右坞村，1993年开始担任村妇女主任，1999年当选村主任并兼任妇女主任，2002年在村主任竞选中落败，继续担任妇女主任。此人精明能干，办事干练，擅长调解婚姻关系和婆媳关系，妇女工作表现出色，工作能力深得村民认可。1993年，由于前任村妇女主任的丈夫患重病，无法继续担任妇女主任一职，于是乡政府通过综合考察，选定其担任妇女主任。她之所以被选定担任妇女主任，一方面是因为她的文化程度比较高；另一方面也与她的家庭因素有关，她的姐姐当时在凤坞乡政府担任副乡长，乡里认为这会给她的计划生育工作带来便利，因为当时的计划生育工作相当难做。

金向明，男，59 岁，初中学历，退伍军人，1996 年开始担任村治保主任（治安调解员）。他在部队服役期间入党，1974 年退伍后在凤坞公社供销社工作，后担任凤坞公社电影放映员。电影放映服务取消后，他返回家中务农，并到江苏昆山一带做茶叶生意。金向明在担任治保主任期间，村里治安状况良好，其工作能力也颇受村民认可。在过去数次的村委选举中，村民们私下都纷纷议论，如果不选他当治保主任，村里恐怕要出乱子，他在村里的权威性可见一斑。此人家境一般，父亲为贫农，他是金立贤的堂弟。

杨冬华，女，50 岁，初中学历，于 2005 年开始担任村企业管理员，并负责招商引资工作。她是右坞本村人，嫁给了本村的金立贤。早年开过饭店，后到右坞村工业园区的一家私营企业担任会计，具有一定的财务管理经验。

杜秀彤，女，28 岁，大学本科学历，大学生村官，外地人，于 2009 年到右坞村担任村支书助理。现负责帮助村支书处理日常事务，主要还是从事文字和信息处理工作。

仇启鹤，男，26 岁，大学本科学历，大学生村官，本村人，于 2011 年开始担任村主任助理。现负责帮助村主任处理日常事务，同时还承担其他部门的文字处理工作。由于他是本村人，再加上学历高，自然是村委会重点培养的接班人。

综观上述 10 名村干部的个人小档案，可总结如下：第一，在右坞村的村干部选举中，任人唯贤，家族因素的影响居次。金立贤和张飞跃两位村支书并非姓仇或姓李，却能当上村委一把手。杨英宏和葛爱莲也不姓仇，却也能当上村主任。笔者通过访谈了解到，右坞村的村民总体素质比较高，在村干部选举中更注重候选人的个人能力。这可能是由于右坞村属于西湖龙井茶产区，村民常年靠种茶卖茶为生，办事讲究个人能力。前面也已提到，仇氏家族一直有学农经商的传统，因此，村民在选择当家人时更注重被选人的素质，关心的是他能否带领村民致富。此外，村支书并非由村民直接选举，而是由村里党员和上级政府共同考虑决定，村委党支部和上级政府主要也是考虑候选人的能力。上级政府和村委党支部之所以能够不将家族因素放在第一位，也从侧面反映了右坞村的村民素质比较高。但这并不是说，右坞村人一点也不考虑家族因素，仇正义和仇增盛两位能够当选村干部并长期连任，就能说明这一点。仇增盛一直在村委会工作，纵使在因他的错误决策而导致村集体资产严重流失的情况下，村民们仍然推选他担任村支部委员，就足以说明家族因素在村委选举中的作用。仇正义的当选，实际上也有这方面的因素。

第二，右坞村干部大都学历比较高，文化程度越高，在村落公共权力等级体系中的位置就越高。从右坞村干部的文化程度来看，6位50岁以上的村干部中，两人为高中学历，其余的均为初中学历，其中还有两人是退伍军人。两位40多岁的村干部也都有高中以上的文化程度，张飞跃还通过进修获得了中共中央党校研究生学历。两个大学生村官均为国家全日制本科学历，这主要与国民整体受教育程度的提高有关。

第三，处于第一层次和第二层次的村干部都有着不一般的个人经历。张飞跃在担任村主任助理之前，做了10年的出租车司机，有着与社会各类人群接触的机会，加上他文化程度比较高，眼界自然要比一般村民宽阔,见识也相对要广。金立贤和金向明两位都是退伍军人,在部队的锻炼经历自然让他们增长了不少见识,比一般人懂得多。仇增盛在进入村委班子之前,先后在生产队担任过会计和队长。此外,这些人还有一个共同点,就是他们都不是一开始就担任村支书或者村主任的,而是先从一般委员或者办事人员做起,然后逐渐上升到权力结构的第一层次或者第二层次。

第四,作为内因的个人条件中,品行和能力是当选村干部最为重要的因素。在与村民的访谈中,笔者获得了一些关于村干部的抽象评价。比如,对村主任仇正义的评价,就是此人作风廉洁、为人正直、待人热情、无不良嗜好;对张飞跃的评价是人年轻、脑子活、有思路、有想法,是个有能力的好书记;对其他的人评价基本上也是如此。因此,少了这些在村民头脑中的好印象,在选举时自然就不能获得加分而成功当选。

笔者已从右坞村干部个人特征的角度,分析了他们得以成为村干部,甚至成为社区政治精英的一些重要而基本的条件。下面笔者将分析对他们成为村干部具有重要影响,而他们自身又难以控制的一些外部因素。

第一个外部因素是村干部的家境或者家庭背景。因为家境通常是个人能力、品行、生活作风和价值取向的最初养成条件,同时也是个人经历和资本培养的起点和基础,家境的好坏以及家庭在社区中的社会地位,还可能是个人资源动员能力的初始决定因素。改革开放以前,个人的家庭背景对其成为村干部的影响相当直接,只有家庭成分清白,比如贫农的子女,才有可能成为村干部,地主、富农的子女是无法担任村干部的。改革开放以后,尤其是在市场经济条件下,家庭对个人的影响主要还是个人能力和品行的培养。在右坞村,我们可以看到，家庭背景的影响虽然不是很明显，但仍然具有一定的作用，仇正义就是这方面的典型。

第二个外部因素是村落的社会经济结构和公共权力配置。同中国绝大多数村落一样，右坞村的村落权力是国家法统在基层的延伸，村干部是在国家法统的边界范围内成长起来的。首先，必须是党员才能进入村支部工作。退伍军人之所以能很快进入村委会工作，原因就在于他们在部队时就已入党，属于老党员。张飞跃是个特例。其次，笔者还注意到，在右坞村的村干部中，没有私营企业主。这主要有两个原因：一是右坞村参与干部竞选的几位私营企业主均没有成功当选，这是因为他们刚好在村集体资产遭受严重损失时参与竞选，其竞选动机受到村民质疑；二是一些有能力的私营企业主没有政治抱负，如仇学文，在经商成功后，并没有从政的意愿。

（二）经济精英的生成机制

右坞村经济精英的成长过程，既与政治精英的成长过程有相似之处，但又有所不同。在此，笔者主要选取集体企业家和私营企业主的代表，对他们的成长经历进行分析，以揭示出右坞村经济精英的生成机制。笔者先罗列出经济精英的个人小档案（张飞跃的个人情况前面已述，在此不重复列出），时间同样截至2013年。

仇中盛，男，62岁，中共党员，小学文化，曾担任凤坞乡精致茶厂厂长，现为右坞村股份经济合作社监委会主任兼"风情小镇"物业管理办公室主任。1978年，经张飞跃父亲推荐，进入凤坞公社精致茶厂担任销售员，由于销售业绩突出，5年后担任厂长。在担任厂长期间，该厂年产值从200万元提升到了500万元，净利润提高了20%。后因与凤坞乡党委书记存在意见分歧，辞去了精致茶厂厂长一职，到凤坞乡供销社承包柜台进行茶叶销售，几年前退休回家。退休回家后，参与村里的经济整顿工作，并利用自己的会计专业知识对村集体资产进行清理核算，为右坞村股份经济合作社的成立做出了重要贡献。

仇学文，男，51 岁，小学文化，曾担任右坞村茶叶收购服务站经理，现为右坞村老根饭店老板。此人头脑灵活，思路开阔。20 世纪 80 年代初，带领村民外出打工，并担任建筑队队长。后经仇中盛介绍，进入凤坞精致茶厂担任销售员，销售业绩突出。后在村委的牵头和支持下，在村集体炒茶公房内，创办了右坞村茶叶收购服务站，解决了右坞村村民的茶叶销售难问题。后由于贷款资金没有及时到位，茶叶销售没有顺应市场形势及时进行转型，服务站就此关闭停业。之后，仇学文在杭州市公交公司担任安全员，工作突出，年年被单位评为先进个人。2010 年，他瞅准了"风情小镇"建设为村里带来的旅游商机，同时也想为村里的旅游和艺术事业发展做出一点贡献，于是开办了右坞村的第一家饭店——老根饭店。

仇可仁，男，48 岁，中共党员，中专学历，曾担任留下镇小学数学教师，现为北京某茶叶公司杭州分公司的经理。仇可仁中专毕业后，在留下镇担任小学数学教师数年，20 世纪 90 年代后期下海经商，在凤坞地区收购茶叶，然后转手销往北京，在此期间结识了北京某茶庄负责人。由于右坞村茶叶收购服务站的倒闭，村民们必须到邻村左坞村销售茶叶，这在非常忙碌的采茶季节，让村民们感到十分不便。2005 年，村支书张飞跃为方便本村茶农销售茶叶，找到仇可仁，希望其回村驻点收购茶叶。仇可仁虽然答应回来，但他提出了两个条件：一是村里要为他提供收购茶叶的场地，二是要为他开办茶叶公司提供村集体土地。经过全面考虑，张飞跃最终答应了他的要求。实际上，笔者通过访谈了解到，这件事情让村民们对他产生了更加不好的印象，认为他私心太重，过于追逐个人利益。

仇恒盛，男，49 岁，中共党员，初中文化，现在留下镇加油站工作。家庭联产承包责任制实施后，仇恒盛进入杭州食品厂做临时工。后因工资太低，想自主创业，于是就凑钱买下了食品厂制作面条的旧机器，在家从事面条加工。由于机器过于陈旧，再加上当时的统购统销政策，他无法得到充足的面粉，于是就将旧机器变卖停产。停产后，买来同村发小仇泰盛的二手拖拉机，从事货物运输工作，积累了一定资本。后因开拖拉机时闪了腰，无法继续从事运输工作，于是利用妻子是围巾加工熟练工的优势，开始在家进行围巾加工。几年后，开办了围巾加工厂，生意慢慢做大。2000 年，与同村的发小仇泰盛、仇实盛合伙承包经营村里的集体石矿。后因西湖区政府下令关闭石矿，故转而前往富阳从事石矿经营。

王玉美，女，64 岁，小学文化，现为围巾加工厂厂长。在开办围巾加工厂之前，她一直在家务农。1993 年，她因家庭经济压力大（有三个女儿，大女儿招赘，后生二胎，因计划生育罚款而导致家庭负担沉重），想寻找一条赚钱多的门路，于是开办了围巾加工厂。在工厂规模最大时，她家工厂的围巾加工量比仇恒盛还大，现在由于围巾市场萎缩，业务量少，工厂慢慢缩小规模，但仍有 10 余个工人。现在她们家是大女儿在家管理加工厂，她负责外接业务，女婿负责运货。

仇泰盛，男，51 岁，初中文化，现在左坞村开办茶叶加工厂。仇泰盛的从商经历十分丰富，先后换了多种行业，均较为成功。20 世纪 70 年代末，担任右坞大队集体企业的运输员，从事拖拉机运输工作。家庭联产承包责任制实施后，买下了村里的拖拉机进行私营运输，并在几年后换成大卡车，继续从事茶叶销售运输工作。汽车运输让仇泰盛积累了不少资本，并在 2000～2010 年期间和仇恒盛、仇实盛合伙经营石矿，后由于石矿市场的衰落，就退出了石矿经营行业。2010 年接手经营邻村左坞村的一家茶叶加工厂,现在工厂规模比较大,年产值数百万元。

右坞村还有一些比较成功的企业家,如仇实盛、金全荣三兄弟等,由于他们与上述几位经历比较相似,在此不再一一罗列。

综观上述 6 位企业家的个人小档案,可以发现他们有几个共同点。第一,他们具有一种勇于拼搏的冒险精神,不甘心只从土里刨食,这是他们创业成功的关键。仇中盛和仇学文两人为打开茶叶销路,几乎跑遍全国。仇中盛更是第一个冒着冲关的风险到香港联系茶叶销售业务。仇泰盛更是敢于拼搏,从拖拉机运输到大卡车运输,从经营石矿到开办茶叶加工厂,他总是在不停地拼搏。第二,他们都有一种普通村民所没有的专业技能。从事茶叶经营的企业家要有高超的茶叶品鉴能力,仇学文还是杭州市的一级品茶师。开办围巾加工厂的仇恒盛和王玉美两位都有围巾加工的熟练技能,仇恒盛是其爱人拥有这一技能,农村创业通常以家庭为单位。承包石矿的几位企业家之前都有在村集体石矿打工的经历,掌握了一定的石矿开采技术。第三,他们创业都是在国家市场经济改革初期,抓住了市场机遇创业成功。仇中盛创业最早,但他担任的是乡集体茶厂的厂长。仇学文紧接着仇中盛进行创业。仇恒盛和王玉美也都是在 20 世纪 90 年代初,市场进一步放开后创业,也是在市场经济改革早期开始创业的。第四,他们都是在经营业务时,不断积累各种社会和人脉关系,扩大自己的生产与销售。如茶叶加工企业都是通过业务带业务的方式来扩大销售,仇中盛更是通过销售茶叶结识了很多部队军官,在民用车辆禁止运输茶叶出去销售时,他利用军用车辆将茶叶运输到全国各地去销售,大大增加了茶厂的销售量,茶农的红利也不断增加。仇恒盛也是通过自己最初的围巾加工老板来为自己介绍业务,最终开办了规模较大的围巾加工厂。

当然，他们也有不同点。第一，他们的受教育程度有差异。他们当中小学、初中、中专学历的人都有，看来受教育程度并不是影响他们创业的重要因素。第二，他们的创业动机各不相同。集体企业家为集体创造财富，主要是想获得村民的认同和尊重；私营企业主则是为了让自己的生活更好一点，主要为私人谋利。如仇中盛在精致茶厂担任厂长时，茶厂年销量与其工资收入没有关联，但他冒着冲关的风险到香港联系业务，更多考虑的就是集体资产的增值和个人价值的实现。王玉美、仇恒盛、仇泰盛和仇可仁则都是为了改善家庭生活。

从外部条件来看，这些企业家的家庭状况与其他普通村民并无两样，从这个意义上讲，家境好坏并不是他们成为企业家的前提条件。对集体企业家来说，他们的家境显得并不重要，重要的是他们自身的经营能力和上级组织对他们的信任。对私营企业主来说，他们与其他村民一样，都经历了共同贫穷的年代，在创业起步时，他们通常都有了一定的资本积累，仇恒盛和仇泰盛就是通过货物运输而积累了比一般村民更多的资本。从村里当时的发展条件来看，家庭联产承包责任制实施后，村里几乎没有集体经济，他们都是利用市场经济浪潮创造的机会进行创业，村里对他们没有太大的帮助。

（三）社会精英的生成机制

一个村落社会精英的形成主要还是靠内生性权威。权威是与权力相对的概念，权力是一种外在的强迫性控制，权威则是一种内在的精神力量，它以服从和自愿为前提，具有一定的认同性。内生性权威的来源主要是公众情感、信仰、学识和传统权威的继承等。对一个村落的社会精英来讲，内生性权威主要来自村民的信任、威望、认同和自觉服从。

前文已经罗列了三种不同类型社会精英的个人小档案，下面将分析右坞村社会精英的生成机制。首先来看退休村干部，娄东律和杨金华都是村里的退休老干部，他们在集体化时期担任大队干部，为村落发展做出了重要贡献。他们能够连任，主要也是因为他们自身带头苦干，办事公正，处处为百姓着想，深受村民信任。此外，他们作为村里的老干部，对村落公共事务比较了解，在村落发展遇到问题或者困难时能够挺身而出，主持大局。他们的权威主要来源于村民对他们的信任、尊重和认可。再来看村里的老党员群体，村里的老党员通常是村内的退伍军人或者在其他方面有突出贡献的人，素质较高，因此能够获得村民的信任。同时，老党员能够对村支部的决策起到建议和监督的作用，防止村委一把手独断专权。最后来看退休教师仇识宽，他的权威主要来自他渊博的学识和对村落传统的继承。仇识宽是村里第一个考上重点中学的人，同时还是人民教师，在"反右倾"运动中被辞退回家后，在生产队担任会计，平反后重返教师岗位，退休后又回到村里担任会计，足见村民对他的信任。在笔者与其访谈期间，发现此人虽然已近80高龄，但思路非常清楚，数据统计和整理工作也做得非常细致。此外，他不仅是他父亲在村里的传承人，负责村里红白喜事的文字工作，他还是村里历史的记载者，本次调研有关村落和仇氏家族的许多历史资料都是由他提供的。

三　右坞村的精英与大众

前面两节已经分析了右坞村三大精英群体的基本特征和生成机制，下面笔者主要对三大精英群体以及精英与大众之间的关系进行描述和分析。对他们之间关系的讨论不仅是横向的，还要根据发展阶段进行分时段的描述和分析。

（一）三大精英群体的关系格局与村落权力重组

在讨论三大精英群体的关系之前，首先要指出的是他们的成长和活动空间是各不相同的。右坞村三大精英群体的来源比较复杂，几乎各个阶层的人都有。就政治精英而言，改革开放初期，他们主要是来自生产队的领导和干部，进入 20 世纪 90 年代，政治精英的来源开始多样化，退伍军人则在各个时期都是其主要来源。此外，三大精英群体之间几乎没有相互转化。当然，这并不意味着他们之间没有进行转化的冲动和行动。2002 年，在村委会班子换届选举时，几位私营企业主参与竞选的举动就足以说明，只是因为种种原因而未能成功。

右坞村的三大精英群体有各自的活动领域，相互很少介入对方的活动领域。政治精英是右坞村最重要的精英群体，他们除了在政治领域活动，也涉足集体经济领域，但他们的活动具有浓厚的行政色彩。因为推动经济发展是中国政府的一项重要职能，作为中国最基层的右坞村也不例外。就社会领域而言，政治精英是在退出村委班子后，凭借担任村干部时期积累的权威和获得的信任而成为社会精英。这也是中国大多数村落社会精英的生成机制。

进一步分析可以看出，三大精英群体活动领域的相对独立性体现了村落权力相互分割的空间格局，但在某种程度上又具有一定的重叠性。这是由政治精英权力的特殊性和活动领域的宽泛性决定的。具体来说，政治精英掌握的是村落公共权力，包括操控村落政治运作的权力和配置村落经济资源的权力。此外，他们还拥有管理村落民事行为的权力，如解决村民矛盾纠纷、协调人际关系等。

经济精英主要掌握经济权力。集体企业家和私营企业主两者在经济权力上既有共同点，又有一定差别。共同点就是两者都拥有用工选择权、企业内部收入分配权和企业规章制度制定和管理权。无论是私营企业主还是集体企业家，在用工选择上都遵循普遍主义和特殊主义相结合的原则。按理说，集体企业家掌握的是集体财产，用工应该遵循普遍主义的原则，任人唯贤。但在同等条件下，照顾亲人或者朋友似乎也是一种惯例。这在以血缘关系为基础的中国社会，似乎难以避免。至于私营企业主，企业的关键管理岗位基本上都是由自己的亲人把持，但涉及技术岗位，能否胜任则是首要考虑的条件。如围巾加工厂，为使经济效益最大化，他们用人更多的是考虑熟练工和吃苦耐劳者。至于工资收入分配权，则主要根据技术含量、劳动强度和劳动时间来决定。最初的管理规则制定者肯定是企业或者工厂负责人，比如工作纪律、上下班时间和加班制度等。这是维持企业正常运转并实现利润最大化的必要因素。至于不同点，主要是财富拥有和资源控制的差别。私营企业主的资源属于私人所有，因此他们几乎拥有对企业的全部管控权和自主权。集体企业家的资源属于集体所有，因此他们不仅要受到集体负责人的管控，还要受到集体的监督。也正是因为如此，集体企业家在企业经营和管理上的权威比私营企业主要小得多，但他们同时也无须承担资产流失的风险。

至于社会精英，他们的权力是来自内部的权威，是短暂的情境性权力。这种权力主要出现在操办红白喜事、调解矛盾纠纷的场合，或者是在村里发生大事而无人主持局面时。总之，社会精英同民众的关系虽然松散但却灵活，一般是出现在必要的场合。

就三者之间的互动关系而言，政治精英与经济精英的互动较为频繁。政治精英与集体企业家、私营企业主都存在较深的互动关系。因为他们能够吸纳村落的剩余劳动力，提高村民收入和改善村民生活条件。比如仇学文开办茶叶收购站、仇可仁开办茶叶经营公司，作为政治精英的村干部都是通过提供各种资源和条件来予以支持，某些私营企业主也可能乘机开价捞好处。20世纪80年代初期，政治精英主要领导集体企业家，随着市场经济的进一步发展，私营企业主和政治精英的双方博弈就展开了。政治精英与社会精英的互动，主要发生在村委需要征求老百姓的意见来做出重大决策时。政治精英通常会特别关注社会精英的意见，因为他们的意见基本上也代表了民意。经济精英和社会精英的互动一般较少，但两者之间是可以相互转化的，主要是集体企业家向社会精英的转化。集体企业家基本上是出于公心为村民办事，自然他们的社会声望比较高。私营企业主更多的是追求个人利润，他们和村民的关系是雇主和雇工的关系，因而没有精神上的内在权威性可言。

（二）精英与大众的关系格局及其变迁

本节主要讨论右坞村精英与大众的关系。时代不同，不同类型的精英与村民的关系性质和联系的紧密程度自然也就不同。

村落政治作为国家法统在基层的延伸，决定着政治精英与普通村民的关系属于一种领导和被领导、控制和被控制的关系。但村干部作为村落自治组织的领导者，他本身又是农民，并非正式的国家干部，或者说是国家干部与农民两种身份兼具的双重角色。国家干部的身份，使得村落政治精英成为国家和政府命令的传达者和执行者，而农民身份又使得他们与普通村民一样具有某些共同的利益，而成为村民的政治代表和利益代言人。在国家法统和村民利益双重力量的交互作用下，政治精英的角色时常处于变化状态，在某些场合他代表着政府，在某些场合他又代表着农民，这样两种角色根据场合和需要进行灵活转换。所以，很多学者都说村干部是中国最灵活、最聪明的人。实际上，这也透露出他们无奈的一面。就拿村妇女主任来说，作为国家干部，她必须严格执行国家政策，不能超生，但作为村民，她又有着值得同情的一面，这两个角色时常让她处于矛盾状态。右坞村的妇女主任葛爱莲对此深有体会。一方面，她需要严格执行国家政策，每对夫妇只能生一胎，但另一方面，男孩传家的传统观念让许多家庭往往试图超生。让一个怀着男孩的孕妇去引产，这让她感到非常为难。

　　在经济上，右坞村的政治精英代表着村集体组织，掌握着整个村落的公共资源配置权，包括耕地承包规则的制定、宅基地分配原则的制定、农业公共基础设施的管理和控制、村落经济发展规划的制订和实施，以及农药和化肥等公共产品的提供、安排和组织。这些对于以种茶为生的右坞村村民来说显得格外重要。比如右坞村每到采茶季节，治保主任金向明就会联系安徽一带的采茶工来帮助村民采茶，茶叶栽培所需的化肥和农药也由村委会联系商家供应，这样大大减少了村民的劳动量。这也体现了村落政治精英对公共资源的配置权。

　　当然，在不同的时期，政治精英和村民的关系也会有所不同。家庭联产承包责任制实施后，村民获得了土地承包经营权，独立的活动空间不断扩大，村干部与村民的控制与被控制关系大大减弱，除了土地分配和宅基地申请以外，普通村民似乎感受不到集体组织的存在。正是由于村民自主性的增强，集体组织掌握的资源减少，使得20世纪80年代初期的计划生育工作相当难做。因为村民的生活在很大程度上不再受到集体的控制，所以限制他们超生就变得相当困难。进入20世纪90年代，村干部与村民的关系大体上没有太大变化，唯一的变化就是大家的思想更开通了，计划生育工作也变得相对容易。到了20世纪90年代末，由于村集体资产流失严重，村干部与村民的关系开始变得紧张。张飞跃履职后，村集体经济开始好转，村民每年能够获得分红和享受各种福利，自然也就更加关心村集体经济的运作状况和村干部的工作情况。同时，村里为推动第三产业发展，建设艺术"风情小镇"，需要村民配合村落规划来进行房屋修缮和改造，村干部和村民之间的关系也就变得更加紧密了。当然，村落经济发展得越好，村民对村干部的依赖感、信任感和认同感也就随之增高。

右坞村经济精英与村民的关系相对比较简单。首先来看村民与私营企业主的关系，二者之间实际上就是简单的交换关系。第一种交换关系是雇佣和被雇佣的关系。这种关系是建立在村民拥有某个私营企业主所需要的熟练技术的基础之上，而通常只有部分村民拥有这种熟练技术，因此这种关系只是局部的，而非全方位的。如王玉美的围巾加工厂，她只需要汪虹霞这样的熟练女工，没有熟练缝纫技术的女性村民和所有的男性村民就被排除了。此外，这种关系的成立还要具备双方相互接受的薪酬水平、工作强度和工作条件，从某种意义上说，它就是一种平等的市场交换关系。第二种交换关系就是买卖关系。如茶叶收购站老板与村民的茶叶买卖关系。这两种关系虽然看似简单，但也可能衍生出其他关系。如果某位私营企业主与被其雇佣的村民建立了较好雇佣的关系，那么他在村中的地位、威望就会随之升高，如果他想竞争村干部职位，就会比其他人更有优势。然而，一旦关系破裂，就会产生适得其反的效果。

集体企业家与村民的关系则相对复杂，他与村民之间实际上有着双重关系。一种是雇佣与被雇佣的关系；另一种就是财产经营的委托和被委托关系。集体企业家经营的是集体资产，关系到每个村民的利益。集体企业经营的好坏，在很大程度上也决定着集体企业家与村民关系的好坏。张飞跃对村集体资产进行了很好的经营和管理，村里收益连年攀升，村民自然对其印象好，甚至对其产生依赖心理。杨英宏盲目办厂，使村集体资产遭受巨大损失，村民自然对其印象不好，他在村支书和村主任的两次竞选中皆落败，就是这种关系的直接体现。

最后来分析一下社会精英和村民的关系。右坞村的社会精英与村民的关系比较简单，主要是一种代表与被代表的关系。在村里需要做出重大集体决策时，村民通常会求助于社会精英来代表大家提出意见和参加决策，在村里出现某种不公平事件时，社会精英通常也会挺身而出来维护村集体和村民的利益，社会精英的威望通常也是如此产生的。这种社会精英通常是村里的退休村干部和老党员。此外，像仇识宽这种退休教师型的社会精英，他一方面能够承担村里红白喜事的文字书写工作，另一方面还能传承村里的传统文化和给村里的小孩提供读书建议等。他与村民之间主要是一种知识方面的需求和提供关系。

第四章
精英驱动：村落的分化与变迁

一　历史转折：人民公社撤销与家庭联产承包责任制的实施

人民公社体制诞生于 1958 年，并于 1962 年正式形成。它是多种"制度—功能"的集合体，是国家在乡镇层面及其以下实行经济计划化、社会国家化和公共事业合作化的产物。人民公社承担的社会管理与经济发展功能全面且多样，可以划分为三大类：第一，横向一体化的合作"制度—功能"。这是指"三级所有，队为基础"的集体化生产经营体制，主要包括集体安排以生产经营为内容的生产合作、公社和大队干部对下级生产经营单位的干预和资源的调配以及社队企业经营。第二，纵向一体化的合作"制度—功能"。这是指类似供销社、信用社、农技和农机等涉及城乡连接的组织。第三，社队内部公共物品供给的"制度—功能"，比如医疗、教育、基础设施建设、治安等。①

----

① 熊万胜：《人民公社体制是如何消亡的》，《三农中国》（网络版）2007 年。http：// www.snzg.cn/article/2007/0922/article_ 7036.html，最后访问日期：2007 年 9 月 22 日。

　　1983 年 10 月，中共中央和国务院发出《关于实行政社分开建立乡政府的通知》，"政社合一"的人民公社转变为"政社分开"的乡（镇）政府，这标志着人民公社的建制正式被撤销。人民公社撤销后，其内部的各项职能随之改变和弱化，但农村内部公共物品的供给依旧需要自力更生。从大的方面来说，人民公社的撤销主要带来两大方面的转变：一方面，国家终止了对乡村一级的直接组织和控制，重新恢复了村民在村落范围内按照各自条件和意愿组织生产和生活的自由。换句话说，人民公社的撤销，意味着农村进入一个重新组织的过程。在此过程中，国家力量对乡村及其以下单位的调控和管制有明显收缩，组织方式发生明显改变。与此同时，村落作为乡村的基层组织，又很自然地继续存在并发挥作用。这就使得乡村社会在组织方面呈现出另一种特征：国家对乡村的直接干预淡化，各个村落则主要按照自身的资源环境和条件开始进行再组织和发展。当然，由于各地实际情况的不同，村落变化的具体情景也就有所差异。但从总体上看，与人民公社时期相比，村落一级组织呈现出规模变小、功能减弱的趋势，而村落内部其他层次的组织如家庭甚至个人反而地位上升、功能增强。[①]

　　另一方面，作为农村经济体制改革的第一步，家庭联产承包责任制的实施突破了"一大二公""大锅饭"的人民公社经营管理体制，克服和纠正了我国农村长达 20 多年的平均主义弊端，激发了亿万农民群众的生产积极性，极大地解放并发展了农村生产力，从而使长期困扰我国经济发展的农产品短缺问题得到缓解，几亿农民的温饱问题得到了基本解决。不仅如此，家庭联产承包责任制的实施，还促进了农

[①] 毛丹：《一个村落共同体的变迁——关于尖山下村的单位化的观察与阐释》，学林出版社，2000，第 89 ~ 90 页。

业分工和商品经济发展，促使传统农业开始朝专业化、商品化和社会化方向发展，为农村商品经济发展创造了条件，同时还推动了乡镇企业的兴起和发展，为我国的农业现代化开辟了一条新路。①

随着人民公社体制的解体，乡村社会不仅在组织方式和农业经济发展方面发生了变化，作为农村主体的人也发生了重大变化。农村主体的人主要包括干部和普通村民两类。普通村民重新获得更多劳动自由，不再被牢牢束缚在土地上，除了管理和经营好自家责任田，还可以外出打工和经商。许多胆子大、敢于冒险、善于经营的村民开始在土地之外寻找出路，于是个体工商户开始出现并逐渐增多，其中一些个体工商户逐步发展成为私营企业主，进而成为新兴经济精英。

家庭联产承包责任制的实施使普通村民的身份和地位发生了重大变化，作为人民公社时期总体性精英的社队干部的地位也发生了明显的变化。在人民公社时期，国家几乎垄断了全部的重要资源，并对社会生活的方方面面进行全面而严格的控制，属于国家"一元控制"的治理模式。在这种治理格局下，乡村社会的自由空间几乎不存在，社队干部由上级直接任命，他们主要扮演"国家代理人"的角色，服从上级意志，维护党和国家的利益，村民利益和自身利益则考虑得很少。当然，在此时期，社队干部不仅掌握着全队生产资料和生活资料的分配权，还掌握着政府分配给农村的参军、招工、户口农转非等稀缺资源的分配权，因此，在全队范围内，他们的权力可以说是至高无上、无所不至。家庭联产承包责任制实施后，生产大队变为行政村，生产小队变为村民小组，大队干部和小队干部分别转变成为行政村干部和村民小组干部。由于对村落公共资源掌控范围的缩小，村干部对村落

---

① 冯毓奎、王悦洲：《家庭联产承包责任制的历史作用探析》，《湖北文理学院学报》1999年第1期，第18~21页。

的控制权力也自然发生收缩，作为国家行政命令的执行者，他们仅仅通过政治手段对村落各个领域和村民发生作用，其在村落范围内的地位不断下降。而村民作为村落发展的主体，其积极性得到充分发挥，主体性地位不断得到增强。[①]

右坞村同全国各地的村落一样，也发生了上述变化。1984 年，右坞村开始实行家庭联产承包责任制，村里的耕地分别按照一、二、三类进行平均分配，村里的集体石矿由私人承包经营，村里的公共财产分配完成后，就只剩下无法分配的炒茶公房和集体土地。除了上述变化外，右坞村的产业结构、村民收入来源和就业方式开始走向多元化，村落社区逐步分化。

二　新兴精英推动非农经济成长

（一）非农产业发展与村落经济结构转型

新兴经济精英的兴起与非农产业的发展紧密相关。人民公社体制解体后，家庭联产承包责任制的实施为非农产业发展提供了劳动力资源。那些不甘心只在土地上刨食、一心想在土地之外谋求更多收入的农民，在市场经济的浪潮推动下，通过个体买卖或者创办企业，逐步发展成为新兴经济精英。他们在获得事业成功的同时，也通过推动产业发展，从而促进村落经济结构、就业结构和收入结构的逐步转型。

首先，新兴经济精英通过创办个体或者私营企业，扩大了村落的非农经济总量，深化和调整了村落的经济结构，促进村落多种经济成分并存发展，提高了村落的整体经济实力。私营企业主要依据本土资源进行产业加工和延伸，主要为茶叶加工和销售企业、石矿开采企业。

---

① 李志军：《制度变迁与村干部角色演变》，《广东石油化工学院学报》2012 年第 5 期，第 8~11 页。

茶叶加工和销售企业的代表主要有仇学文的右坞村茶叶收购服务站和仇可仁的北京某茶叶公司杭州分公司。右坞村属于西湖龙井茶国家二级保护区，茶叶种植一直是右坞村的主要产业，这两家企业不仅解决了村民的茶叶销售问题，同时还推动了农产品加工和销售产业的发展。仇恒盛和王玉美创办围巾加工厂，更是推动了村落非农产业的发展。他们对整个村落产业结构的调整起到了举足轻重的作用。

其次，新兴经济精英通过创办个体或者私营企业，在增加自身收入的同时，还解决了部分村民的就业问题，使他们过上了"半工半农"的生活。这种就地就近消化和吸纳农村剩余劳动力的方式，不仅增加了村民的收入来源，也为推动农业产业化经营创造了条件。比如右坞村的围巾加工厂和私人承包的集体石矿，不仅吸纳了村落范围内的剩余劳动力，也为村落农业的产业化经营创造了资源和条件。

最后，新兴经济精英通过创办个体或者私营企业，对其他村民起着示范与激发作用。新兴经济精英在推动农村经济的发展中扮演着两种重要角色：一是生产经营的示范者，二是发家致富的引领者。新兴经济精英不仅是个人与集体致富的先行者，也是农村非农产业发展的推动者。他们不仅信息灵、技术精、懂经营、会管理，而且具有开拓"创新"的"闯劲"和吃苦耐劳的"韧劲"，他们能够超越传统经济结构的局限，积极向农业之外的工业、运输业、商业、服务业等广阔的经济领域拓展，对农民群众有着强烈的示范效应和激励作用。比如，仇学文的右坞村茶叶收购服务站对村民们就有着较大的示范作用，许多村民因此成为茶叶收购和销售的个体户，这不仅大大增加了村民收入，还推动了村落茶叶销售产业的发展。除了示范作用，他们还是发家致富的引领者。村里的王玉美之所以能创办围巾加工厂，除了因为家里穷，更重要的是她看到了其他人创办企业的成功能够大大改善自身的生活，于是激起了她创业的决心。

（二）个体私营经济发展与村民"市场意识"培育

"市场意识"是指按照市场需求变化来组织生产活动，按照市场经济规律来谋求发展的意识。"市场意识"有狭义和广义之分。狭义的"市场意识"主要包括市场参与意识、市场竞争与合作意识、市场经济法律意识、市场风险意识以及经营意识、诚信意识、质量意识和信息意识等；广义的"市场意识"还包括在市场经济发展过程中形成的适应市场经济发展需要的社会思想意识、道德观念与行为规范，以及民主观念、自由观念、社会习俗、思维方式、人际关系和思想政治觉悟等。[①]

与"市场意识"相对的概念就是"小农意识"。"小农意识"常被用来形容农民的观念意识及行为特征，含有一定的贬义，甚至有偏见的嫌疑。它常被赋予这样几个典型特征：保守、小富即安、自私自利、缺乏合作、交换意识淡薄等。新中国成立前，我国农村属于传统的自给自足的小农经济社会，与这种生产生活方式相适应的"小农意识"自然在农民心中根深蒂固。计划经济时期，农民的生产和生活一切按照国家和集体的计划进行，农业生产资料靠国家和集体的调拨和分配，大宗农产品实行统购统销，日常生活用品则大部分凭票供应。这个时期，在国家强力的计划经济体制下，市场被强行关闭，市场发育停滞，农民可自由交换的产品范围很小，乡镇集市贸易的发展也受到极大限制。与从前的传统社会相比，计划经济时期农村经济自给自

---

① 陈方南、李志云：《新农村建设视域下新型农民市场意识的培养》，《东北师范大学学报》（哲学社会科学版）2010 年第 4 期，第 40～44 页。

足的意味似乎更浓。①

随着改革开放的不断深入，城市化和市场化的大规模推进，农民的"市场意识"也开始发育并逐步增强。"市场意识"是推动农村经济发展、农民发家致富的重要力量，农民在市场浪潮中的打拼和奋斗也会慢慢培养起相应的"市场意识"，两者之间具有相互催生的关系。实行家庭联产承包责任制的最初取向并不是发展市场，而是通过将农民的劳动付出与报酬所得直接挂钩来调动亿万农民的积极性，从而摆脱当时中国农村所面临的经济困境。② 但对右坞村村民来说，它却意味着市场化的启动。右坞村属于西湖龙井茶国家二级保护区，茶叶种植一直是右坞村的主要产业，也是村民的主要收入来源。茶叶是价值较高的经济作物，市场价值较高，因此一旦村民从土地上解放出来，他们自然就将茶叶投入市场进行流通和交易，参与市场各种活动，并在市场交易中慢慢培养起"市场意识"，右坞村也自此进入市场大潮。

右坞村的私企老板作为市场参与主体的先锋，当然最先具有"市场意识"，他们的成功对村民起到了重要的示范和引导作用。"眼见为实，耳听为虚"一直是许多人的信条。当村民们看到身边的人通过参与市场活动致富后，自然就会关注市场发展和动向，并逐步投身到市场活动中来，他们的市场参与和市场竞争意识自然就形成了。村民到企业或者工厂上班，也是参与市场活动的行为。例如在仇恒盛和王玉美的围巾加工厂上班的村民们，他们的收入除了与他们的劳动付出相挂钩，更是与市场的需求有关。市场需求量大，他们就有更多的活可以干，从而获得更多的报酬，反之，收入则会减少。在此过程中，他

---

① 陆益龙：《农民市场意识的形成及其影响因素——基于 2006 年中国综合社会调查的实证分析》，《中国人民大学学报》2012 年第 3 期，第 83～93 页。

② 陈光金：《中国农村现代化的回顾与前瞻》，湖南出版社，1996，第 57 页。

们自然而然地就会培养起"市场意识"。

在学术界，关于农民的"市场意识"问题一直存有争论：农民外出打工或者经商，是否因为他们具有寻找市场机会或者资源的意识？"市场意识"在某种程度上就是理性经济人意识，这是正方的观点。农业经济学家舒尔茨认为，农民本身就是理性的，他们并非没有市场和资本意识，也非保守和不思进取的人。就他们的处境而言，小农经营实际上是有效率的。他们之所以坚守着小规模的家庭农业和副业，而不发展更大的事业，是因为那些新的"收入流"价格实在太高，他们根本就不具备这样的购买力。与舒尔茨的观点相似，波普金直接用"理性小农"一词来概括农民的意识及行为特征。所谓"理性小农"，就是农民作为经济活动的主体，与其他群体并无差别，也具有理性人的经济特征。农民在生产、生活中的观念、意识及行为选择等，都符合理性选择的逻辑，即自我效用最大化原则。① 因此，他们认为农民本身就是有理性的，并非无理性的个体。反方观点认为，农民外出打工或者经商，并非因为他们具有"市场意识"，更多的是基于生存需要而做出的本能选择，并非因为他们看到了市场机会才做出的理性选择。

上述两种观点的差异实际上是学者们从不同的角度来看待农民参与市场行为的结果。无论是认为农民本身就具有理性经济人意识，还是认为农民是基于生存需要而参与市场活动，他们都没有否认农民是有理性的个体。一般人认为，在现代市场中进行交换的个体是理性经济人，而自给自足的传统农民则没有理性。依笔者来看，他们都是有理性的个体，只是理性化的程度存在差异。市场经济发展中的个体，

---

① 陆益龙：《农民市场意识的形成及其影响因素——基于 2006 年中国综合社会调查的实证分析》，《中国人民大学学报》2012 年第 3 期，第 83～93 页。

由于其生产生活的方方面面都要通过市场来进行，故理性化程度较高。而传统小农的生产生活基本自给自足，即使在基层集市贸易中进行生产和生活物品的交换，那也仅限于其中的很小一部分，理性化程度自然也就相对较低。换句话说，农民生产和生活的场域，决定了他们理性化程度的高低。改革开放以前，农民基本没有"市场意识"，随着市场经济的发展，农民在各种不自觉的市场活动中逐渐培养起"市场意识"，积极参与市场交易和竞争。

三　新兴精英引致村落阶层分化

（一）资本流变与精英重构

对右坞村村民来说，1984年是难忘的一年。在这一年的春天，右坞生产大队响应上级号召，实行家庭联产承包责任制。从全国来看，右坞村实行家庭联产承包责任制的时间较晚。家庭联产承包责任制的实施，不仅意味着人民公社体制的结束，还意味着一元化精英结构的合理性基础随之消失，一元化精英结构逐步向多元化精英并存的结构嬗变，右坞村自此进入一个新的历史时代。

1. 家庭联产承包责任制的实施与右坞村政治精英的衰落

在接到凤坞公社关于实行家庭联产承包责任制的指示后，右坞村生产大队干部专门召开会议，商讨家庭联产承包责任制的实施问题。为保持分田分地的公平性，右坞生产大队干部首先将茶地、水田和旱地分为一、二、三类，然后按照公平公开原则，逐步进行细分。

> 我是1981年到村委会的，当时土地还没承包下去，都还是集体的。我们整个队是分为一个组一个组的，我们是分为四个组。我们村是两级所有，大队和小组，大队下面直接就是操作组。大

的村，他们是三级所有的，咱们村因为人口少，所以是两级所有。我们是按照东南西北的地理方位来划分的，按照人口和口粮来进行人数的多少划分。我们的口粮都是平均分的，我们土地划分也是这样的。我们的土地划分是根据一类、二类和三类等级来分给每户，后来土地承包下去，也是按照这个标准来划分的。我当时到地上去测量，量好以后，有个总数，然后再分摊。一类土地主要是1980年初种进去的茶树地。二类是老茶园，祖传下来的，稍微好一点的。三类就是那些地质比较差的，比较偏僻的，高山的，水土流失比较大的那种。三类土地大概各占比例相差不大，一类是25%，二类是40%，三类是35%左右。这个是茶地的划分方法。当时茶地人均8分。水田就是一块一块划的，水田是每人两分多一点，我们水田很少，在毛埠桥那里，就是现在的高尔夫球场。剩下的就是菜地了，我们菜地更少，只有6厘一个人。（仇增盛之访谈）

家庭联产承包责任制的实施，让转变为村干部的生产队干部们普遍感到失落。与其说家庭联产承包责任制分掉的是集体的土地和财产，不如说分掉的是村干部手中的权力。"当村干部忙完'分田'、'分地'、'分集体财产'之后，他们突然发现'领导'这个词的含义已经发生了极大的变化"。[①] 虽然也有学者认为，人民公社时期的队干部权力，"既要受国家的政治意识形态的约束，也要考虑集体成员的监督，因此，他们手中的权力其实也是有限的"。[②] 但当他们多年来苦

---

① 吴毅：《村治变迁中的权威与秩序——20世纪川东双村的表达》，中国社会科学出版社，2002，第206页。

② 陈光金：《中国农村社区精英与中国农村变迁》，中国社会科学院研究生院，博士学位论文，1997，第61页。

心经营积攒起来的这点"有限"权力，突然不复存在了，一种强烈的失落感在他们心中猛然泛起。

在计划经济时期，由于生产和计划的高度统一性，农村社区的政治精英掌握着社区范围内的劳动就业、收入分配、公共物品配置等稀缺资源和机会的绝对权力，从而形成一元性政治精英结构。[①] 随着家庭联产承包责任制的实施，一元性政治精英结构存在的合理性基础迅速开始动摇。"中国革命的最根本的问题是农民问题，而土地问题又是农民问题的根本所在"。[②] 土地制度的变革是中国农村社会变迁的直接标志。家庭联产承包责任制的实施，改变了计划经济时期国家、集体与农民的权力和利益的分配关系，国家权力开始逐步从农村撤退，国家对农村基层社区从直接控制转变为间接控制，这首先就导致了干部政治资本的积累中断。而农民则获得了生产经营的自主权和剩余物品的支配权，并最终形成"交够国家的，留够集体的，剩下是自己的"利益分配新格局。在这种新的利益格局中，村干部的特殊利益就再也无法产生了。[③]

家庭联产承包责任制实施后，虽然村干部的权力被削弱，但那些拥有权力的村干部又可能用自己所掌握的有限权力将自己重构为一个"攫取财富的阶级"。[④] 当然，这种转化既有可能是利用自己手中所掌握的权力，也有可能是利用自己担任队干部期间建立起来的社会关系，或者是自己担任队干部期间掌握的技术或者管理经验（人力资

---

① Jean C. Oi, *State and Peasant in Contemporary China: The Political Economy of Village Government* (California: University of California Press, 2010), p. 613.

② 王春光:《中国农村社会变迁》，云南人民出版社，1996，第2页。

③ 胡杨:《精英与资本——转型期中国乡村精英结构变迁的实证研究》，中国社会科学出版社，2009，第136页。

④ Elemer Hankiss, *East European Alternatives* (Oxford: Oxford University of Press, 1990), pp. 126 – 146.

本），他们最终将这些转化为经济资本。右坞村政治精英的核心人物杨金华，在家庭联产承包责任制实施后，虽然感觉失落，但他立即将手中的权力转化为经济资本。他在 1987 年将金立贤提拔为右坞村党支部书记后，利用他们的这种关系，将村集体石矿承包过来经营。当然这里既有因为上面有优先照顾老干部的政策，也有因为杨金华在担任队干部和村干部期间积累了经营和管理石矿的经验。因此杨金华卸任后，因承包村集体石矿而转变为经济精英，但石矿的实际经营者是其女婿金全荣。

2. 市场发展与新兴经济精英崛起

计划经济时期，国家的资源分配都是由行政权力按照平均主义原则来进行安排和调配，因此各个阶层的地位是稳固的，整个社会结构具有"去阶层化"特征。[①] 然而，随着人民公社体制的解体和家庭联产承包责任制的实施，农村的经济、社会结构开始发生变化。农村的个体和私营经济开始在多元的、错综复杂的社会环境中产生和壮大。随着个私经济的发展，"去阶层化"的社会结构特征逐渐消失，一元化的政治精英结构走向解体，私营企业主和个体工商户等新兴阶层开始崛起。引发这种变化的主要有两方面的原因：一方面，社会主义市场经济开始发育，国家行政体制对社会生活的支配力量开始减弱，技术文凭、管理能力等人力资本因素在人员分配与资源配置过程中的作用愈发显著；另一方面，行政权力与市场机制开始结合并发挥作用，但行政管理在整个的社会经济生活中仍然占据强有力的地位。[②]

家庭联产承包责任制实施以后，农民有了人身自由，除了管理与

---

① 李路路、王奋宇：《当代中国现代化进程中的社会结构及其变革》，浙江人民出版社，1992，第 38 页。

② 李国庆：《私营企业主的兴起：研究中国社会变迁的一个视角》，《江苏行政学院学报》2004 年第 3 期，第 56~62 页。

经营好自家责任田外，其他时间可以自由支配。一些不甘心只在土地上刨食的村民，开始寻求赚钱的其他渠道，于是乡村社会的个体和私营经济开始产生和发展。在此阶段，右坞村的个体经营户较多，私营企业也开始创办起来，如仇学文的右坞村茶叶收购服务站、仇光盛的铸钢厂、仇恒盛和王玉美的围巾加工厂等。这些私营企业主因为商业上的成功而在普通村民中脱颖而出，成为新兴经济精英。

随着经济实力的提升，私营企业主的"能人"形象逐步树立起来，社会声望提高，对村落发展的影响力逐步增强。凭借所占有的经济资源优势，新兴经济精英们开始参与村落政治。在家庭联产承包责任制实行的初期，他们参与的政治活动主要集中在国家行政体制之外，即村一级的基层党组织和村委会。随着市场经济的不断发展，他们的政治地位也随之不断提高，有的甚至担任各级政府的人大代表。仇中盛和仇学文两人在事业上取得成功后，皆当选为西湖区人大代表。他们在经商的过程中，也时常利用人大代表的身份来推动乡里的集体经济或者个私经济的发展。仇中盛在 20 世纪 80 年代末，自行到香港联系茶叶代销点，希望能打开香港的茶叶销售市场。由于当时出入境相当严格，他被认为是私自出境，但他利用他的西湖区人大代表身份解除了上级的质疑，并顺利地将凤坞乡茶叶销往香港、澳门等地。围巾加工厂的开办，让仇恒盛在村里的地位也不断得到提升，说话更有分量。2002 年仇正义竞选村长，作为仇正义发小的仇恒盛在他的竞选中发挥了重要作用。因为他创办的围巾加工厂和承包的村集体石矿有大批的本村工人，他们自然会听从仇恒盛的意见，支持仇正义当选。

（二）新兴经济精英与权力结构变迁

1. 权力结构转型：从"一元"到"多元"

村落权力结构的分析是理解村落政治的基础和透视村落政治运作

逻辑的重要视角，也是理解乡村社会性质和乡村社会经济发展状况的重要视角。郭正林认为："权力是以资源占有为基础、以合法的强制为凭借、以一定的制度为规范的社会支配能力。权力结构就是权力的资源分配模式、来源渠道、运行规范、支配力的强弱割据等结构要素的有机组合。"[①] 按照郭正林关于权力和权力结构的定义，权力是以资源占有为基础，权力结构的变迁和国家制度的变迁紧密相关。当代中国农村权力结构的变迁主要受到家庭联产承包责任制、市场化改革和村民自治选举制度等几大因素的影响。

以家庭联产承包责任制实施为发端的农村非集体化改革，其实质就是打破经济资源的集体垄断。打破集体垄断的过程必然导致农村社会经济资源从集体的一元主体控制模式转向多元主体控制模式，资源控制模式的转型必然引发与资源占有紧密相关的权力结构的转型。家庭联产承包责任制实施后，农民掌握了粮食、现金的自由处置权和土地使用权，他们无须再像从前那样依附或完全服从于村集体或村干部。这意味着人民公社时期干部和社员的一元化结构关系趋向解体。正如郭正林所说："村落权力资源配置模式的变革，从根本上改变了农村权力结构的经济基础。80 年代以来的中国农村经济改革，最重要的结果就是促使农村社会经济资源从集中到分散的转变，也就是从一元控制向多元控制的模式转型。"[②]

在探讨右坞村的权力结构变迁之前，笔者先要梳理出中国村落权力结构的大致类型。按照陈光金的观点，根据社区权力是否分化和社区是否存在权力中心，可以将村落的权力结构划分为四种基本形式：

① 郭正林：《村民自治与党的领导》，香港浸会大学，博士学位论文，1999，第 2 页。
② 郭正林：《中国农村二元权力结构论》，《广西民族学院学报》（哲学社会科学版）2001 年第 6 期，第 53 ~ 61 页。

金字塔型、宗派型、联合型和不规则型。① 社区的权力结构与村落的经济发展程度和发展模式密切相关。

第一，金字塔型权力结构。只有一个权力中心，该中心为高居于金字塔顶端的一位领袖式的铁腕人物，他掌控着整个社区权力的运作。在该类村落，经济发展一般具有以下三个特点：工业化和现代化程度很高，主要是一些经济发达地区；集体经济在村落经济中占绝对优势；村落经济的发展主要归功于一个具有绝对魅力的社区领袖，而这位人物正是处于金字塔顶端的"铁腕精英"。第二，宗派型权力结构。社区存在两个或两个以上的权力中心，他们分别代表不同的利益集团，而各集团之间势均力敌，但又相互竞争，因而形成一种宗派型权力格局。该类权力格局通常存在于集体经济实力比较雄厚的社区。这也正是宗派型权力格局形成的重要原因，因为各利益集团都企图通过控制集体经济支配权和社区政治权的运作，来为自己和自己所属的利益集团攫取经济和社会利润。第三，联合型权力结构。在该类权力结构的社区中，存在多个代表不同利益集团的权力中心，但这些利益集团只有联合成为一个整体，才能使各自利益最大化。在该类社区中，村落的经济发展是许多人共同努力的结果，而非单个的铁腕式的社区领袖。当然，随着各方实力的消长变化，联合型权力结构也可能走向宗派型或金字塔型权力结构。第四，不规则型权力结构。在该类社区，权力高度分散以致出现无中心的权力分布格局，或者在一个主要权力中心之外存在若干个实力强大的单个权力拥有者（如私营企业主），这些单个权力拥有者可能会在实力足够强大时形成亚中心，进而向主要权力中心发起挑战。这种权力结构主要存在于集体经济发展水平低

---

① 陈光金：《中国农村社区精英与中国农村变迁》，中国社会科学院研究生院，博士学位论文，1997，第127页。

和社区分化程度不是太明显的社区。家庭联产承包责任制实施初期，许多村落存在这种不规则型的权力结构。

随着市场化改革的推行和家庭联产承包责任制的实施，村落一元化政治精英结构的合理性基础随之消失，市场经济的发展推动一元化精英结构向多元化精英并存的结构嬗变。右坞村的权力结构也经历了上述转变过程。在家庭联产承包责任制实施初期，村中的大部分公共财产分配给了村民，以杨金华为代表的政治权力中心受到冲击，政治精英们不再具有一言九鼎的权力，而只是执行上级交代的征粮收税和计划生育的指令性任务。而新兴经济精英开始在村中崛起，他们不仅具有企业家身份，还具有某种政治身份，比如经营茶叶企业成功的仇中盛和仇学文两人均当选为西湖区人大代表，他们都具有向村落政治中心发起挑战的实力。但是他们两人，一个没有从政意愿，一个可能是嫌村干部级别太低，都没有向村落政治中心发起实质性挑战。随着市场经济的进一步发展，右坞村越来越多的村民开始创业，某些成功者跃升为村中经济精英。他们中有部分人向村落的政治中心发起挑战，但均未成功。在张飞跃担任右坞村党支部书记以前，右坞村的权力格局基本上属于不规则形态。张飞跃走马上任后，实施了一系列的"创新"发展举措，村落集体经济实力不断增强，村民越来越富裕，进而形成了金字塔型的权力结构。这正如前面所述，村落经济的发展主要归功于一个具有绝对魅力的社区领袖，而这位人物正是处于金字塔顶端的"铁腕精英"。

2. 精英分化与利益博弈

新兴经济精英的崛起，改变了村中一元化的权力结构，村落权力结构朝着多元化方向发展。作为理性经济人的经济精英，在拥有了雄厚的经济实力后，为了寻求自身利益的最大化，固然会与村中的其他精英展开博弈。当然，利益博弈是在一定的场域中展开的，而经济精英与其他精英展开博弈所需要的场域形成通常要具备几个条件。首先是经济发展水平，经济精英的成长速度与经济发展水平呈正相关关系。经济的迅速发展使得村落中有经济头脑的村民获得成功成为经济精英，掌握着部分经济资源，这使得他们与其他类型精英之间的利益博弈成为可能。其次是制度安排，国家提供了一系列有利于各类精英博弈形成的游戏规则，这主要是指村民自治制度。《村民委员会组织法》使得体制外精英有了与体制内精英合法博弈的规则。而这恰恰成了经济精英实现利益的重要工具。最后是精英各自博弈力量的基础，即精英的内外支持体系。村落内部的支持体系是博弈的原动力和一般性权威的源泉，主要是因血缘、地缘、业缘、利益连带、某种情感联系以及精英个人魅力而建立的广泛关系。体制内精英博弈力量的基础除了村落内部支持体系外，还存在一个重要的外在体系，即乡（镇）政府支持体系。需要指出的是，随着国家逐渐与农村社会分离态势的发展，外在支持体系发挥的作用日渐式微。① 而新兴经济精英，由于他们与部分村民存在业缘方面的利益连带关系，他们在村中的权威不断上升，博弈力量的基础也日趋稳固。

右坞村各类精英的博弈主要是在选举和利益交换两大场域展开。经济精英所从事的市场活动和权威维护需要稳定的政治规则来降低不确定性，以保证投资获利的稳定预期，而民主是最可以降低不确定性的制度，而且经济精英和政治精英共同生活于村落场域内，是低头不见抬头见的近邻，虽然在某些利益上存在分歧，但也不会发生激烈冲突，所以目前经济精英与政治精英的博弈主要发生在选举场域内。经

---

① 吴思红：《村庄精英利益博弈与权力结构的稳定性》，《中共中央党校学报》2003 年第 1 期，第 41 页。

济精英在选举场域内与政治精英展开博弈的方式主要有直接参选和代理参选两种。第一种，直接参选，以谋求在村落中的政治地位。这种参选主要有两种动机：一是在取得了经济上的成功后，总想谋求一定的政治地位来推动村落实现更好的发展；二是谋求政治地位来为实现自己的经济利益服务。在右坞村，有两位经济精英直接参加了村委会竞选，一位是仇可仁在 2002 年游说凤坞镇政府领导推荐自己担任村支书；另一位是仇实盛在 2002 年参与竞选村主任，但两人均以失败告终。失败的原因很复杂，但其中有一条就是村民和党员都认为他们竞选村干部是为了谋求自己的经济利益，而非真心想带领村民致富。第二种，代理参选。某些经济精英不热衷村级权力组织的职位，不愿进入体制内。这是因为日益难以完成的税费征收和计划生育任务等，会破坏他们原来拥有的熟人社会的关系网络，而且繁杂的政务和村务会占用他们赚钱的时间。但是，他们又不愿意完全脱离村落权力关系或者真正放弃在村中的权威，这就成了他们内心的困境。如何走出这一困境，或者说在不进入体制内精英群体的情况下，如何才能保持双重利益的获取呢？他们创造了一种"代理人"机制，即利用自身的网络关系和动员能力，通过合法甚至不合法的活动，把能听其使唤的边缘精英推入村落权力组织，使其成为体制内精英，而自己则在体制外操纵体制内精英。[①] 仇恒盛和仇泰盛均是村里生意人的成功典型，但是他们都不愿意承担繁重的政务来实现自身的经济利益，于是他们利用自己在村内的关系网络来支持他们的发小仇正义当选，这就是典型的代理参选。

　　精英经济除了在选举场域内与政治精英展开博弈，他们也在利

---

① 吴思红：《村庄精英利益博弈与权力结构的稳定性》，《中共中央党校学报》2003 年第 1 期，第 41 页。

益交换场域内展开博弈。经济精英掌握着雄厚的经济资源，他们为部分村民提供就业机会，增加村民收入，因此在村落中具有一定地位。增加剩余劳动力就业和村民收入又是村落政治精英的本职工作。为了实现自身的利益，政治精英通常会利用手中的权力来满足经济精英的需求，以使经济精英来帮助自己完成各项工作。仇可仁作为茶叶收购大户，一直在外村收购茶叶，而本村村民的春茶销售则成了问题。为了解决本村村民的春茶销售难问题，村支书张飞跃主动找到仇可仁，希望他回到本村收购茶叶，以解决本村村民的春茶销售难问题。仇可仁则借口推托，认为本村茶叶质量不如其他村落，而且其他村子还给他提供免费的茶叶收购场所，而本村没有为他提供任何条件。后经过双方的仔细磋商，村委会答应提供一间公房给仇可仁收购春茶，同时还将村里两块比较好的集体土地租给他建立厂房，以成立北京某茶叶公司杭州分公司。这实际上就是一种利益博弈和交换。

从某种意义上讲，精英博弈也在一定程度上推动了村落政治的民主化发展。其一，精英博弈能在一定程度上降低普通村民的政治冷漠感，增强他们的政治参与意愿。在传统乡土社会，农村政治是以自然经济为基础、以文化伦理为依托、以服从为本位的伦理政治，主要通过以"三纲五常"为核心的伦理文化灌输给大众。这种伦理政治培养了普通民众对国家的服从和依附关系。民主制度下的博弈关系则以达到双赢为目的，需要社会成员具有积极进取、自我实现以及妥协宽容的理性精神。① 其二，精英博弈增强了村民的权利和公共利益意识。普通村民由于长期远离村落政治决策，再加上共同利益感受模糊和缺位，他们常常对村级事务漠不关心。精英博弈让公共利益诉求得

---

① 张静：《现代公共规则与乡村社会》，上海书店出版社，2006，第57~89页。

以公开表达，村民原本模糊的共同利益感受得到强化。因此，精英之间的博弈在一定程度上促进了村落民主的发展，提高了村民的权利意识。

3. 阶层分化与村落社会成员结构转型

社会发展是社会成员结构变迁的主要推动力。从某种意义上讲，它既是社会发展的结果，同时又是社会发展的体现。在社会发展的历史进程中，整个社会的成员结构处于不断地变化之中。在传统的乡土社会，中国农村几乎处于自给自足的封闭状态，社会成员主要由士绅和农民两个阶层组成。在土改时期，根据土地占有的多少和是否具有剥削行为，农村社会成员被划分为地主、富农、中农、贫农和雇农五个阶层。到了人民公社时期，广大农村实行单一的集体所有制经济，农民收入按工分配，收入差距不大；农村社会成员的社会身份非经济条件决定，而是由其家庭出身和政治表现所决定；传统的血缘关系和地缘关系尚存在，但血缘和地缘关系对社会成员地位确定的重要性大大下降；组织上政社合一，人民公社及其下辖的生产队统摄其辖区内的一切事务与活动，这些直接决定着农村社会成员的身份和权利。如此一来，农村社会结构的多元化趋势遭到遏止，社会成员由原来的五个阶层变为只有干部与社员两个层次的组成结构，社会结构趋向单一化，农村社会成员不再具有明显的社会等级差别，彼此在身份上具有同质性。这种均质同构的社会成员结构格局，虽然满足了计划经济体制的管理要求，有力地实现了强大的社会动员，却隐藏和制造了诸多社会问题。①

十一届三中全会以后，农村地区率先启动改革，中央实行权力下放，以此调动地方政府和农民的积极性。正如邓小平所说："调动积

---

① 张小玲：《农村社会成员结构变迁的非均衡性》，《沧桑》2005年第5期，第60~61页。

极性，权力下放是主要的内容。我们农村改革之所以见效，就是因为给农民更多的自主权，调动了农民的积极性。"① 家庭联产承包责任制的推行，使农民有了生产经营自主权，承包农民取代公社社员成为农业生产和农村发展的基本力量，农村社区拥有了自行选择发展道路的权利，农户有了自由流动的机会，从而为农村社会成员的分化提供了体制前提。而长期隐匿于效率低下的集体农业劳动中的剩余劳动力，也从土地上解放出来。于是，随着城市经济体制改革的启动，农村市场机制的引入与推动，致使农村社会成员受利益驱动在不同的产业、经济单位和社区之间全面流动。②

从宏观制度层面来说，农村和城市经济体制改革，为农村社会成员的社会流动和结构变迁提供了制度前提。但是对一个具体的农村社区来说，社会成员结构的变化与新兴经济精英不无关系。前面已经阐述，农村的新兴经济精英具有推动农村社区经济结构变化、吸纳农村剩余劳动力和对普通村民的引导、示范和激发作用，而这些都是推动农村社会成员结构变化的主要内在因素。社区经济结构的变化，意味着农村社区产业结构的变迁，工业和第三产业创造出大量的创业和就业机会，进而推动农村社会成员身份发生转变。在村落内部创办企业的私营企业主，如承包村集体石矿的仇泰盛、金全荣等人，开办围巾加工厂的仇恒盛和王玉美，都为村落内部的剩余劳动力提供了就业机会，推动了既务农又务工的兼业型劳动者的大量产生。经济精英的示范和激发作用带来的阶层分化效应则更为明显，除了他们自身的身份转变引致农村社会结构发生变迁外，他

---

① 《邓小平文选》（第三卷），人民出版社，1993，第242页。
② 李国庆：《私营企业主的兴起：研究中国社会变迁的一个视角》，《江苏行政学院学报》2004年第3期，第56～62页。

们的创业经历激发了更多人去从事经商或者参与市场经济活动。在他们的示范和引领之下，越来越多敢于冒险的农民转变为非农业劳动者，成功者则成为又一批新兴经济精英。除此之外，被他们带动起来的村民，又能给其他村民带来更多的就业机会，进一步推动了社区成员结构的变化。

在分析了引发右坞村社会成员结构发生变化的宏观和微观因素后，接下来笔者将具体展现右坞村过去 30 年来的阶层变化情况。卢福营等认为，当前农村社会成员的分化主要是通过其产权、职业、社区等身份的转换而发生的。与其他社会劳动者一样，农村社会成员也内在地包含着三种身份：一是对生产资料占有权力的产权身份，主要是所有权和经营权；二是所从事职业的职业身份；三是工作和生活的社区类别的身份。产权制度、所有制、经营方式的转换促成农村社会成员流动的多元性，而改革逐步推进中的各种身份转换的非同步性，使农村社会成员之间产生利益差别和地位差异，推动农村社会阶层分化的产生。[1] 因此，按照阶层结构的多维分析原则，并从农村社会成员分化的基本原因出发，可以将农村社会成员分为产权阶层和职业阶层两个系列。根据上述原则，我们将右坞村过去 30 年来的阶层结构变化情况分为两个系列来进行描述。

第一个系列是根据生产资料所有权和经营权的不同组合划分的产权阶层系列。经过 30 年的分化组合，右坞村村民已陆续从同质性的家庭承包劳动者中分离出来，形成由特定产权关系联结的新阶层。根据卢福营等按照生产资料所有权和经营权不同组合的分类，右坞村的村民可以分为家庭承包劳动者、乡村集体劳动者、个体劳动者、私营企

---

① 卢福营、刘成斌：《非农化与农村社会分层——十个村庄的实证研究》，中国经济出版社，2004，第 37~45 页。

业主、受雇民工等五个阶层。如表 4-1 所示，右坞村过去 30 年来的产权阶层结构发生了巨大变化。自 1984 年以来，右坞村的家庭承包劳动者急剧减少，从 95% 下降到了 2013 年的 10%，30 年间下降了 85 个百分点，现在从事家庭承包的劳动者主要是没有打工或者经商的中老年人，这一人群数量较少；乡村集体劳动者几乎未发生变化，所占比例一直是 2% 左右，这主要是因为右坞村集体企业较少，招工人数不多，且都时间短暂，不固定；个体劳动者不断增多，从 1984 年的 1% 上升到了 2013 年的 25%，这些个体劳动者主要从事茶叶销售生意；私营企业主与乡村集体劳动者的比例差不多，没有太大变化；受雇民工人数在 1984~1992 年之间的变化巨大，主要是因为家庭联产承包责任制实施后，村民从土地上解放出来，到本村的企业、外来驻村企业或者外地工厂打工，所以人数占比发生了巨大变化。

表 4-1　右坞村过去 30 年的产权阶层分化情况（1984~2013）

单位:%

年份 \ 从业人员	家庭承包劳动者	乡村集体劳动者	个体劳动者	私营企业主	受雇民工
1984	95	2	1	0	2
1992	23	2	15	2	58
2000	12	2	20	2	64
2005	10	2	23	2	63
2013	10	2	25	2	61

第二个系列是根据所从事职业类型划分的职业阶层系列。根据村民从事的职业类型划分的阶层情况来看，自 20 世纪 80 年代以来，右坞村村民的职业身份发生了较大变化。根据是否从事农业生产（专门

只从事农业生产），将村民分为农业劳动者、非农业劳动者、兼业型劳动者三个阶层，其分化情况如表4－2所示。

表4－2 右坞村过去30年的职业阶层分化情况（1984～2013）

单位：%

年份 \ 从业人员	农业劳动者	非农业劳动者	兼业型劳动者
1984	80	2	18
1992	23	4	73
2000	12	40	48
2005	10	45	45
2013	10	50	40

从表4－2可以看出，右坞村村民的职业阶层分化迅速，尤其是在1984～1992年之间，农业劳动者从80%减少为23%，此后一直下降到2013年10%，现在从事农业的人群主要为在家从事茶叶种植的中老年人；非农业劳动者在1992～2000年之间有一个大的增长，这主要是因为1994年建设西湖国际高尔夫球场的水田征用和1996年建设杭州绕城高速公路的部分宅基地和农用地征用，分别有95人和108人按照征地拆迁政策将农业户口转变为非农户口，致使非农业劳动人口的突然增多。此外，由于参军、升学或者外出打工经商的人不断增多，导致非农业劳动者的占比不断上升；兼业型劳动者刚好与农业劳动者的增长趋势相反，在1984～1992年之间，兼业型劳动者突然猛增55个百分点，这与家庭联产承包责任制的实施密切相关。

四 新兴精英引发行为观念嬗变

（一）生活方式变迁：示范与激发

人们的生活方式与生产方式紧密相连，生产方式的改变必然会引发人们生活观念、生活方式的改变。生活方式是人们在一定的社会条件作用下和价值观念指导下，逐渐形成的满足自身生活需要的全部活动形式与行为特征体系，是人的"社会化"的一项基本内容。当然，人们的生活方式会随着社会发展的变迁而改变，但具有一定的滞后性，对此可以用"文化堕距"理论来解释。在主流的现代化逻辑中，城市是文明的象征，代表着现代、科学、文明的生活。农村则是保守、落后、愚昧的代名词。一般人都向往文明、先进的城市生活。因此，在城乡二元结构开始松动，农民逐渐接触到城市文明时，便开始以城市生活方式作为自己生活的参照标准。然而，认同城市的生活方式与接受、学习是两码事，毕竟城乡居民间的生活环境和收入等差距较大，一般村民由于受到知识和财力的限制，往往停留在羡慕的层面。村落精英是农民群体中开放、文明的代表，他们在经济上相对富裕、思想观念又较为开放，因此有条件来模仿和践行城市先进的生活模式，于是他们便成为新的生活方式的示范者、传播者、引领者。

新兴精英对村民生活方式的影响主要是消费行为的示范，消费行为示范则主要体现在住房的建造上。住房是一个家庭财富、地位和能力的象征，它对一个家庭的重要性不言而喻。先富起来的新兴精英群体自然会首先通过改善住房来显示自己的成功。他们通常要建造村落中最好的房子，在面积、结构、层高和装修方面都要一流，在村落中鲜有人能及。当然，右坞村的新兴精英刚开始建造新式洋房的时候，大家的反应是不一致、复杂多样的。有些人认为这是大兴土木，浪费钱财，他们应该把钱攒起来扩大生产，以创造更大的事业；另一些人认为他们能建造这么好的房子，说明他们有能力，应该向他们学习，寻找其他的赚钱门路，死守在地里肯定是不行的；还有一些人感受到了压力，开始思考到底是应该出去闯，还是过好现在小富即安的生活？

毕竟家庭联产承包责任制实施后，村民的生活相比以前有明显改善。

> 我们农村人赚到钱以后，首先想到的肯定是建房子啰，这也是农村的传统啊。我和仇泰盛是村里最先建三层洋房的人，当时我们建好后，村民们也是说什么的都有。本来建房子是件大好事，希望能得到大家的肯定。但是刚开始的时候，大家表面上说得好听，你发达了啊之类的话。背地里，很多人都认为我这是炫耀，故意做给他们看的，认为我这是瞎折腾，浪费钱，还不如把这些钱投入到生意当中去，把生意做大一点。当然，也有人认为还是要做生意啊，光靠茶地里的那点收入肯定不行，要向人家学习啊。后来，慢慢有些人也建起了三层高楼，建得也是越来越漂亮，村里开始出去跑茶叶生意、跑运输的人就多起来了，慢慢大家都竞相建房子了，有钱的建三层四间的，钱少点的就建三层三间的。当然，现在我们村里基本上都是小洋房了，一栋比一栋漂亮，除了那些困难户还是老房子外。（仇中盛之访谈）

从仇中盛的话语中可以得知，新兴精英们对村民生活方式的影响是明显的，从住房建造一事就可窥见一斑，这种影响主要还是示范和激励效应。在农村社区精英的消费行为中，带有强烈的城市化倾向，这种倾向比起具体的模仿消费更具广泛性和深刻性，甚至可以说是一场革命。与许多其他农村地区一样，在右坞村也展开了一场由于村民生活方式的城市化倾向而引发的"厕所革命"。改革开放初期，由新兴精英建造的几幢洋房，还和传统的房子一样，厕所都是单独建在正房之外，与正房有一定距离。后来，越来越多的人开始建造洋房，有人觉得城市的冲水厕所既方便又时尚，于是就在新房子里加上冲水厕所，后来建造新房子的人都在房子里加上冲水厕所，并且在厕所建成后，进屋和住房的方式都学城里人，比如进入起居室和卧室不准穿外鞋，而是用专用的拖鞋，圈养的牲畜都建在离正房较远处，还专门建造用来存放农具的偏房，以保证正房的干净和整洁等。当然，具体是由谁带头先建冲水厕所的，又是由谁带头将里外鞋分开，大家都不记得了，但是大家都清楚一点，是由先富起来的人带动的。可见，"厕所革命"及其所引发的其他一系列变化，标志着农民生活习惯和方式的"创新"，是一种新的生活方式的开始和启动。这种效应可以说是示范和激励效应。

正如前文所述，任何生活方式的变迁都是由生产方式的变迁所引发，而生活方式的"创新"则与经济条件的改善有关。因此，新兴精英成为生活方式变迁的领头人便在情理之中。

（二）社区行动规则和价值评价规则的置换

按照陈光金的观点，市场化的生产以及在市场浪潮中获得成功的企业家精英，除了会引发社区成员生活方式的变迁外，其生产活动的变化以及自身成功的典型，也会引发社区成员行动规则和价值评价规则的变化。他认为这种行动规则会从传统行动向工具理性行动规则转换，价值评价规则也会随着行动的转换发生相应的变化。[1]

1. 从传统行动到工具理性行动

按照韦伯的社会行动理论，人的行动分为四种类型。第一种是目的合理性行动。人们通过精确算计，以付出成本最低的、最有效的手段来达到利益最大化的目的。它是一种符合逻辑的、科学的理性行动，出自功利主义或工具主义的行动方针，理性"经济人"通常是这种行动的主体。第二种是价值合理性行动。它是追求价值而非精于算计，

---

[1]　陈光金：《中国农村社区精英与中国农村变迁》，中国社会科学院研究生院，博士学位论文，1997，第 155 ~ 156 页。

非价值中立地进行行动，而是带有某种价值偏好。价值合理性行动最大的特点是遵从手段和目的的价值合理性，即必须用道德的手段来达到道德上好的行动。第三种是情感行动。这种行动不管手段和目的的合理性，只是出于某种情感而行动。这种行动往往是非理性行动，甚至有可能造成某种不良的后果。第四种是传统行动。通常是一些习惯性的行动，出自既成的实践或出于对权威的尊重而作出的行动。韦伯认为，这些行动类型是个人给予自己的行动以一定意义的方式，因为每个个人总是力求给自己的生活赋予一定的意义。① 在这四种行动类型中，前两种行动是理性行动，后两种是非理性行动，且行动的合理性是现代社会发展的总体趋势。

我国农村社区的城市化过程，就是在现代化浪潮中逐渐经受洗礼的过程。农村的经济精英，则充当着将现代化的元素引入村民行动模式的深层次结构中，并使之从传统性行动转化为合理性行动的动因和中介，当然他们是通过自己的"创新行动"来实现这一角色功能的。下面笔者将以集体或者私营企业主引发的行动规则的变化来说明这种行动结构的变化。

第一，行动类型的转换。这种行动类型的转换主要是从非理性行动（传统行动、情感行动）转向理性行动（目的合理性行动、价值合理性行动）。家庭联产承包责任制实施后，农民从土地上解放出来，剩余劳动力既可务工，也可经商，既可以选择这家企业，也可以选择别的企业，他们的选择性行动已经有了经济性、便利性和舒适性等各方面的算计和考虑，且随着市场化进程的加深，这种算计变得越来越精。比如，村里同时开了两家围巾厂，那么村里的熟练女工就会对两家工厂工钱的高低、加工要求等各方面进行比较，从中进行选择。当

---

① 贾春增：《外国社会学史》（修订本），中国人民大学出版社，2000，第110～112页。

然，村民的这种算计意识也是在经济精英们的影响和激发下培养起来的，因为企业本身要生存下去，最根本的问题就是成本和利润的计算，以寻求自身利润的最大化。

第二，行动组织结构的变化。现代化的最大特点就是社会分工趋细，行业分工不断细化，生产需要分工与合作。一个产品的加工通常有许多道工序，需要不同工种之间的合作。企业中的生产工人通常不是一个完整流程的执行者，而只是其中某一道工序的操作者，因而他通常需要与许多不同工种的人一起配合来完成工作，这种分工将他的行动与其他人的行动组织成一个新的行动单位。这种组织化的行动对行动者的行动有着更精密、更高的要求，它要求行动者严格按照产品和流程的要求来行动，而不是像在耕作时那样的随意、简单的行动。

第三，行动时空结构的变化。当农民进厂打工时，他们的行动空间不再是边界模糊的无组织的田间地头，而是边界清晰的有组织的工厂，企业家还要对他们的工作时间做出明确而又严格的规定，以保证工厂利润最大化。在这个过程中，农民的行动时间也发生了变化，时间被组织化了，变得明确清晰起来，而不再是"日出而作，日落而息"的行动模式，甚至会在企业的要求下进行加班，当然也有了休息日和假日的概念。

第四，部分村民的行动性质（亦即劳动性质）发生了变化，成为雇佣劳动者。根据马克思的理解，雇佣劳动者就是通过为雇主创造剩余价值来实现自己必要劳动的价值。[1] 成为雇佣劳动者的村民将自己的劳动以及劳动支配权出让给雇主，从雇主那里获取必要劳动价值的工资。在集体企业里，这种支配权实际上交给的是集体，但不管怎么说，他的劳动及其支配权是以出让的形式来换取工资，其中包含市场

---

① 〔德〕马克思：《资本论》（第一卷），郭大力、王亚南译，上海三联书店，2009，第 78 页。

化的交换规则。这种交换的实现和进行，都是基于私营企业主或者集体企业家动用自己或者集体的资源创办起来的企业为前提。

需要说明的是，村民行动规则的变化并不全都是由于经济精英的示范和激励，经济精英更多的是给他们创造了条件和前提，市场大环境的变化和影响才是这种变化的根本。

2. 价值评价规则的变化

价值评价规则是对行动者的行动进行是非好坏评价的规则体系，这一体系通常给行动者的行动提供某种意识形态的支持或者约束。制度经济学家将这种"创新"称之为"制度创新"，并且他们相信正式的制度变迁都是从非正式约束的边际性变化开始的。[①] 村民的价值评价规则也是随着行动者行动的变化而变化，最先开始行动并引发村民评价规则变化的是村中的新兴精英群体。

既然新兴精英群体是这种规则变迁的激发器，那么村民评价规则的变化自然与他们有关。先来看村民对他们最初经商行为的评价，笔者对同一采访对象分别询问了他们最初对经商行为和现在对这种行为的评价。村民对新兴经济精英经商行为的评价主要有三种态度，一种是赞成，另一种是反对，剩下的就是表示不清楚。在他们经商之初，持后两种意见的比较多，到现在则是持第一种态度的占据多数。

> 当初他们搞企业或搞个体买卖，村民们也是态度不一：有人认为还是把家里的茶叶搞好算了，我们这里过日子还是可以的，做生意要操心，要担风险，哪有那么好做的，十个里面有九个要赔的，政策也不明朗，搞不好就抓进去了，就不要瞎折腾了；有

---

① 〔美〕L. E. 戴维斯、D. C. 诺斯：《制度变迁的理论：概念与原因》，载 R. 科斯等《财产权利与制度变迁》，刘守英译，上海人民出版社，2004，第266页。

人认为死守在这地里肯定是没什么前途的，还是要闯的，反正现在实行家庭联产承包责任制，温饱问题肯定是解决了，倒不如闯一闯，说不定就闯出名堂来了；还有人认为，到底能不能做啊，看看他们再说吧。实际上，等他们发展起来以后，大家都认为他们是对的，大家也都纷纷想搞了，但这个时候大家都在搞，也就没那么好的机遇了，还是他们当时明智。（仇识宽之访谈）

除了对经济精英经商行为的评价态度发生变化外，村民对成功的评判标准也发生了相应的变化。中国传统的等级划分标准就是"士农工商""学而优则仕"自古以来就是许多文人奋斗的目标，就算到了现代，这种思想仍然根深蒂固。因此，村民们大都对通过升学或者参军而吃上公粮，甚至做官的人表示赞赏和羡慕。但随着新兴经济精英不断涌现，越来越多的人开始认同他们，对他们所取得的成功表示赞许，认为他们是村民中的佼佼者，为推动村落发展做出了贡献。

第五章

精英缺失：村落发展的迷茫混沌

一 发展背景：城市化与市场化的大规模推进

城市化（urbanization）亦称之为城镇化、都市化，是指以第一产业为主的传统乡村社会向以第二、第三产业为主的现代都市社会转变的过程，主要包括人口职业的转变、产业结构的转变、土地及地域空间的变化等。西方发达国家的城市化起步较早，18～19世纪发展最为迅速，到19世纪末城市化已基本完成。我国的城市化起步相对较晚，改革开放前，城市化进展缓慢。改革开放后，为满足社会经济发展的需要，我国的城市化进入加速发展阶段。总体上来讲，改革开放以来，我国的城市化主要经历了以下四个发展阶段：①1978～1984年，以农村经济体制改革为主要推动力的城市化阶段。该阶段的城市化最明显的特征就是"先进城后建城"，具有恢复性质。在此阶段，就人口来看，城市化率由1978年的17.92%提高至1984年的23.01%。②1985～1991年，以乡镇企业和城市经济体制改革为双重推动力的城市化阶段。该阶段的城市化以发展新城镇为主，市场力量开始发挥作用，大量新兴的小城镇出现在东南沿海地区。③1992～2000年，是城市化的全面推进阶段，以城市建设、小城镇发展和普遍建立经济开发区为主要推动力，并在此期间确立了市场经济体制的改革目标。在此阶段，城市化率由27.63%提高至36.22%，市场力量对乡村社会的冲击日益增强。④2000年至今，以新兴产业迅速发展和城市聚集效应为主要推动力的大都市化发展阶段，到2013年底，城市化率已达53.7%。在此阶段，市场在资源配置中起基础性和决定性作用。

浙江的城市化、市场化进程与全国基本一致，但发展速度相对较快，2013年浙江的常住人口城市化率达到64.0%。综观浙江的城市化历程，其发展方针发生了三次大的转变，20世纪80年代为"控制大城市规模，合理发展中等城市，积极发展小城市"，20世纪90年代调整为"严格控制大城市规模，合理发展中等城市和小城市"。2000年后，随着工业化发展的深入和市场经济的不断完善，城市化重心逐步倾向中心城市发展，发展方针转变为"优先发展大城市，重点发展中等城市，稳定和完善小城镇建设"。在此背景下，作为浙江省会的杭州市逐渐从一个中等城市发展为一个现代化大都市，走出了一条典型的"都市化"发展道路。右坞村作为杭州市的一个近郊村落，在杭州"都市化"发展趋势的影响下，走上村落城市化发展之路。右坞村的一些邻近村落也正是在此阶段转变为城市社区，如清风谷、毛埠桥、严父桥等。

当然，20世纪90年代的城市化给右坞村创造了诸多发展机遇：①交通公共基础设施得到改善，村落与外界的联系不断加强。20世纪90年代，杭州的城市化进入跨县并乡的发展阶段，以交通为导向的城市化发展自然会带动郊区交通基础设施的建设和完善。公共交通基础设施的建设和完善，极大地改善了右坞村村民的生产与生活，使得村落与外界的联系更加方便、紧密。农村电网的改造，也大大改善了村民的生产与生活，减轻了村民负担，推动了右坞村经济的发展。②城市化带动了右坞村产业结构的转变和富余劳动力的转移。随着城市化的不断推进，交通拥挤、地价上涨、住房紧张等因素促使工厂、企业及各种机构纷纷向郊区迁移。右坞村作为郊区村落，随着交通基础设施的完善，许多工厂陆续搬迁至右坞村，如汇同链条厂、塑料加工厂等大型加工厂，这些加工厂推动右坞村的产业结构由以茶叶种植为主的第一产业向加工业和服务业为主的第二、三产业转变。同时，它还拓宽了村民的就业渠道，吸纳了村落部分剩余劳动力。③城市化为右坞村的农产品销售带来机遇。20 世纪 90 年代，农业生产能力不断提高，由于销路不畅、加工能力差、粮食库存超过正常储备等原因而导致农产品出现积压，农民收入持续下降。而城市化为缓解农产品积压、增加农民收入带来契机。随着城市化的逐步推进，大批农村人口转移到城镇，从农产品的生产人口转变为消费人口，对农产品的需求量大大增加。同时，城市化过程必然会伴随第二、三产业的大力发展，而第二、三产业大部分是以农产品为原料的消耗性产业，也会加大对农产品的原料需求，从而拓宽农产品的销售渠道。以茶叶种植为主要产业的右坞村也同样受益于城市化，村民的茶叶销售渠道不断拓宽。

任何事物都有其两面性。这个时期的城市化给右坞村创造了诸多发展机遇的同时，也带来一系列的挑战：①部分土地被征用，村落发展受到限制。随着城市化的不断推进，右坞村越来越多的土地被征用，这使得右坞村的农业生产失去了良好的自然条件。右坞村属于西湖龙井茶国家二级保护区，部分茶地的征用让村民失去了西湖龙井茶种植的基本土壤条件，给村民的收入带来一定影响。更为重要的是，1996

年的杭州绕城公路建设，将整个右坞村"一分为二"。右坞村占地面积不大，发展区域有限，杭州绕城公路穿村而过，不仅不利于村民的生产生活和村落的管理，给村落以后的发展也带来了诸多的限制和障碍。②传统的"农本"思想无法顺应城市化的发展潮流。20世纪90年代，右坞村仍有许多村民的市场意识不强，最主要的是乡村基层干部和村干部的市场观念滞后，他们在面临城市化和市场化带来的重大机遇时，没有相应的知识储备，在机遇面前束手无策甚至是盲目冒险，从而导致村落错失发展机遇，甚至给村落造成巨大损失。同时，一些工厂的盲目引进也给村落的生态环境和生活环境造成不利影响。③"内卷化"的乡镇基层组织无法给村级社区发展提供有利支持。人民公社解体后，国家权力的收缩给乡镇基层组织滥用权力提供了契机，乡镇基层政权组织出现了"内卷化"的趋势，公共服务和社会管理职能逐步衰退，而自利性、营利性、掠夺性的动机却逐步增强。换句话说，这个时期的乡镇基层政权组织在某种程度上正蜕变为一种掠夺型、营利型的准自利组织，"抓经济"、"抓稳定"、"抓计划生育"和"抓数字"的四项组织行为是其"内卷化"的突出特征和主要表现。乡镇基层政权的"内卷化"使大量农村社区处于失序甚至无序状态，公共产品缺失问题日趋严重。① 在基层政权"内卷化"的状态下，在城市化和市场化带来大好的发展机遇时，基层政权只顾及自身的利益，对村落的发展无暇顾及，许多村落因无上级政府的引导和管理而白白错失发展机会，右坞村在此阶段也面临上述情形。

---

① 马良灿：《"内卷化"基层政权组织与乡村治理》，《贵州大学学报》（社会科学版）2010年第2期，第98～103页。

二 精英上台后的村落发展启动

(一) 两次"征地"与发展资本积累

资本积累是经济发展的核心与关键要素之一。刘易斯的二元经济结构理论认为，经济发展的本质是以采用新技术为标志的现代部门的相对延伸与扩展。较之传统部门，在现代部门中，资本要素占据核心地位，资本的迅速扩张和积累是其扩大生产的重要前提。[①] 因此，无论是一个国家或者地区，还是一个小的生产部门或者单位，资本积累既是其实现经济发展的必要前提和条件，同时又是经济发展的重要内容。整个世界经济发展的历程表明，任何国家都无法逾越资本的原始积累而直接进入经济发展的康庄大道。从某种意义上讲，发达国家的早期经济发展史就是一部资本积累的血泪史，诚如琼·罗宾逊所言，"那些现在认为是发达的经济，在历史上都曾经历过一个加速积累的艰苦过程"。[②] 在现代发达国家的经济发展和经济增长中，虽然技术进步的贡献率已经大于资本，但技术进步主要内含于资本中，并经由资本来发挥对经济的推动和促进作用，因而资本积累在经济发展中的地位和作用并未因技术进步而削弱。在广大发展中国家，由于技术进步及其在经济发展中的运用相对迟缓，再加上"组织创新"和"制度创新"的落后以及管理水平的低下，资本积累的重要性就更加凸显了。直到今天，资本积累和供给不足仍然是发展中国家或者落后地区在经济发展中所遇到的主要障碍之一。

---

① 转引自吴强、王雍君《我国经济发展中的资本积累问题》，《财贸经济》1990 年第 7 期，第 10 ~ 16 页。
② 转引自吴强、王雍君《我国经济发展中的资本积累问题》，《财贸经济》1990 年第 7 期，第 10 ~ 16 页。

改革开放后，我国农村经济发展面临的最大问题就是资本积累不足。20 世纪 80 年代初，由社办企业衍生而来的乡镇企业，率先靠市场机制实现了产业发展，并推动农村经济进入高速增长的轨道。然而，由于企业层次比较低、管理混乱、产品不规范等原因，到了 20 世纪 90 年代，乡镇企业普遍走向衰落。从全国范围来看，在市场经济大潮的冲击下，乡镇企业转型成功的寥寥无几，村落集体经济也因公共财产积累有限等多种因素而发展缓慢，而许多敢于冒险、不甘心只在地里刨食的个人或者家庭，在市场中寻找各种发展机遇，创办起个体或者私营企业。就右坞村而言，家庭联产承包责任制实施后，除了保留炒茶公房和村集体石矿外（有些地方甚至公房也被卖给私人），仅靠每个月的公房出租收入和两个集体石矿的承包收入来勉强维持村里的公用开支。

> 我是 1977 年 1 月份到部队去参军，1981 年退伍，1984 年 10 月份到村里来上班的。那个时候村里有个经济合作社，当时村委由三块组成，一个是村支部，一个是村班子，还有一个村经济合作社。那个时候条件差，我进入村委的时候，村里的可用资金也就两三万块钱。我们工资才 60 块钱一个月，那个时候很低的。后来我出来以后，1994 年工资又涨高了一点，将近有 300 块钱吧。到 1993 年的时候，村里的可用资金大概是十七八万吧。这十七八万的可用资金主要是房屋出租和石矿承包收入。石矿也就是属于村里承包给私人的。当时村里有两个石矿，仙人坑那边是属于青山石矿的分矿，凤坞镇有个总矿，仙人坑那边叫右坞分矿，我出来的时候，仙人坑那边是承包给老书记杨金华的。后来是承包给仇实盛的。（金立贤之访谈）

对右坞村来说，村落发展所需的资本积累在某种程度上来说是较为容易的。右坞村作为杭州市的一个近郊村落，在城市化的大规模推进中，国家的两次土地征用为其经济发展积累了原始资本。右坞村的两次土地征用分别是 1994 年因建设西湖国际高尔夫球场的水田征用和 1996 年因建设杭州绕城高速公路的部分宅基地和农用地征用。

1. 水田征用与"分款"风波

1994 年，西湖区政府征用凤坞地区位于西湖旁的水田，用于建设西湖国际高尔夫球场。右坞村以茶地为主，水田主要位于离村子较远的西湖旁，大约 103 亩。① 对于村落的水田征用，村民虽然态度不一，但整个水田征用过程还是比较顺利的。那时，由于村民的"市场意识"尚未完全发育，较为注重眼前利益，大部分村民认为水田征用不仅可以带来一笔不小的收入，还可消除插秧和炒茶的生产矛盾，所以积极配合政府征用工作。随着城市化的大规模推进和市场经济的进一步发展，土地价格不断上涨，村民的"市场意识"不断提升，现在许多村民认为水田征用一事相当不划算。

　　1994 年的时候，村里的田都被征去做高尔夫球场，那个时候觉得把地征掉挺划算的，现在看起来不划算啊。高尔夫球场两千多亩地，基本上都是凤坞的。以前我们自己吃的粮食，百分之八十或者九十都是靠那边的。像我们这个村子，一百四十亩水稻不到，但这些田都是 等田，水什么的都不用管的。不像他们那边有些山坞地不值钱，因为那里都是山上流下来的水，水很冷，还有山洪暴什么的，麻雀、老鼠也都要来吃的，所以产量都比较低。

① 右坞村共有水田 133 亩，其中 103 亩位于凤坞地区的西湖旁，其他则分散在留泗公路东侧的低洼处。

实际上，当时征地的时候，大家也是态度不一的，有赞成的，有反对的。赞成的人认为，我们这里大部分是茶山，从经济上来讲，一万的收成，七千到八千是茶叶钞票，还有两千嘛无非是水稻田，当然水稻田也不是拿去卖的哦。茶的生产和水稻的生产的季节性冲突很大，这里要采茶叶，那里要种水稻。种水稻也要看时间的，那个时候是种双季稻的，一个是早稻，一个是晚稻，中晚稻离夏秋茶很近的，又要插秧，又要炒茶。所以我们经常说，白天在水里，晚上在火里，真的是吃不消的啊，所以说开始征用土地了，他们都说好的，卖掉嘛算了，我们顾牢茶园就好了，生产矛盾很大的。不赞成的人认为，我们那边都是好田啊，都是一等田啊。水是不用担心的，我们这里是靠自然水的。比如有些地方，十天半个月不下雨就要干死的，我们那边是不要紧的，不需要抽水灌溉。旱涝都不用管的，山洪也不会到那边去的。如果要是冲到那边去，那我们整个村子都冲了。自从那次征掉后，我们的田基本都没有了。年报上看看，还有些田，这些田实际上都是征地或者造房子用掉了，当然也不是国家征的，村子里征掉了。那个时候征地还是比较好办的。政府要来征地，说好多少钱一亩，村委会把会一开，就好了。现在人的意识都提高了，土地也变得值钱了。

（仇识宽之访谈）

水田征用的政府补偿资金共有 200 多万，发放给村民 100 多万，剩下的 100 多万留作村集体公共资金。此次的水田征用还发生了一场"分款"风波。当时，水田征用的政府补偿资金拨付到村集体账户时，金立贤想将赔付给村民的 100 多万资金用来开辟"龙井 43"茶园，以征用一亩水田换一亩新茶地的方式来进行对等交换，并每亩赔付 4000

块钱，这样村民就可以通过种植"龙井43"的茶叶新品种来增加收入，比直接把资金赔付给村民要划算。但他的这个提议并没有得到村民的同意，于是只能按照政策将征地补偿款发放给村民。金立贤的提议没被接受主要有两个原因：一是当时村民的思想观念还比较落后，"市场意识"尚未完全发育，认为茶叶种植效益慢，分钱到手才可靠，没有看到茶叶种植的潜在经济效益；二是当时村委会并没有建立完善的财务监督和公开制度，老百姓对村委会和基层政府的信任程度也不是太高。

　　1994年大概征地100亩左右嘛，那个时候征地款大概有200多万元。每亩地总共赔偿2万1千多元，分田农户1万1千多一亩，总共村里还剩下100来万左右的集体土地征地款嘛。当时我有这样的想法，想再开一些地种"龙井43"，但是村里老百姓想不通，鼠目寸光啦，把钱拿进来就好了。我们当时做了好多工作，开了很多会，他们就是说茶地也不要开了，把钱分给我们就好了。我当时想钱一下子就用完了，而茶地是永久的嘛，而且"龙井43"是早熟品种嘛。我是想征用一亩水田，就开出一亩茶地给村民，这样村民的"龙井43"品种能够每户人均一亩。那个时候很便宜的，如果以水田换茶地的话，好像赔偿是4000块钱一亩。就是说征掉一亩田，那我就给一亩茶地给你。种茶树这些，多少还有些补贴的，4000块钱一亩，总共征了30亩，那也就只有12万块左右。其余剩下来的就可以用来打造工业园区。那个时候我们是152户人家，只有500多个人了，可以开出茶地，开个100多亩，毕竟是早熟品种，当然老的茶地还是要保持的嘛。那个时候可以用荒山开茶地的，现在不能开了。我的意思是说征掉一亩水田就给开一亩茶地，这样征地款就不分给大家了。他们喜欢分钱。我是想用水田换茶地，然后补贴你4000块钱一亩，因为茶地培养起来要四到五年嘛。那么4000块钱是给你的培养费，相当于一年1000块。老百姓都喜欢拿钱，那个时候不断开会，不断做工作，都吵啊，闹啊的。最终没有办法，只能按照一万一千块钱一亩分给他们，余下的100来万，用于村里可用资金来搞发展建设。（金立贤之访谈）

2. 绕城高速征地——村子"一分为二"

1996年，杭州市启动绕城高速公路建设，右坞村是杭州市绕城高速公路的必经之地。杭州绕城高速公路项目是杭州市史上建设规模最大的交通基础设施项目之一，公路全长123公里，总投资约70亿元，是当时国内最长的绕城公路。杭州绕城高速公路是杭州高速交通的骨架，是杭州进出宁波、上海的快速通道，同时从市区上塘高架北上杭宁，两个小时就可到达南京。杭州绕城高速公路的建成通车，健全了公路网络，有利于杭州中心城市与经济次中心的组合，改善运输条件，优化投资环境，加强了与长三角城市的联系，加快了杭州的城市化发展进程，极大地促进了房地产业、旅游业等的发展，加快了杭州融入长三角的步伐，从而带动杭州新一轮社会经济的快速发展。

杭州市绕城高速公路建设总共征用右坞村土地100多亩，其中茶地70亩、林地40亩、旱地32亩和部分宅基地，征地的总补偿资金为700多万元。按照征地补偿政策，共发给村民补偿资金200多万元，剩下的500多万元留作村集体公共资金。此次的绕城高速公路建设征地将右坞村一分为二。右坞村原本是一个行政村和自然村为一体的村落，村民全部住在留泗公路的西侧。因绕城高速公路建设，征用了居住在留泗公路旁居民的宅基地，靠近留泗公路的居民便搬迁到了留泗公路的东侧，成立了丽景湾新村，这样右坞村就变成由右坞村和丽景湾新村两个自然村组成的行政村。

杭州绕城高速公路征地给右坞村发展带来正反两个方面的影响。从正面影响来看，它为右坞村的经济发展积累了原始资本，也提升和完善了村里的基础设施。右坞村要打造工业园区，加快发展集体经济，资本积累是关键。在1994年水田征用的补偿资金使用问题上，村民们和村干部并未达成一致意见，留用的村集体资金不足以用来发展村落集体经济。因此，两年后的绕城高速公路建设征地恰好又为其积累了一笔资金，后续的工业园区建设主要用的就是这笔补偿资金。此外，补偿资金到位后，村里为家家户户安装了自来水和修复了茶园水利设施，方便了村民生产和改善了村民生活。从反面影响来看，它破坏了整个村落的布局，不利于村落的整体发展。右坞村总占地面积约130公顷，属于小型村落。绕城高速公路建设征地后，整个村落以绕城高速公路为界进行了切分，不仅村落的土地面积更加稀少，而且不利于整个村子的统一管理和发展。同时，由于右坞村属于西湖龙井茶国家二级保护区，可以用来建设工业园区和发展第三产业的土地就显得格外捉襟见肘。张飞跃担任村支书后，村落的"艺术经济"发展受此局限相当明显，这在以后的章节会中会提到。

（二）城市化与工业园区建设

1992年，邓小平南方谈话以后，中国的改革开放进一步扩大，改革步伐不断加快。随之，全国各地开始大力推进工业发展，作为浙江省会城市的杭州亦是如此。1993年，凤坞乡政府要求其下辖村落加快发展工业，有条件的村落则要建设工业园区，大力引入工厂和企业。凤坞乡集体发展工业，建设工业园区，可以说是工业化和城市化发展的要求和结果。凤坞乡地处杭州市近郊，承接城市转移的产业，既是推动城市化发展的必然要求，也是推动本乡经济发展的大好机遇。因为随着城市化的推进，城市人口日趋增多，产业发展过于集中，交通日益拥挤，房租和地价不断上涨，城市的产业和人口就会选择向生产成本相对较低的郊区转移。凤坞乡位于杭州市郊区，受到城市经济的发展辐射效应自然明显。

1993 年，在凤坞乡政府的要求和指导下，金立贤带领村委班子和村民开始着手建设右坞村工业园区。工业园区的建设，首先要解决的就是园区的土地占用问题。右坞村的工业园区选址在位于留泗公路东侧的角落区块，该区块主要为村里的水田。工业园区一期建设总共征用村里水田 20 亩，为补偿村民，村里开垦山林和荒地 20 亩，变成茶地补偿给村民。那时村里集体资金少，为解决资金困难，金立贤亲自带领村委班子成员开垦荒地和林地，以减少村集体支出。仇识宽老人对此也非常赞成："他（金立贤）在村里的时候还好，工业园区是他弄起来的。工业园区这个地方是田，当时村里集体资金又少，所以他就想了个办法。你在那里有多少田，我就在对面的山上开多少亩的茶地还给你。不是用钱来征地，是用茶地来换田。'龙井 43'是新品种，反正茶地是集体开好，茶苗是集体种好，管理三年的管理费给你，500块一亩每年。这个方式倒蛮好的，'龙井 43'茶叶不是很贵嘛。"

土地占用问题可以采用开垦茶地的方式来解决，但是打造工业园区还需要大笔资金。因为从 1984 年家庭联产承包责任制实施到 1993年这段时间，右坞村的集体经济几乎没有发展，村集体收入除了集体石矿承包收入和公房出租收入外，没有其他的收入来源。由于前几任村干部对集体资产的有效保护，到 1993 年时，村里的可用资金已达到18 万元。然而，建设工业园区需要大笔的资金，村里的 18 万可用集体资金简直就是杯水车薪。对此，金立贤想到了借鸡生蛋的办法。当时，右坞村有一个效益比较好的私营企业——之江阀门厂。[①] 该厂租驻在右坞村的炒茶公房内，厂房生产噪音较大，对老百姓的生活造成了一定影响。同时，该厂也正需要扩大规模。于是，金立贤找到之江阀门厂的老板，给予其相对优惠的条件进驻工业园区，将其预付的租金用来建设工业园区。通过这种利益交换的方式，由之江阀门厂牵头出资，在金立贤的带领下，工业园区一期建设启动。

工业园区一期建设是建造一幢约 2000 平方米的厂房，金立贤想将全部厂房用于出租。因为随着工业化和城市化的推进，大量的工业企业发展起来，他们急需价格较为便宜的土地和厂房，以降低生产成本。这就为位于近郊且交通便利的右坞村创造了厂房出租市场的优势。此外，右坞村集体可用资金少，村干部没有经商经验，厂房出租是增加集体收益的一种相对保险的办法。工业园区启动建设后不久，金立贤被上级调走，由后来接任的村干部继续推进工业园区的建设工作。虽然金立贤是在乡政府的要求下才启动工业园区建设的，但在工业园区的建设过程中，充分体现了他在村落发展中的引领和推动作用。

三 精英更替中的村落方向迷茫

一个村落发展的好坏与它的带头人紧密相关，这是常识。带头人的更换，往往可能让本来发展得不错的村落走下坡路，这个时期的右坞村就属此类情况。

（一）带头人更换：金立贤被上级调走

金立贤为退伍军人，在部队受过良好的教育。他不仅在右坞村工

---

① 之江阀门厂原本为乡镇企业，后转制为私营企业。

业园区的建设中体现了出色的领导才能，同时他也有一定的经商经验，他在担任村干部期间做过汽车运输和开过饭店，具有一定的经商头脑。1994 年，凤坞乡成立了之江建设公司，承接各种基础设施建设业务，主要为其下辖村落的工业园区建设提供服务，以获取基建业务收入，为乡政府牟利。前面已经说过，20 世纪 90 年代的基层政府实际上成了一个"内卷化"的自利性组织，公共服务和社会管理职能逐步衰退，而自利性、掠夺性的动机却逐步增强。当城市化大规模推进时，基层政府只顾及自身利益，对村落的发展无暇顾及。之江建设公司成立后，凤坞乡政府看上了金立贤出色的领导才能，在右坞村工业园区一期建设至一半时，将其调至之江建设公司，从事基建业务联系工作，主要负责联系下辖村落和周边村落的基建业务。

为推动右坞村继续往前发展和完成工业园区的建设工作，金立贤开始物色接班人。他向乡党委推荐当时的村主任仇增盛为村支书，村主任则由一直担任村会计的杨英宏接任。金立贤调走后，村委班子并未按照他原定的思路继续推动村落发展，致使村集体资产遭受巨大损失。对此，金立贤认为自己选错了接班人，乡党委也满心懊悔，认为金立贤的调走是导致右坞村发展停滞的直接原因。

那个时候我都把地弄平整了，还造了一幢房子，造了一半，两千方的。当时我是想全部以出租的形式，自己经营容易亏损。后来我调走了，所以亏掉了，说是"小弟兄"（方言：意为"发小"），关系蛮好的，他当时是村长嘛。我走掉以后，镇里就问谁当书记。本身呢杨英宏是可以的，后来想想看，仇增盛1982 年就当村组书记了，1987 年的时候我当书记，他当主任。人是很老实的，能力是没有的，我当时也跟党委说了，村子要搞好了，还是要靠杨英宏，能够精打细算，他有经营头脑的。但是仇增盛毕竟是姓仇的，村子里80%都是姓仇的，这样的话在村里就比较稳一点。反正书记和主任都差不多的，要相互协商着来的嘛。哪想到他们完全没有按照我的思路来，我走的时候交代过的。村里的工业园区要继续打造好，将厂房用来出租，以增加集体收入，同时还要保护好村里的集体资产。但是，后来在村里征地款到位后，他们将村里的可用资金胡乱瞎搞，集体资产流失很严重，老百姓怨声载道，工业园区发展也不怎么样。后来乡里的领导都表示后悔，说当初不应该把我调出来，我调出来以后，村里的发展就全乱套了。（金立贤之访谈）

（二）非理性化行动下的资产流失

韦伯认为，要想理解社会关系，必须先理解社会成员间行动的各个主观方面。也就是说，只有理解人们在社会关系中的各种行动，才能理解社会的性质和变异。韦伯将人的行动分为四种类型：目的合理性行动、价值合理性行动、情感行动和传统行动。前两种行动为理性行动，后两种行动为非理性行动。① 现代社会的各种经营行为则为工具理性的目的合理性行动。在行动实施前，行为人会基于利益和成本的计算来进行理性决策。西蒙提出的理性决策模型则是为理性行动的实施提供有效的决策分析框架。

西蒙的理性决策模型是以"经济人"的假设为前提。该理论认为理性决策是任何行动实现利益最大化的必备前提，但这种理性是有限的理性。于是他提出了有限理性决策的观点：①"手段—目标"链的内涵矛

---

① 贾春增：《外国社会学史》（修订本），中国人民大学出版社，2000，第110~112页。

盾会导致简单的分析，从而得出不准确的结论。"手段—目标"链的次序系统通常是一个非系统性而全面联系的链条，组织活动与基本目的之间的联系通常模糊不清，同时还存在着冲突和矛盾。②决策者追求理性，但很难做到最大限度地追求理性。人的知识储备有限，行动的决策者既不可能掌握全部信息，也无法认识决策的详尽规律。因此，作为单个的决策者，他只能追求在他能力范围之内的有限理性。③决策者通常追求"满意"标准，而非最优标准。如果方案较好地满足了决策者定下的最基本要求，决策者往往就不愿意寻找更好的方案了。当然，由于各方面条件的限制，决策者也缺乏达到最优的能力。决策者往往承认自己感受到的世界仅仅是纷繁复杂的真实世界的极端简化，他们满意的标准不是最大值，无须再去确定所有可能的备择方案，因为他们认为真实世界是无法掌握的，所以通常满足于用最简单的方法，凭经验、习惯和惯例去办事，故而决策结果也不尽相同。①

与理性决策相对的就是非理性决策。它是指不依靠人的理性认知能力和科学性手段，凭主观猜测、本能反应或权威意见甚至抽签、算卦等迷信手段进行决策。理性决策是理性行动的前提，那么非理性决策自然会导致非理性行动。非理性行动通常又会造成不堪的后果。一个村落的发展主要是带头人起主导作用。带头人如果是一个精明能干的领袖式人物，那么通过一系列的理性行动，会将村落带上发展的康庄大道。如果带头人的认知能力非常有限，无法跟上时代的发展，靠非理性的决策行事，那么村落的发展则会走上与康庄大道相反的穷途末路。右坞村在整个发展过程中，前面两种情况都有，金立贤可以说

① 〔美〕赫伯特·A. 西蒙：《管理决策新科学》，中国社会科学出版社，1982，第78～86页。

是理性行动者，而新上任的村支书仇增盛和村主任杨英宏的非理性决策则让右坞村发展停滞甚至遭受巨大损失。

1. 非理性决策与失败的风险投资

西湖国际高尔夫球场和杭州绕城高速公路征地的补偿资金共有900多万元，除了发放给村民的征地补偿资金外，留在村集体账户的公共资金还有将近700万元。当时凤坞乡的大部分下辖村落都有征地补偿资金，乡政府要求各村通过招商引资、投资或者办企业的方式来实现集体资产增值。村支书仇增盛和村主任杨英宏两人在乡政府的号召下，首先想到通过投资的方式以实现右坞村集体资产的增值。他们将村里的部分集体资金分别投资给了租驻在右坞村工业园区的之江阀门厂和从留下镇搬来右坞村的一家工艺品制作福利工厂。右坞村总共向之江阀门厂投资了100万元。仇增盛和杨英宏两人之所以向之江阀门厂投资100万元，除了为实现村集体资产增值外，还有基于另一方面的考虑。之江阀门厂租驻在右坞村多年，厂子规模比较大，经营效益一直较好，不仅解决了村里的部分剩余劳动力，还牵头出资帮助右坞村建设工业园区一期工程，对村里的发展做出过一定的贡献，因此该厂老板与右坞村干部之间建立了良好的信任关系。此后，之江阀门厂的老板退休，由其儿子接替经营该厂。这位继任老板不善于经营，盲目扩大生产规模，最终导致阀门厂资金断裂而倒闭。之江阀门厂倒闭后，右坞村投资的100万元也就血本无归了。此外，仇增盛和杨英宏两人还向租驻在右坞村工业园区的塑料花工艺品制作工厂投资了30万元。后该福利工厂也因经营不善而倒闭，右坞村投资的30万元集体资金再次血本无归。

对于右坞村的两次投资失败，笔者认为，作为投资主体的村干部和作为监管主体的乡政府均负有一定责任。从投资主体来看，右坞村

的两次投资均由村支书和村主任两人单独决策，而非通过村民代表大
会进行集体表决。村支书仇增盛和村主任杨英宏两人试图通过投资来
使集体资产增值，但他们两人都没有经商和投资经验，也不具备投资
赚钱的能力。因此，在市场经济条件下，他们未能适应外界发展形势，
不能对投资市场和投资项目作出准确和科学的判断，仅凭个人的主观
臆测而盲目投资，从而导致投资失败。西蒙的理性决策理论告诉我们，
人的知识储备有限，行动的决策者既不可能掌握全部信息，也无法认
知决策的详尽规律。因此，作为单个的决策者，他只能追求在他能力
范围之内的有限理性。如果一个人对他所要采取的行动，几乎没有任
何的认知和体验，那么他更加不可能做出理性的决策，更多的就是凭
借主观臆测和美好幻想而做出非理性决策。[①] 此外，仇增盛和杨英宏
两人不仅对市场发展形势和自身的投资能力没有清晰的判断和认识，
还没有市场风险意识。右坞村的邻村毛埠桥，该村的土地征用比右坞
村多，征地补偿资金数额也就更大。毛埠桥的村干部相对保守，他们
认为自己不具备经商投资的能力，无法对市场做出准确判断，于是通
过相对安全的存款赚利息的方式来实行集体资产保值增值。在市场经
济的大潮下，毛埠桥的村干部可以说是一种农民理性经济人。正如舒
尔茨所言，"农民在他们的经济活动中一般是精明的、讲究实效的和
善于盘算的"。[②] 但是，他们与商人的算计不同，农民的算计是缺乏交
换的算计，是如何对仅有的"存量财富"进行精打细算的算计，主要
遵循"安全第一"的原则。

从监管主体来看，他们既低估了市场风险，又存在着对基层组织

---

① 〔美〕赫伯特·A.西蒙：《管理决策新科学》，中国社会科学出版社，1982，第78～
86页。

② 〔美〕西奥多·舒尔茨：《经济增长与农业》，郭熙保、周开年译，北京经济学院出版社，
1991，第13页。

监管不严的失职行为。一方面，凤坞乡政府对市场投资风险和村干部的经营与投资能力做出了错误的估判，为推动其下辖村落集体经济发展，盲目倡导各个村落采用各种途径实现集体资产增值。比如，毛埠桥的村干部将集体资金存入银行实现资产保值增值，反而被凤坞乡政府领导批评为过于保守、故步自封。另一方面，他们对基层组织的财务管理、公共事务决策与运作监管不严。从右坞村的投资决策可以看出，20 世纪 90 年代初的村落公共事务决策并非真正做到村民代表大会集体决策，而是由村领导单独决策。因此，这样的村落公共事务决策会因为村领导个人能力的有限性和夹杂的私人情感因素而产生非理性的决策。针对村干部的单独决策，上级政府也未做出相应的监管，而是放任自流。此外，上级政府也未对右坞村集体资金的去向、用途及其经营状况进行相应的财务监管。

集体资产流失后，村民意见相当大。对于仇增盛和杨英宏的两次投资失败事件，村民认为他们两人对村集体资产管理不严格，擅作主张，盲目投资，未遵循村民的意愿和考虑村民的利益。

仇增盛和杨英宏他们把村里搞得一塌糊涂，当时我搞股份经济合作社的时候，对村里的所有账目进行全面的整理。把账理出来后，村里的老党员和村民们都很气愤。他们胆子也很大，一百万块钱就直接投资了，后来厂子倒闭了，就留给村里的坏账了。那个时候村里都是他们说了算，也没跟村民和村代表商量，就直接把钱拿出去了。我们五个人查账，有个老同志看都看不下去，更别说查了，一塌糊涂。高速公路赔的钱，我统计了一下，有700 多万，除了分给村民的钱，其余的三年功夫全部差不多都用光了。要是那个时候钱不这么乱用，甫说存在银行里，你就是用来造房子出租，那集体收入也很可观的呀。就算房子没租出去，房子还在的呀。以前造房子用的 100 万，现在肯定就不止那么多了。（仇中盛之访谈）

对于村干部的投资失败而导致村集体资产流失的事件，右坞村村民并没有通过上访或者其他方式进行维权，这或许是因为没有村落精英带领村民进行集体维权的缘故。正如应星对西南一个乡水库移民的集体上访史的研究发现，移民上访的活跃和组织化程度并非与权益侵害程度成正比，而是与他们当中有没有维权的领袖式人物密切相关。维权意识和维权行动执行力强的群体，往往是因为他们当中存在一个领袖式的精英人物。[①] 莫斯卡的精英统治论也表明了领袖式精英人物的组织作用。他认为，作为少数人的统治阶级之所以能实现对多数人的统治，主要有三大原因：一是统治阶级具有卓越的组织能力；二是与被统治者相比，占据统治地位的少数人在物质、知识和道德方面有一定优势，这些优势在其所处的社会中得到高度认可，并且具有很大影响力；三是统治阶级除了有卓越的组织能力和优越的社会品质来实现自己的统治外，他们通常还会诉诸道德、法律和军事等手段。[②]

2. 盲目办厂与资产流失

在凤坞乡政府的号召下，右坞村除了对外投资，还着手创办集体企业。右坞村干部一方面想通过创办集体企业来实现集体资产增值，另一方面想通过创办集体企业来吸纳村里的部分剩余劳动力，让村民们能在照顾好自家茶园的同时，还可以到村办企业打工以赚取另外一

① 应星：《从"讨个说法"到"摆平理顺"——西南一个水库移民区的故事》，中国社会科学院研究生院，博士学位论文，2000，第 21～26 页。
② 〔意〕加塔诺·莫斯卡：《统治阶级》，贾鹤鹏译，译林出版社，2002，第 98～117 页。

份收入。右坞村共创办了两家工厂，一家是中华雕刻厂，另一家是右坞村电子秤厂。

中华雕刻厂是在凤坞乡政府的牵头下，由来自台州仙居的一位从事雕刻经营的老板和右坞村共同创办的合资企业。台州仙居的老板是经由一位在右坞村挂职锻炼的凤坞乡政府工作人员引荐而来。该工作人员的直接领导与这位老板相熟，因此右坞村干部十分相信他们。从某个方面来讲，乡政府引荐老板进驻下辖村落投资办厂，属于政府的招商引资行为。招商引资是基层政府领导很重要的一项政绩，不仅可以给他们带来政治利益，还可以带来经济利益。因此，地方政府在招商引资上可谓表现得相当积极。正如某些学者所言，地方政府官员对招商引资的重视程度和积极性完全不亚于一个保险推销员，因为他们受到了政治利益和经济利益的双重驱动。

创办中华雕刻厂，右坞村出资 100 万元，仙居老板出资 100 万元，但仙居老板的资金是由右坞村出面担保向银行申请的贷款。此外，村里提供土地和厂房，仙居老板提供雕刻技术，并由仙居老板担任厂长，负责工厂经营。虽然双方有出资和产权的相关规定，但在实际经营过程中，工厂的所有权和经营权并没有严格区分，只是凭着感觉来经营。中华雕刻厂并非直接将生产产品用于销售，而是通过与景区进行业务合作，为景区提供雕刻艺术品用于展出，获取景区门票收入提成。中华雕刻厂主要与两个景区展开业务合作，一个是杭州岳王庙，另一个就是普陀山景区。与岳王庙合作，主要是雕刻水浒传人物 108 将。在合作初期，双方签订了正式的合作协议，但后来，由于中华雕刻厂生产出来的雕像不符合产品要求，岳王庙拒绝雕像入驻，并放弃合作。关于岳王庙放弃合作的理由，仇增盛说："本来是要放到岳王庙去拿门票的，跟他们说好是拿门票提成的。刚开始都说好的，协议都签了，后来他们说这个不好，那个不像，关系也没搞好，就放不进去了。他们还说我们做的东西太大，他们房子小，没有地方放，后来说搭个临时棚子来放置，也没有搭建。"此外，中华雕刻厂与普陀山景区的合作最终也失败了。与普陀山景区的合作方式基本与岳王庙相同，工厂雕刻观音佛像到普陀山景区展出，然后拿取门票收入提成。观音佛像雕刻好后，经普陀山景区鉴定，产品质量不过关，无法将其展出，于是双方合作也就终止了。

由于两次合作的失败，中华雕刻厂在创办了一年后就倒闭了。中华雕刻厂之所以倒闭，笔者认为，主要有两个方面的原因：一是工厂经营管理不善，导致产品质量不过关。右坞村创办中华雕刻厂，主要为吸纳村里的剩余劳动力，但村干部没有任何办厂经验，在产品生产过程中，把关不严，此外，工人也没有经过相应的技术培训，最终导致产品质量不过关。二是盲目引进投资，未对投资合作方进行严格考察。仙居老板原本以搞艺术为生，在仙居有一定名气。据说在仙居办厂时，工厂年销量就已达400多万元，但该老板私生活比较混乱，且不及时更新产品，最终导致产品无法销售出去而积压在库，他来到右坞村投资办厂时，实际上已经负债累累。当时，右坞村只想着引进外来资金发展村落经济，吸纳村里剩余劳动力，却没有对投资合作方进行仔细考察，最终导致企业创办失败，集体资产流失。

右坞村电子秤厂则属于盲目跟风创办的企业。右坞村电子秤厂共投资50万元，由村主任杨英宏担任厂长，有工人10余名。20世纪90年代初，电子秤作为一种新型秤，在市场上颇受欢迎。村主任杨英宏认为这是一个非常好的经营项目，于是到邻村左坞村学习办厂经验。由于杨英宏并未真正掌握办厂的经营理念，也未引进专业的技术人员，电子秤的生产只是对照图纸进行简单模仿，再加上他对采购原料和生产过程把关不严，电子秤的性能缺乏稳定性，最终无法销售出去而积压在库。于是，电子秤厂在创办后的短短半年时间内就倒闭了。

> 电子秤厂是我们出钱，经营管理方面根本不懂，叫设计师傅弄一张图纸，厂房是我们现有的厂房。实际上做电子秤要到市场一道一道关通过的呀，技术也是蛮高的呀，后来弄弄，50万块钱弄进去了，后来嘛这个做出来的秤质量不过关，又卖不出去。画图纸的人是哪里来的都不知道，反正也是为厂里服务的，就是提供了一张纸啰，叫厂里按照这个图纸做就是了。那我们就出钱啰，后来不是全亏了。（仇识宽之访谈）

右坞村两个集体工厂的经营失败只是当时全国乡镇企业发展的一个缩影。当时的乡镇企业主要有集体经营、承包经营两种形式，企业产权不够清晰，集体经济组织的职能被乡镇（村）政府职能所替代，管理混乱，比如在资产管理上，体制没有理顺，资产使用不当，经营管理不严，无核算，缺考核，导致集体企业资产流失现象十分严重。更有甚者，当城市企业向乡村大肆转嫁危机以赚取改革成本时，许多乡村企业居然还在四处筹款，能贷则贷，能筹就筹，甚至向村民和银行借高利贷，引进落后的技术和设备，生产低质无销路的产品，重复低水平的建设，导致大量产品积压，企业背负累累债务，积重难返。更大的悲剧还在于，已经危机四伏了，一些集体企业仍然执迷不悟，铤而走险，继续上项目铺摊子或是扩大规模，真是饮鸩止渴。①

总体上来说，右坞村两次办厂失败，主要有以下三个原因。

第一，产品质量不过关，根本无法实现它的预期价值。市场中的

---

① 王颉：《农村集体企业兴衰与"改制"的深层思考》，《红旗文稿》2005年第13期，第7～9页。

商品生产者必然要承担风险，而这个风险就是商品价值实现的风险。首先，劳动生产率对商品的价值实现具有决定作用。企业要想赚取差额利润，避免亏损，就需要不断更新固定资产，改进技术，加强生产管理，提高劳动生产率。其次，商品的质量和"创新"程度也是实现商品价值的关键。因为企业开发新产品，在资金、技术、市场等各方面都要承受一定风险，还要承担机会成本损失的风险。最后，商品价值的实现还要取决于社会供给总量与社会需求总量的平衡，如果供大于求，那么价格便下跌，反之，则会上涨。①

第二，村干部的自身素质和工人素质与现代企业发展所需相差甚远。大多数的乡镇集体企业，在创办初期，都难以摆脱人民公社旧体制的束缚，领导者不仅不具备现代企业经营素质，甚至没有市场观念，他们通常以管理集体农业的方法来创办工业。此外，由于集体企业工人通常也是本地亦工亦农的农民，文化水平不高，专业技能缺乏。

> 建高尔夫球场的时候，是在我们整个凤坞地区第一次征用土地，拿到了一笔钱，当时呢时间是早了一点，我们对这个村、整个地区和当时的投资也好，没有什么经验。突然而来这么一大笔钱，整个冲昏了头脑，投资啊，办企业也好，就是当时也是农村一个大的转折点。利用好了就是一个机遇，没利用好就糟糕了。虽然这个时代在发展，但我们的文化水平不高。现在的大学生、研究生多了去了。对社会也了解深了，法律意识也比较强了，对经营模式和理念也比较了解了。农村领导对这个金钱来得快，再加上当时的形势，当时的社会，就是这个样子。说句真心话，作

---

① 唐苏南：《试论市场经济风险》，《南京师大学报》（社会科学版）1993 年第 3 期，第 26 ~ 29 页。

为农村基层组织，不管当干部怎么的，总是想要把这个村搞好啰，不会说是要搞差才来当这个领导的。就个人而言，总想把这个家搞好，那被人骗去也是有的。当时人的观念意识淡薄，主要是对投资理念不熟悉，说实在的，大学生对这个投资也不一定熟悉。他没有过这种经历，也没有经历过投资这些东西，不那么稳定的投入，也就不那么稳定的赚钱嘛。当时政府也是有引导的。当时政府也是这样子，他带来朋友，带来老板。政府也想，这个老板是挺有钱的，他想办一个企业看，资产嘛有多少，租金嘛有多少。那我们基层组织主要就是听从上面领导说话的呀，他们本身经历得多，再一个他有一种路子，肯定要引导我们的。（仇正义之访谈）

第三，基层政府监管不严和引导失误，导致发展结果违背原来的初衷。乡镇基层政府为推动下辖村落集体经济发展，吸纳村落剩余劳动力，鼓励各村投资办厂，但它自身也没有足够的经营经验和市场风险意识，只是为了创造更好的业绩，盲目督促下辖村落投资办厂。此外，乡镇基层政府也对下辖村落监管不严，乡镇领导只想通过招商引资来提升政绩，未真正考虑村民利益。

那个时候村集体资金融资，上面没管得这么严，现在管得严了。负责人手松的话，也很容易给他们骗去。我们基本上可以说，是被人家骗去了。四百万钞票被骗走了。中华雕刻厂投资了100万，当时银行贷款贷了100万，连利息是121万多。这笔钱是由我们村里担保的，后来他们还不起了，要村里还了。中华雕刻厂实际上不止100万，他们担保的那笔钱还不起了，也要我们还了。

那个时候上面也没管得那么严，没有掌控好，就是这样的。以前是一分钱都没有，现在有钱了，就叫村里发展。他们开会就号召，这个钱不要放在银行里，要投资。要盘活现有资产，要盘活现有存量。(仇识宽之访谈)

四 重新思考"带头人型"的村落精英

在当代，村落带头人通常是村落政治精英和经济精英的结合体。政治精英是指在农村社区生产、生活中发挥着领导、管理、决策、整合等作用的领袖式人物。其主要代表是村支书和村主任，当然还包括部分在群众中具有较高声望并热心于村落政治的村民，即非干部型政治精英。[①] 经济精英主要包括集体经济精英和私营企业主等，这在前面章节已有表述。在当下以经济发展为主导的发展战略下，村落带头人不仅应具有政治管理方面的才能，同时还应具有带领村民实现发家致富的能力。在部分学者看来，村落政治精英就应该具有发展集体经济的能力，他们通常将政治精英等同于村落带头人。在当下"国家—精英—农民"关系框架下的村级治理中，村落带头人起着十分重要的作用，他们是国家和农民在村落社区的中介。在人民公社时期，全能式的政治精英成为国家在农村社区的代言人。家庭联产承包责任制实施以后，国家力量开始从农村基层撤退，但是以村干部为核心的乡村基层组织仍然发挥着重要作用。他们不仅要传达上级指示和执行上级命令，还要担负起维护乡村社会稳定和发展乡村经济的职责。

从这个意义上讲，"带头人型"精英是实现乡村发展、带领村民致富的主要依靠力量。在各个历史时期，不管国家力量在乡村社会的

---

① 李婵:《农村社区精英研究综述》,《中共济南市委党校学报》2004 年第 3 期, 第 60~63 页。

渗透程度如何，精英在乡村治理中发挥着不可替代的作用，因为我国乡村社会属于精英治理的社会。普通村民由于经济资源的短缺、政治地位的低下，通常被动或主动地依附于社区精英参与乡村政治生活，因此村落社会是否稳定在很大程度上取决于村落治理精英的才能。此外，村落集体经济的发展是个庞大的系统工程，其主要依靠力量也只能是村落精英，因为普通村民没有能力，通常也不愿意挑起这个重担。政府部门只能在宏观政策和制度层面给予支持，而没有人力资源作保障则一事无成。① 正如潘维所指出，那些乡镇企业发达的地方通常也是基层组织发达的地方，村落政治精英对于村落集体企业的发展有着巨大的推动作用。② 作为国家在农村社区的"代理人"，村落政治精英一方面利用制度化的力量确保国家的政策能够在村落顺利执行，以保持村落稳定和发展；另一方面，他们凭借自身资源优势和权威力量，不仅充分利用国家所赋予的权力去尽可能地争取有限的公共资源为村落发展服务，而且还需利用集体力量来筹集资金、开发项目，带领整个村落在市场大潮中搏击，并利用集体的优势最大限度地规避市场风险。③

在实现村落稳定和发展的过程中，村落带头人的立场非常重要。他是将村落集体利益放在首位，还是注重个人私利，这在很大程度上关系着整个村落的稳定和发展。当然，村落带头人的个人利益一定要与村落集体利益捆绑在一起，这在实现村落整体发展的同时，也实现了个人利益。如果两者分离，村落的发展就可能走偏。同时，在带领

---

① 王中标：《"乡村精英"发挥作用的制约因素及对策》，《特区经济》2007 年第 10 期，第 136～138 页。
② 潘维：《农民与市场：中国基层政权与乡镇企业》，商务印书馆，2003，第 133 页。
③ 贺飞：《我国农村社会转型中的精英能动性及其局限》，《湖北大学学报》（哲学社会科学版）2007 年第 2 期，第 53～56 页。

村落发展时，公心和私心的比例偏重问题也显得相当重要。当集体利益与个人利益相冲突时，村落带头人是选择维护个人利益还是维护村落集体利益，将密切关系着村落的发展。右坞村的水田征用补偿款到位后，金立贤从长远利益出发，建议用征地补偿款来开垦荒地，转变为"龙井43"茶地，以促进村民增收。由于当时村民"市场意识"尚未完全发育，未看到"龙井43"的市场发展潜力而导致该计划未能施行，但其中可以看出金立贤为维护村落集体利益所做出的个人努力，以及为实现村落长远发展所拥有的政治立场。仇增盛和杨英宏两人本意上也希望推动村落向前发展，但他们二人在发展过程中急于求成，盲目冒险，没有将村落集体利益放在首位，更关心个人价值的实现和个人利益的获得，从而导致村落集体资产流失严重。

"带头人型"村落精英的立场主要是责任的定位问题，它取决于村落精英的生成机制和转化形式。家庭联产承包责任制实施初期，村干部由村民代表或者党员代表选举产生，实行村干部普选政策以后，村落精英的责任中心开始向村落内部转移。由于浙江地区一贯重视村级精英的培养、教育工作，因此家庭联产承包责任制实施以后，村级精英的综合素质不但没有削弱，反而得到一定程度的强化。在基层政府的全力支持下，村级精英开始在村级管理中占据日益重要的地位。当然，值得注意的是，村民自治选举一方面使村级精英的地位更加稳固，并具有了相对独立性；另一方面也迫使村级精英眼睛向下，开始将责任中心转向村落内部，而并非只对上级负责。[①] 村落精英责任中心的转移与村落精英的权力来源和产生机制密切相关。在人民公社时期，队干部直接由上级任命，因此他们只需要对上级负责。当下的村

---

① 王春生：《村民自治背景下的基层政权与村落社区互动关系探究——以1998年后珠三角农村地区为个案》，《社会主义研究》2002年第6期，第103~106页。

干部是由村民选举产生而来，他们干得好坏直接决定着他们的工作绩效以及能否实现连任。村落精英的责任中心向村落内部转移，意味着他们将工作重心转向推动村落发展和维护村民利益，而不单是执行上级行政命令或者说对上负责。

村落带头人，作为基层政府与村民之间的桥梁和纽带，在社区二重权力结构的互动中，一方面要代理基层政府向村民传达国家的方针政策，充当"国家代理人"；另一方面又要维护村民利益进行村务建设、为村民提供庇护，充当村民"监护人"。随着市场改革的深入，村落带头人深受社会主流文化和市场价值系统的双重影响，但他又是内生于村落的村民，因此身份重要而又特殊。第一，虽然村落带头人在村落社区中担任基层政府"代理人"的角色，但他同时又是村落的一员，为村民和村落表达利益诉求既是他的责任和义务，同时也是他自身的需要。这样就有了制衡基层政府的可能性，同时又是在一个体制模式下接受国家的监管，从而节约了政府的行政成本。第二，随着经济全球化的发展，在市场经济注重效率、依靠竞争求发展的现实图景下，农村经济发展遭遇前所未有的挑战。如果村落带头人业已具备对市场的敏感性，那么将有助于带领村民共同发掘地方特色产业，以一个经济利益共同体面对市场。[①] 仇增盛和杨英宏两人市场经验不足，未能准确判断市场形势，再加上管理松懈，对产品质量把控不严，最终导致右坞村集体资产遭受重大损失。如果他们两人市场经验丰富，能够准确判断市场形势，及时抓住市场发展机遇，迎接市场挑战，化解市场风险，那么右坞村就可能走上了康庄大道。

因此，在市场经济时代，一个好的村落带头人需要具备以下几个

---

① 刘红旭：《功能分析与角色整合：村庄治理中的村庄精英——以甘肃定西市 Z 村为例》，《农村经济》2009 年第 11 期，第 118～122 页。

方面的素质：其一，市场能力。进入市场经济时代，村民已不再是生活在一个相对封闭空间的传统意义上的农民，而是逐步走向市场化的农民。对于大多数村落精英来说，当选为村干部本身并不能保障其过上富裕的生活，要想通过合法的途径来发家致富，就必须进入市场。可以说，谁的市场观念强，谁就能发家致富，谁就能成为村落经济精英。因此，在村落内部，经济精英因致富能力而为村民所推崇，而政府也试图推行和实施能人治村战略，通过制度安排使那些已经发家致富的经济精英进入村落公共权力层，利用其资源、信息和能力等带动村民致富。[①] 其二，风险意识及其化解技术。在市场大潮中的参与者们，既要面临自然、技术无法避免的风险，又要面临信用风险、合同风险、价格风险等市场自带风险。在如何规避市场风险这个难题上，精英们的风险意识及其化解技术通常超过了一般的农民。当然，精英们的冒险除了有不怕失败的勇气外，更主要的是在于能够承担失败的成本。他们即使失败了，也不至于灰心气馁，一蹶不振。他们也不是一味地冒险，而是在精于算计的基础上进行实践，因为他们在长期的市场活动中，逐步积累了市场谈判和讨价还价的必备信息、素质、技巧和经验，使得其预先防范的意识增强，化解和规避市场风险的意识和能力也随之不断增强，改变他们在市场交易过程中的劣势地位。其三，现代技术知识与生产技能。村落精英通常要具备从事专业化生产、产业化经营的知识与技能，具备一定的经营管理经验和产业开发能力，了解与掌握农业产业化经营管理、市场营销和信息管理知识，也要具有较高的组织意识，能与其他社会群体、市场主体和政府进行平

---

① 吴限红：《转型时期村落精英的角色变化与风险承担》，《安徽农业科学》2009 年第 21 期，第 10195～10196 页。

等对话。① 从右坞村的投资和办厂实践来看，仇增盛和杨英宏显然不具备上述能力，他们只是在市场中盲目冒险和实践，自然无法取得成功。

要想带领全体村民走向共同富裕，村落带头人除了要具备以上几个方面的素质外，还需要发挥以下几个方面的能力：第一，创造"合作预期"，凝聚民心民力。自给自足的小农经济造就了中国农民的散漫状态，合作性不强，组织性较差，因此有人将中国农民形容为"一盘散沙"。要带领村民走向共同富裕，就必须重建和维持社区共同体，不断在村民中创造"合作预期"，让他们有可预见的切身利益。在右坞村 20 世纪 90 年代的发展中，村落带头人没有创造合作预期，村民无法看到后期的切身利益，这也是发展失败的原因之一。第二，整合领导力量，组建精英集团。在一个村落里，往往不可能只有一种类型的精英。按照王汉生的观点，精英可以分为经济精英、政治精英、社会精英（文化精英），当然某些人也可能是集两种甚至三种资源于一体的集合型精英。由于这三种不同类型的精英各自拥有村中相对稀缺的经济、权力、文化资源，因而他们在村落中具有发言权，并且在其身边总团结着一些人。一旦他们因某些利益发生争执，就很容易使整个村落发生分散和分裂，不利于村落的发展。农村社区发展初期往往需要一种魅力型的能人将村中的各种精英整合成村落发展的领导力量。这种整合一旦成功，将是"1＋1＞2"的效果，全村目标一致，发展规划极易付诸实施。从右坞村来看，政治精英和经济精英基本上都是分离的，作为村支书的仇增盛和村主任的杨英宏实际上也并不具备发展集体经济应有的素质。而金立贤是退伍军人，见识广，同时又

① 王凯、尹洁：《发展农民合作经济组织助推新农村经济建设》，《河北省社会主义学院学报》2007 年第 4 期，第 81～85 页。

有跑运输和经营饭店的成功经验，对村落的发展有较大的推动力。当然，从总体上来看，他们都没有团结村落中的经济精英来为村落的集体经济发展出谋划策，为村落发展贡献力量。第三，挖掘本土资源，发挥比较优势。农村中存在着土地、物产、人力、信息等资源，社区的发展就是借助自有资源不断促使自身进步的过程。像大家熟悉的南街村，其社区资源并不比其他一些农村社区丰富、优越，他们成功的原因在于，在村落带头人的带领下，南街人能积极发挥自身的特色、特长，从而推动村落经济不断向前发展。第四，有效领导，正确决策，适应市场。许多村落在发展初期，都面临着非常严峻的外部环境，南街村、华西村亦是如此。面对外部的不利环境，实行正确领导与有效决策，尽量发挥本土优势，避开不利环境，发掘有利条件，甚至把对本社区发展不利的外在环境转换成对社区有利的环境，这是村落带头人应该发挥的作用。作为村落带头人，不仅要充分了解外部市场与自身的比较优势，同时还要能在外部建立多种重要的、有用的网络渠道，通过内外协调和运作，使村落在市场环境下提高竞争力。[1] 仇增盛和杨英宏之所以造成村集体资产的严重流失，与他们未能适应市场发展形势的盲目决策紧密相关。

---

[1] 胡书芝、刘征：《农村精英与农村社区发展》，《社会》2003 年第 1 期，第 45～47 页。

第六章
精英打造：村落的重构与整合

一 村落"亚瘫痪"状态下的权力结构重组

20世纪90年代中后期，由于主观和客观上的各种原因，右坞村的集体资产流失严重，发展契机错失，村委班子四分五裂，村民意见颇多，整个村落基本上处于"亚瘫痪"状态。1999年，右坞村进行村两委班子换届。在村委班子换届的选举中，已经担任村主任五年的杨英宏认为自己有胜任村支书的能力，遂向乡镇党委自荐，但党员们一致认为他对村集体资产流失负有主要责任，于是他未能如愿。仇增盛继续担任村支书，虽然党员和村民们对他也十分不满，但当时并没有其他合适的人选。在后来的村委会班子换届选举中，杨英宏又未能连任村主任，村妇女主任葛爱莲当选为村主任。村两委班子换届选举完成后，领导班子进行了重组，由于没有真正的能人上台，村两委班子战斗力依然不强，村落的发展未有任何起色。而这一状况的改变，始于2002年凤坞镇政府对右坞村两委班子换届选举前的摸底调查。

（一）"选举摸底风波"：右坞村村民的利益表达与抗争

2002 年 5 月，右坞村即将进行村两委班子的换届选举。为了解现任干部在村民心目中的形象，凤坞镇政府派出几名工作人员到右坞村进行选举前的摸底调查工作。摸底调查工作由摸底投票和明察暗访两种方式组成，分别考察村两委班子成员在任期间的工作情况。摸底投票的结果出乎意料，在任的几位村干部的得票数都很低，村支书和村主任两位的得票数更是排名倒数。明察暗访的结果也与此相仿，村民们对在任的几位村干部也是怨声连连，许多村民认为整个村委班子需要重新调整，要真正有能力的人来担任村干部，不然整个村落就无法继续运转和向前发展。

当时三年一次的改选时间到了。按照惯例，上面要来人进行选举摸底，主要包括明察暗访和摸底投票两种方式。当时，摸底投票结果完全出乎我们的预料，我们在任的几个干部排名都是倒数的，老百姓也反映急需进行班子的调整。说实话，我当时当村主任，确实对村里也没多大贡献。毕竟呢，我一个女同志，思路比较单一，想法也不超前，反正就是以按部就班的方式来办。之前，仇增盛和杨英宏他们搞成那个样子，我们上来了之后也很难收拾的，再说呢，虽然杨英宏走了，但仇增盛还担任着村支部书记，他的能力也是很一般的，你说村里能有多大的起色。我知道，村民们把我选举上台，也是对我做妇女主任工作的认可。但是做妇女工作毕竟是单一的，做村长需要对全村的管理和发展进行全方位的考虑，我这一块肯定不如他们男同志。当时，他们选我上台，可能对我抱有比较大的期望，但是上台以后，村里的发展也是平平，所以可能大家心里的落差比较大。但是在当年的村

委选举中，大家还是一致认可我的妇女工作，我仍然继续担任村里的村委委员和妇女主任。（葛爱莲之访谈）

本次村两委班子换届选举的摸底调查风波实际上是村民的利益表达。按照经济学的观点，利益是人类社会发展的根本动力和前提因素。它具有自我实现的功能，包括利益表达、利益综合、利益确立、利益满足等各个环节，其中的利益表达是首要环节。[①] 利益表达位于社会政治过程的初始阶段，利益表达刺激政治系统做出反应，政治权力也就开始启动运作。早在 20 世纪 60 年代，美国政治学家加布里埃尔·阿尔蒙德等在《比较政治学：体系、过程和政策》一书中对利益表达问题进行过深入讨论。他认为："当某个集团或个人提出一项政治要求时，政治过程就开始了，这种提出要求的过程称为利益表达。利益表达是人们将其自身的要求通过一定的方式传达给政治权力机构的行为过程。"[②] 一般而言，利益表达的主体既可以是个人，也可以是群体或组织，表达的对象一般是政治权力机构，表达的内容则是利益主体的自身需求。然而，表达的内容与表达主体的关系紧密程度是决定利益表达的重要因素。村民的利益表达通常分为集体利益的表达和个人自身利益的表达。对关系个人自身利益的表达，主要是通过信访、上访等方式，不排除极端情况下采用极端手段等。如果人数足够多的村民遭遇同样的利益侵害或者想进行利益维权，那么他们则会联合起来进行群体的利益抗争。当然，联合抗争需要外界提供平台和精英人物的引领。当下群体性事件的不断增多，除了政府一方的因素外，与农

---

① 王立新：《论我国社会分层中人民利益表达制度的建构》，《社会科学》2003 年第 10 期，第 45～50 页。

② 〔美〕加布里埃尔·阿尔蒙德、小 G. 鲍威尔：《比较政治学：体系、过程和政策》，曹沛霖、郑世平、公婷、陈峰译，东方出版社，2007，第 199 页。

民内部日趋发达的组织形式和日益增多的精英人物不无关联。在右坞村此次换届选举的摸底风波中，凤坞镇政府的摸底调查给村民们提供了一个利益表达的平台，通过共同的换届选举活动将村民们暂时组织起来。

当下，因环境污染、土地征用等问题，农民聚集起来向当地政府进行群体性抗争的事件不断增多，对抗形式也不断升级。在右坞村实行村两委班子换届选举摸底调查前，右坞村的部分村民也进行过维权抗争。1996年杭州绕城高速公路征地拆迁后，部分拆迁的村民搬迁到丽景湾新村建宅安家，村委会从每家的征地拆迁补偿款中扣除了4000多元的公共设施建设和维修费用。搬迁的村民认为这笔费用应该由村集体出资，毕竟村里留有拆迁公共资金，但这笔拆迁公共资金却不知去向，于是他们和村委会发生了激烈冲突。在双方谈判无果后，搬迁的村民集体组织起来向当地政府反映情况，要求返还被扣除的征地拆迁补偿款。

当时我们丽景湾的人集中租了一辆中巴车，将大家一起拉到乡里去上访的。那是我们那边拆迁的房子，我们扣了36块钱一个平方，一户人家四千多块嘛。这笔钱到哪里去了也不知道。那我们个别去反映也没用，于是就开车子集中到乡政府去反映，拉横幅啊，喊话啊，当时场面很壮观的。最后，才帮忙他们把这个事情给解决了。所以啊，关系自身利益的时候，老百姓都是很齐心的。说实在的，跟村民自己切身利益相关的，可能会比较积极的。如果是大家的，可能也就不太那么积极了。像村里集体资产流失这么严重，村民也是意见很大的，但是毕竟那个时候没有现在每年分红分福利什么的，所以老百姓毕竟不那么关心，也不会聚众起来去反映，当然

也不会允许集体资产的流失。（仇中盛之访谈）

　　从右坞村的村民利益表达和维权行动可以看出，我国在从传统社会向现代社会转型的过程中，社会急剧分化，广大农民的民主意识和利益主体意识开始萌发，他们通过各种方式来表达利益诉求。村民自治制度的实施，为农民提供了利益表达在形式上的合法途径；信访制度也为农民维护合法权益敞开大门，信访和上访也成为农民利益表达的常用途径。利益表达是农民维权行动的首要环节，而农民维权，一方面意味着农民有权可维，他们拥有了自主性、自为性、选择性和创造性，他们不再是传统意义上的政府恩赐的对象、官员包办的"子民"，以及社会的"旁观者"，他们是自身利益的"话语者"，是能够亲身实践的能动主体；另一方面，也体现了私权利对公权力的需求和约束，以及公权力对私权利的保护和克制，这是建设社会主义法治国家的基础条件和必然要求。①

　　（二）请能人"复出"

　　村两委班子的换届选举摸底调查事件，全盘揭露了右坞村的政治秩序和经济秩序的混乱状况。村民们一致认为，右坞村要想稳定有序，进一步谋得发展，必须要有能人上台。这时，村里的非权力精英（非干部——政治精英、经济精英和社会精英）开始出来主持大局，试图组建一套新的有战斗力的村两委班子，以推动村落集体经济向前发展，带领村民走上发家致富之路。因为，随着城市化的不断推进，"逆向城市化"逐渐显现，城市居民开始向往返璞归真的乡村田野生活，右坞村周边的几个村落（花家坞、凤坞村、清风谷）抓住这一发

---

① 沈寨：《从农民抗争到农民维权——当代中国农民利益表达模式研究》，《徐州师范大学学报》（哲学社会科学版）2010 年第 6 期，第 108～112 页。

展契机，迅速发展成为杭州市有名的乡村旅游示范村，村民收入大为增长，村落面貌日新月异。

> 我们村就是发展农家乐这一块，发展餐饮啊之类的。我们主要是依托这个发展机会，然后再依托环境来发展的。然后再依托那个西山森林公园，西山蚕丝馆。然后我们这边还会建造，可能是打造度假村。我们现在的农家乐发展水平已经比较高了，也不需要太多宣传了，像今年的话，我们农家乐已经达到七万人次了。我们的茶楼虽然只有30多户，比不上花家坞，但我们也是自己打造出来的品牌。我们村里的村干部，都是很尽心尽力地在拓宽思路啊，他们都是自己想的，他们都是自己将项目做起来的。现在想往上再上升一段，再把层次做得更高一点。我们村现在还在依托西湖龙井茶打造茶楼的品牌，而且我们村还注册了凤坞村这个品牌。当然，在凤坞村这个品牌下面，我们还注册了1000多个商标。（凤坞村村主任助理许珊珊之访谈）

凤坞村、花家坞和清风谷的蓬勃发展刺激了右坞村的村民，在同样的发展机遇面前，村落之间的发展水平却存在天壤之别。大家一致认为，右坞村必须要有真正有能力的带头人才能将右坞村搞好，才能带领村民致富。到底谁能担起如此重任呢？村里的退休干部和老党员们首先想到了村里的致富能手、前凤坞乡精致茶厂厂长仇中盛，他是右坞村有名的经济精英，有丰富的经商和管理经验，为人还正直。但仇中盛拒绝了，他认为一是自己年龄大了，需要年纪轻的干部来担任；二是自己脾气不好，之前在担任精致茶厂厂长期间，因为脾气不好，与乡领导闹矛盾后辞职。当然，笔者前面已有表述，仇中盛之前是有

从政意向的，他看上的是乡政府级别以上的干部职位，而非村级干部
职位，毕竟他之前担任过西湖区人大代表。

> 当时，村里的两个老书记杨金华、楼绍法来找到我，还有那
> 个老党员仇福盛也来找到我的。他们的意思就是让我来弄一弄，
> 来主持局面。他们当时要我来当这个村书记，我说我年纪大了，
> 我就不当了。我就说付立新是叫不回来了，就去叫金立贤回来。
> 我这个人想想自己就不亲自上阵了，我可以帮你去请人。再说了，
> 我年纪到了，脾气也不好，不管你再大的官，我也会跟你争个高
> 低的。（仇中盛之访谈）

虽然仇中盛拒绝担任村支书，但他还是挑起了为村里找能人的
重担。鉴于村里当时的实际情况，仇中盛和村里的几位退休干部、
老党员一起邀请两位能人来担任村支书和村主任。一位是在 1987~
1994 年担任村支书的金立贤，那时他已担任凤坞镇城管科科长，另
一位就是仇正义，虽然他是第一次上台，但说请他"复出"，还是有
原因的。

1. 请金立贤"复出"

请金立贤"复出"也是一波三折，并不顺利。仇中盛因为自己年
龄大、脾气不好等各种原因，拒绝担当重组村落领导班子和推动村落
经济发展的重任，于是凤坞镇政府领导和村里的几位退休干部、老党
员开始谋划寻找新的人选，仇中盛也在积极帮助寻找合适人选。当时，
他们考虑的合适人选主要有两个：一个是曾经担任凤坞镇改革办公室
主任的付立新，另一个就是凤坞镇城管科科长、右坞村的前任支书金
立贤。由于当时付立新已经辞职下海做药品生意，他又有丰富的从政

经验，故仇中盛首先想到的合适人选就是他。实际上，这其中还有另外一层关系，他跟付立新是非常要好的朋友。然而，无论是镇领导的恳切约谈，还是仇中盛的再三劝说，付立新都以已经厌倦从政为由，拒绝回村担任村支书。

> 我当时去叫付立新回来，我说你回来搞吧。他说我已经不喜欢从政了，街道办我都不愿意干了，我怎么可能还想回来干呢。我说现在村里没人啊，还必须你来干啊，你毕竟见多识广，有乡镇从政的经验，又有经营饭店和药店的经验，你来当是再合适不过的了。村里现在需要你们这样的人，不然村里不成样子了啊。但是他明确表示不愿意干了，死活都不肯回来。于是我没办法，我就叫街道办的人去给他做思想工作。乡党委书记也去找过他好几次，反正他坚决表示不愿意回来了，所以我也就没有办法了。
> （仇中盛之访谈）

虽然付立新不愿意回来，但是村里必须要有能人来担当重任，于是仇中盛就与凤坞镇领导商量，请在镇里担任城管科科长的金立贤回来主持工作。当时，金立贤内心也十分矛盾，他也不愿意回村主持工作，毕竟他在镇里的工作已经平稳，业绩突出，再往上升的可能性很大，如果回村后，工作搞不好，那么会对自己的仕途有一定影响。但是如果他不回村主持工作，又难以面对组织给予的压力。最终，在凤坞镇政府的要求下，金立贤答应重新回到右坞村兼任一届村支书。凤坞镇领导交代他两个任务：一个是做好村里的集体资产清理和村委班子重组工作；另一个就是培养一个得力接班人。

　　我们为什么调金立贤过来，就是这个村子搞不好啰，又没其他人选的。我年纪大了，我就不来弄了。我要是年纪轻，那我也愿意来弄的。后来付立新不愿意回来，我就去叫金立贤回来。那他实际上也不愿意的，如果光回来当书记，就把公职给丢掉了，又没什么好处的。万一书记当了一届又不行，那岂不是糟糕了。所以他其实是两边互相兼着的呀。回来了三年，就培养了张飞跃。回来之后，他就同我商量这个事情怎么弄啊。你把我叫回来了，你得帮我弄啊。这个东西就是烫手的山芋啊，我们反正就是把经济协调好，账务理清楚，人员安排好，不要乱，有什么好怕的。金立贤也有点胆小的。（仇中盛之访谈）

2. "仇学朋复出"——仇正义当选村主任

村支书请回来了，那么就要全力物色负责村里具体事务的村主任人选了。由于葛爱莲在担任村主任期间的工作表现平平，再加上村两委班子四分五裂，不够团结，村民们强烈要求更换村主任。大家一致认为，在任村领导除了没有能力外，他们自身也不够公正廉洁。

　　杨英宏这个人能力是有的，人也是很聪明的，这也是我当时推荐他当村长的原因。但是这个人急功近利，过于冒进，同时私心也比较重，所以村里的集体资产流失也跟这个密切相关，老百姓也是看到这一点，所以都没选他。仇增盛这个人就更不行了，我骂都骂过的，这个人能力没有，私心还很重。（金立贤之访谈）

要推选一个公正廉洁的人来担任村主任，那么该人的为人处世和家风人品就一定要好，这时大家想到了仇正义，他是人民公社时期受人敬重的右坞大队老书记仇学朋的儿子，大家希望他能够像他父亲一样为村里工作主持公道。《风情小镇右坞村》一书记载了这位"村民心中的老书记"的个人事迹："1961年，右坞生产大队成立，仇学朋当选为大队党支部书记。在他担任大队书记期间，无论是文教、卫生，还是绿化工作都取得了出色的成绩，获得了不少的荣誉。右坞村先后被评为区（县）、市的文化教育、卫生工作先进单位。1961年，仇学朋同志代表右坞大队出席了1960年度杭州市文教战线群英会，受到市人大委员会表彰。老书记在担任大队书记期间，力辟荒山，开垦茶园，不辞辛劳。朱德委员长首次访问右坞大队时，再三叮嘱仇学朋，要搞好规划，多发展茶山，让集体经济尽快发展起来，尽快提高茶农的生活水平。他牢记朱德委员长的嘱托，以高涨的热情，带领社员开垦元宝地，发展新茶园。开荒工作十分艰难，工程量大。他以身作则，工地上凡是重活、难活，他总是干在先，最早上工地，最后离开工地。只花了一个冬天的时间，就将元宝地平整成面积有30多亩的茶地，集体收入年年有增加，社员收入也年年有提高。除了苦活累活忙在先，他为人还十分正直，从不为自己谋私利。他的名声在全乡乃至全区都十分有名，村民们对他也是有口皆碑。"①

在2002年的村委班子换届选举中，仇正义高票当选为右坞村村主任。从表面上看，仇正义的当选似乎意味着"精英阶层再生产"，实则不然。根据郑辉、李路路的"精英代际转化与阶层再生产"理论，在市场转型过程中，不同类型的精英群体主要是通过排斥非精英群体进入的方式来实现代际间的自由转换。不同类型的精英群体之间互相渗透，并形成一个团结的、合作的、没有分割的精英阶层，继而实现精英阶层的再生产。精英阶层再生产的实现主要是通过"精英排他"

————————

① 见《风情小镇右坞村》，内部资料。

与"精英代际转化"的双重机制来完成。"精英排他"通过给予精英与非精英的子女截然不同的受高等教育的机会来实现，"精英代际转化"则是因为无论哪一种精英都是中国市场转型过程中的利益获得者。[①] 上述理论主要适用于城市的"精英阶层再生产"，对仇正义的当选并不适用。仇正义的排他并不是他主动而为之，而是客观条件促使他当选。与其说是仇正义当选，不如说是"仇学朋"的"复出"，因为村民希望他能够像他父亲一样公正廉洁，带领村民共同致富。

仇正义的上台除了他父亲仇学朋的因素外，还有他个人素质方面的原因。由于从小受到父亲的影响，仇正义为人正直、待人谦和、生活朴素、行为端正，这也是村民们推选他担任村主任的另外一个重要原因。

当时之所以来竞选村长，主要是村里前段时间搞得比较糟糕，不是很理想，当时也是客观原因，不是哪一个人的问题，我们也是理解的。当时的社会处于这个阶段，处于一个经济发展的转折点。所以呢我自己来当村长，第一要廉政，我主要是这条，当时我也没尝到这个味道。本来呢，我当时也想来当个村委会委员，拿拿工资算了。当时也是蛮有自信的，就想来竞选个委员，为家里增加点收入，这个也是个真实的想法。他们后来都跟我说，你就直接当村长，不要当村委委员了。那个时候压力是很大的。一想要是真没选上，连村委会委员的资格都没有了。但是他们有好几个党员叫我当村主任，包括一些村民代表也是这样的呀。主要是看到我父亲的素质是这样的，再加

[①] 郑辉、李路路：《中国城市的精英代际转化与阶层再生产》，《社会学研究》2009 年第 6 期，第 65~86 页。

上我平时为人都还不错的。那我第一届上来就跟金立贤搭班子，搭班子三年，我们的观点是不管到哪里，都要有一个团结精神。我想这是必须要做到的，哪怕是我当领导，我们要尊重每一个人，我尊重他，他也会认真做这项事情的。你要是派头很大，他也不会来相信你的。你要是拍拍手叫他去做，那他也不会去做的。要用一种和谐的方式来做，去引导他，他就会去做。如果你做不好，那再来反映。我做不了主的，那我同书记商量，一起想办法来解决。如果说要我们两个合起来去做，那我们两个就同时去做。（仇正义之访谈）

从右坞村请能人"复出"的过程可以看出，右坞村的非治理精英们在村落治理和村落发展的过程中发挥了重要作用，如经济精英仇中盛、退休老干部杨金华、娄东律等人。村民自治制度通过竞争机制选举村落治理精英，治理精英与非治理精英之间存在利益联盟实现的机制，这一结合至少能在一段时间内构成一个稳定的、有效的治理整体。并且，在村落干群矛盾（即治理精英与村民的矛盾）还未消化的形势下，非治理精英这一"权威"既能动员和整合村落资源，又能制约公共权力的非法使用，缓解村级组织与村民个体之间的冲突。它最大的成功，在于解决了村落和基层政府之间自治与控制的悖论。村落中拥有非正式权力的精英由于其各自的特殊身份而对村落整治起着显性或隐性的制约作用。一般情况下，治理精英如果想顺利实施村级治理，就必须与代表各种利益的非治理精英们协商，在得到他们的支持后，才能获得村民的认可，反之则必然造成信任度的下滑。可以说，非治理精英是村落公共权力运作中的一股关键力量，他们对公共权力的产生及运作过程进行制衡，他们在一起起事件中与村级组织展开博弈和合作来进行村落治理。① 右坞村在治理精英与村民发生严重矛盾时，非治理精英整合村落各种资源来促进村落秩序的稳定。

二 精英"复出"后的村落秩序重构

金立贤重新回到村里工作后，并非全职担任右坞村党支部书记，而是在村里和镇里两边同时工作。他每天上午在村里上班，下午到凤坞镇城管科上班。当然，这次他主要是受凤坞镇政府指派回到村里主持工作，与之前在村里担任村支书时不同，那时他更愿意担任村支书，而不愿意调往之江建设有限公司。后来，金立贤凭借自己在之江建设有限公司的出色表现，调任至凤坞镇城管科，成为国家公务员。因此，在村里搞得一塌糊涂之后，因受村里之邀和上级领导的要求，金立贤回到村里兼任村支书，主要负责村里的集体资产清理和村委班子重组工作，以推动右坞村步入正常发展轨道，并培养一个接班人。

> 当时呢乡里成立了一个之江建设分公司，搞建筑的。乡里不是要求每个村都要建工业园区了嘛，每个村里不是都有点起色了嘛。那个时候凤坞乡成立之江建设公司主要是想抓这笔基建的业务。那个时候乡长觉得我还可以，因为当时我跟乡里关系还是可以的嘛。他当时把我调到那里去以后，要求我跟各个村去联系，要求他们把这个业务给我们公司来做。它是属于乡里的直属企业嘛。我当时还不肯去的。后来我走了以后，他们说右坞村一塌糊涂。那个时候很烦的，我在村里还比较空的，然后自己还可以做点小生意什么的，在村里上班是很自由的。村里后来情况搞得比

---

① 陈冰：《非治理精英与村庄发展——安徽省 Z 村的调查与分析》，南京农业大学，硕士学位论文，2008，第34页。

较糟糕了，他们要请我回来，当时街道城管办也很忙的，但是组织要求我回来，说让我两边兼着，主要是把村里的工作整顿一下，另外培养一个好的接班人，于是我上午在村里上班，下午到街道上班。（金立贤之访谈）

金立贤回到右坞村后，主要对村里进行全面整顿和设定短期发展目标，推动村落步入正常的发展轨道，这实际上就是重建村落秩序。秩序，原意是指有条理、有组织地安排各构成部分，以使其整体能够正常运转和达到良好的外观状态，是"无序"的相对面。根据《辞海》的解释，"秩，常也；秩序，常度也，指人或事物所在的位置，含有整齐守规则之意"。通常来说，秩序分为自然秩序和社会秩序两种。自然秩序受自然规律支配，如地球自西向东转、日月食等；社会秩序是指人们在社会活动中形成且必须遵守的各种行为规则、道德规范、法律规章，由社会规则所构建和维系，通常表示动态有序平衡的社会状态。中国的先哲们提出的"治"，就是指社会处于有序状态，社会秩序得以维持，"乱"则指社会秩序的破坏和社会的无序状态。根据社会在历史进程中的作用，社会秩序可以分为进步的社会秩序和退步的社会秩序、新的社会秩序和旧的社会秩序。根据社会性质，可以分为奴隶社会、封建社会、资本主义和社会主义的社会性质。在同一性质的社会内部，社会秩序还可以分为经济秩序、政治秩序、劳动秩序、伦理道德秩序、社会日常生活秩序，其中经济秩序和政治秩序的稳定起着决定性作用。经济领域的秩序在很大程度上决定着社会各类物质资源的控制和分配情况，因而经济秩序也就决定着政治秩序形成的可能性。实际上，不管是经济秩序还是政治秩序，最根本的是利益问题，一定的经济秩序代表着一定的经济利益实现方式和切分方式，政治秩序亦可以从背后的政治利益角度去理解。总之，"经济生活相对于政治生活来讲终究具有更为根本的地位，政治领域归根到底要从属于经济领域"。① 因此，大到人类社会或一个国家，小到一个地区甚至社区，社会秩序的稳定和维持具有十分重要的意义，其中经济秩序和政治秩序具有决定性作用。因此，村落秩序的重建主要包括两个部分，经济秩序的重建和政治秩序的重建。

（一）政治秩序重建

右坞村政治秩序的重建主要包括两个部分：重组村委领导班子和培养村落带头人。因为战斗力强的村委领导班子和精明能干的村落带头人是实现村落政治秩序稳定的核心与关键。

1. 重组村委领导班子

一个好的村委领导班子是推动村落经济发展的政治保障，这似乎是常识。一个村能否向前发展，关键看是否有一个好的领导班子和带头人，因为村委领导班子和村落带头人是村落经济发展的"火车头"。一支干部队伍能否干事，关键是班子建设。因此，要组建战斗力强的领导班子，必须搞好班子自身建设，加强班子内部团结，增强凝聚力，从而提高工作效率。因此，抓好班子建设，增强村两委班子的核心作用，不断提高村两委班子的整体素质和执政能力，是金立贤重建右坞村政治秩序的关键。

仇正义当选为村主任后，村落带头人已基本确定。此外，在村两委换届选举中，葛爱莲虽未能连任村主任，但她依旧被选为村妇女主任，金向明也继续担任村治保主任，仇增盛则担任村委委员。实际上，此次的村两委班子重组，并非全盘换人，而是更换了村两委的带头人，

---

① 贾高建：《市场经济与政治秩序》，《中共中央党校学报》2002 年第 2 期，第 4~9 页。

以保持整个村落政治秩序的稳定。村委班子重组工作完成后，金立贤通过各种措施来加强村两委班子建设，仇正义则担当实际的执行者，配合金立贤的各项工作安排，以打造一个战斗力强大的领导班子。值得注意的是，在村两委换届选举的摸底调查风波、请能人"复出"主持大局、村两委班子正式换届选举等一系列事件过程中，一个潜在的非干部权力集团悄然形成，他们就是村委退休老干部杨金华、娄东律、经济精英仇中盛、老党员仇学文等人。该集团的形成对右坞村的发展具有十分重要的意义，他们在监督村两委班子工作、表达村民利益以及推动村落发展中有着举足轻重的作用。

2. 培养接班人

村两委班子重组工作完成后，金立贤开始着手培养接班人。在重新担任村支书期间，在村委会担任村主任助理的张飞跃进入了他的视野。经由村里老党员推荐和通过自己的仔细观察，金立贤觉得张飞跃是个合适的村支书人选。那时，张飞跃已在右坞村担任了两年的村主任助理，对右坞村的整体情况比较熟悉。此人虽然年纪轻，但有较高学历和多年在外经商、跑出租的打拼经历，因此思路广，脑子活，对右坞村的发展有着自己独特的见解和想法。除此之外，张飞跃本人也有从政的志向和大干一番的决心，这是成为一个好的村落带头人的必备条件。这也与熊彼特笔下的"企业家精神"类似，"企业家精神"是实现企业发展"创新"的重要条件，因为"创新"是企业的基本职能和推动经济发展的重要动力。然而，虽然张飞跃已经在村委会工作了两年，但还不是党员。于是，金立贤经过与村里老党员们的仔细商量，对张飞跃进行了有计划的培养和提拔，先后将其发展成为预备党员和正式党员。到了2005年村党委换届选举时，金立贤认为张飞跃已具备担任村支书的能力，于是就向凤坞镇党委和村里老党员提议，选举张飞跃担任右坞村党支部书记一职。村里的老党员们一致同意金立贤的提议，凤坞镇政府也在对张飞跃进行正式的组织考察后，认为他已具备担任村支书的基本条件。于是在 2005 年 5 月，张飞跃正式担任右坞村党支部书记。

> 我重新回到村里的时候，张飞跃是村长助理嘛，他其实在村里已经有两年时间待下来了。我到村里，把工作理顺了之后，看看也只有他能成为接班人。据我观察，感觉这个人是可以的。他这个人脑子很灵活的，其实也不是我们培养的，我们就是帮他加速一下，他自己本身的能力摆在那里。他有高中学历，文化程度算高的，有在外销售茶叶的经商经验，又差不多干了十多年的出租车司机，接触的人多，见识也比一般人要广。因为我也急着要回去了，那边又很忙。当时我回来的时候，他还不是党员，2003 年 1 月份，他成为预备党员，2004 年转正的吧，大概是这个时候吧。2005 年 3 月份的时候，我就跟镇里讲，接班人培养得差不多了，可以了。而且村里的老党员们对张飞跃也是很认可的，就这样，过了两个月，张飞跃就当村委（支部）书记了。（金立贤之访谈）

（二）经济秩序重建

右坞村经济秩序的重建工作主要包括经济整顿和实行股份合作制改革，即理清旧账和通过改革"创新"推动经济发展。

1. 解决历史遗留问题和开拓新的经济增长点

金立贤上台后，为解决历史遗留问题，对村里的经济账目进行了清理整顿。他组建了一支由老党员、退休干部和熟悉财务的村民等人组成了旧账清理小组，对右坞村的集体资产进行了全面的清理，以重建整个村落的经济秩序。除了解决历史遗留问题外，金立贤还开拓新思路，创造新的经济增长点。

金立贤认为，要推动右坞村经济向前发展，必须要突破陈旧的发展思路，顺应市场形势创造新的经济增长点。他看到了屋租市场的发展潜力，于是他积极响应凤坞镇政府的号召，努力争创省级卫生村。创建工作是一项庞大的系统工程，他组织村委领导班子，广泛开展宣传教育，使广大村民卫生意识不断提高，养成良好的卫生习惯，右坞村的环境由此得到美化，讲究卫生的习惯蔚然成风，为创建省级卫生村打下扎实的基础。在村落环境得到美化的同时，他进一步理清发展思路，提高招商引资力度，搞好投资环境，并完成石矿复绿工程。此外，他还对右坞村的存量资产——闲置地块进行开发，增加村落集体收入。

> 金立贤上台之后主要是清账理财，近期目标搞点出来。仇增盛时期搞得一塌糊涂。他回来主要是处理遗留问题，集体企业基本上都关闭掉了，将放出去的账款能收回来的就收回来，死账也通过村民代表大会商议进行冲账，没办法，钱反正要不回来，只能这样处理了，然后我们再发展集体经济。在发展集体经济方面呢，一是出租房屋，将旧的房子进行出租，我们村里以前有一批老的房子，将这些房子租给那些办企业的老板，房子以出租为主，我们村自己不办企业。这是为什么呢，因为村里办企业当老板是划不来的，老板发财，村里发呆嘛。我们的经营头脑也比不过企业家啊，对不对。（仇正义之访谈）

2. 实行股份合作制改革

村社股份合作制的发源地为广州天河，并迅速在珠三角一带的农村地区得到推广，许多村落也因实施股份合作制而获益，它在某种程度上可以说具有实现共同富裕的作用。到了 21 世纪初，沿海地区的许多村落实施了股份合作制经济，且收效甚好。在 2004 年，西湖区委区政府发文，要求有条件的村落发展股份合作制经济，右坞村成为凤坞镇实行股份合作制改革的第一村。为了推动股份合作制改革顺利进行，金立贤做了以下几项工作。

（1）统一思想，明确方向。右坞村在过去的几年中，由于村委班子决策失误，导致征地资金大量流失，经济连年滑坡。要推动村落经济向前发展，保护好每个村民的利益，就必须实行股份合作制改革，走发展股份合作制经济的新路。这就需要统一村民的思想，明确村落发展的方向。为了做好这项工作，金立贤带领村委班子召开各种层次的会议，反复分析，摆事实、讲道理。首先是在村委班子、全体党员以及村民代表中达成共识；其次是反复进行宣传，发放宣传资料到户，明确实行股份合作制改革的目的和意义。通过各种形式的宣传，使大多数村民了解了情况，认识到股份合作制改革的最终目的是维护大家的利益。

（2）扎实开展各项工作，做好股份合作制改革。金立贤意识到股份合作制改革是一项顺民心、得民意的工作，尽管工作难度大，情况复杂，但必须抓住时机进行改革。根据凤坞镇党政办的文件要求，2003 年 11 月，右坞村两委宣布右坞村股份合作制改革正式开始。第一步，建立筹备委员会，摸清右坞村的人口、土地和资产等具体情况。金立贤以原来的村旧账清理小组为基础组建股份合作制改革筹备小组，根据区、镇相关文件要求，结合本村的人口土地和资产现状开展工作。第二步，拟定股份合作社章程，确定股份配置方案。股份合作社章程及方案的确定是股份制改革最为关键的工作，关系到每个村民的切身利益。筹备小组以西湖区农业和农村工作办公室的建议稿及兄弟村的做法为依据，再结合本村的实际情况以及历史事实，分出股份配置的年龄档，在股份量化上尽量做到老、中、小基本合理，股份结构保持总体平衡。

（3）建立机制，规范经营管理制度。根据市、区股份制改革文件精神，结合本村实际，股份制改革筹备委员会领导小组及村民代表大会研究决定，右坞村股民代表委员会共分为四个组，每组由8位股民代表组成。股民代表的条件和要求是：一要年满16周岁以上的男女社员；二要有一定的文化程度；三要有参政议政的能力。在2004年9月13日，经每户推荐，当选股民代表为32人，并在9月13日进行了公示。在规范经营管理制度方面，主要做了三项工作：一是做好原村经济合作社的工商注册工作，办理营业执照、税务等相关手续，待一届一次股民代表会议结束，办理转股份经济合作社手续；二是拟定了董事会资产管理责任制度讨论稿，强化董事会的责任意识，做到权利与义务的有机统一；三是按照财政部《村合作经济组织财务制度（试行)》《村合作经济组织会计制度（试行)》，建立健全财务管理制度，建立固定资产折旧制度，按规定足额提取折旧费。

3. 右坞村股份经济合作社建立的基本过程

股份经济合作社是实施股份合作制、发展股份合作经济的基本载体。右坞村股份经济合作社建立的基本过程分为四个阶段，分别为资产清核、股权设置与股份量化、组织机构及其产生、收益分配划定。

（1）资产清核。搞好资产清核，是进行股权设置、股份量化的基础和前提。由于清产核资是一项政策性和业务性都相当强的工作，因此，由弯池街道资产管理部门和右坞村筹备委员会组成专门的资产清核小组，对右坞村的所有资产进行全面清理核实，搞实全村的资产家底，明确界定所有权归属。在清账理财小组清产核资，张榜公布，并报镇农经管理站审查以后，经区农经部门确认，有资源性资产面积 1672.9 亩。原村经济合作社集体净资产（所有者权益）共 8597992.66 元，其中资本金（即量化资本金）为 6878394.13 元。

（2）股权设置与股份量化。在资产清核的基础上，根据国家相关政策和右坞村的实际，合理确定折股量化的范围和股权设置的类型。折股量化的范围为村集体的经营性净资产，其中公益性资产和资源性资产（如集体土地、山林等）可以只登记产权，不计入评估量化范围。股权设置不设集体股，只设个人股。个人分为"基本股"、"土地股"和"农龄股"三种，"基本股"为人口股，"农龄股"为贡献股。股权设置好以后，进行股份量化。股份量化是把村集体经营性净资产量化给村民个人，是股份合作制改革的核心环节。第一步，全面调查、准确核实全村各类人员的户籍状况、出生年月、劳动年限和就业安置等基本情况；第二步，根据集体资产的形成过程和现有资产的构成情况，因村制宜合理确定基本股、土地股和农龄股的比例。具体的配置方法见表 6-1。

表 6-1 右坞村股份经济合作社股民配股一览表

类别	年份	基本股	土地股	农龄股	备注
常住农业人口及常住本村农转非人口	2004 年 3 月 31 日止	5	1	0.1	农龄股 16~50 周岁，最高农龄股为 3.4 股
顶职、转干、求学、城迁	1982 年 12 月 31 日前	无	无	无	一律不配股
	1983 年 1 月 1 日至 93 年 12 月 31 日	1.5	无	0.1	农龄按迁出年止
	1994 年 1 月 1 日至今	5	1	0.1	农龄按迁出年止

续表

类别		年份	基本股	土地股	农龄股	备注
外地农转非嫁入、招赘入本村常住户口			5	1	0.1	农龄按登记年计算，出具有效证明
婚嫁迁	农娶农受政策控制不能迁入（包括招赘）		5	1	0.1	
	农娶农应迁入未迁入		无	无	无	一律不配股
	农嫁居受政策控制不能迁出，现是农转非户口的		无	无	0.1	截至时间96年为止
	农嫁农、居嫁农、居嫁居应迁未迁		无	无	0.1	按登记日计算
	外地农民嫁入（招赘）本村城镇居民者		无	无	无	一律不配股
	城镇居民嫁城镇居民		无	无	无	一律不配股
	农娶城镇居民（招赘）		无	无	无	对方不配股
子女配股及独生子女奖励	农娶居子女报农的		5	1	0.1	享受独生子女奖励股
	农娶居子女报居的		无	无	无	
	居娶居子女		无	无	无	一律不配股
	居娶外地农转非子女		无	无	无	一律不配股
	农娶外地农转非子女		5	1	0.1	享受独生子女奖励股2股
	14周岁以下已办证及14周岁以上未办登记结婚证的独生子女		5	1	0.1	享受独生子女奖励股2股

类别		年份	基本股	土地股	农龄股	备注
子女配股及独生子女奖励	生一个子女因病故或意外死亡再生一个的		5	1	0.1	享受独生子女奖励股2股
	再婚，其中男方属本村是初婚的现实只有一个子女的		5	1	0.1	享受独生子女奖励股2股

（3）组织机构及其产生。健全的组织机构是股份合作社规范运作的条件和保证。组织机构由股东代表大会、董事会和监事会组成。股东代表大会是股份合作社的最高权力机构，董事会和监事会成员由股东代表大会选举产生。股份合作社的经营方针、发展规划、重大投资决策、年度计划及其执行情况、财务预决算和年终分配方案，要经股东代表大会审议，由三分之二以上股东代表同意方可通过。董事会是本社的常设机构和执行机构，对本社股东代表大会负责。董事会由5名成员组成，设董事长1人，副董事长2人，董事2人。董事会每届任期3年，可以连选连任，董事长是本社的法定代表人。董事会须严格执行股东代表大会（或股东大会）通过的决议，向股东代表大会（或股东大会）报告工作，接受监事会和本社股东的监督。监事会是股份合作社的监督机构，负责对集体资产的投资、经营、收益和收益分配等实行有效监督，防止集体资产流失，维护全体股东的合法权益。监事会由5名成员组成，设监事会主任1人，监事4人，监事会每届任期3年，可以连选连任。监事会对股东代表大会（或股东大会）负责，向股东代表大会（或股东大会）报告工作。

右坞村根据《中华人民共和国选举法》《浙江省经济合作社组织条例》《右坞股份经济合作社章程》的有关规定，制订《右坞村股份经济合作社第一届董事会、监事会选举办法》，并根据选举办法选举出了右坞村股份经济合作社第一届董事会、监事会成员。具体名单和选举票数见图6-1。

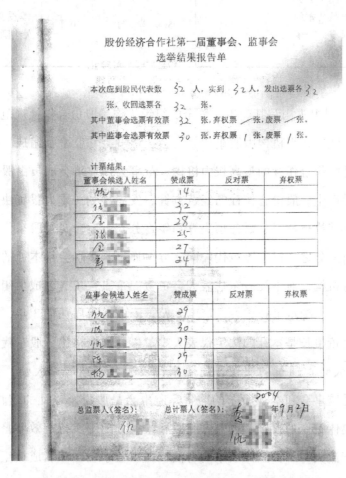

**图6-1　右坞村股份经济合作社第一届董事会、
监事会选举结果报告单**

从票选结果可以看出，由于董事会实行6选5的差额选举，董事会成员的票选结果差异较大，当然这也体现了股东对自身权益的维护，毕竟董事会成员关系着自身利益。票数最高的仇正义 32 票，其次为金立贤 28 票，金向明 27 票，张飞跃 25 票，葛爱莲 24 票，仇增盛票数最低，只有 14 票。仇正义票数最高，这体现了村民对他的高度信任并寄予厚望。金立贤和金向明都是对右坞村的经济发展和治安稳定有一定贡献的人，票数也相对比较高。张飞跃的得票数不是很高，主要是因为他当时还只是村主任助理，在村里工作才两年时间不到，在村民心目中的威信尚未树立起来。仇增盛得票数最低，这可以说是意料之中的事。监事会成员实行等额选举，再加上监事会成员基本上是筹备委员会成员，在股份改制过程中都做出了较大贡献，故得票数相差无几。董事会和监事会的成立意味着右坞村在股份制改革中重新组建起新的领导班子，成为村落组织的核心成员。

（4）收益分配划定。收益分配是股份合作社全年经营成果的集中反映。坚持勤俭办社的方针，反对铺张浪费，严格控制非生产性开支。加强资金管理，土地征用补偿费，不得用于日常开支，不得擅自出借。在收益分配方面，尽力处理好国家、集体、个人之间的关系，实行同股同利，搞好收益分配。净收益分配的顺序和比例如下：公积金 10%；公益金和福利费 20%；股东分配 70%。从财务管理方面来看，"加强资金管理，土地征用补偿费，不得用于日常开支，不得擅自出借"。实际上这是对仇增盛和杨英宏两人盲目投资和创办企业导致集体资产流失的经验总结，也是杜绝类似事件发生的重要制度规定。至于收益分配，这是股份合作社"黏合剂"功能的体现，是村落共同体再造的关键所在。

三 村落再组织对"利益关联共同体"的依托

（一）社区股份制：城市化进程中必跨的一道"坎"

作为城市郊区村落，右坞村的再组织与股份合作制的实施直接相关。实际上，股份合作制的再组织功能只是村落集体经济形式改造的一个"非意图"结果。右坞村股份合作制实施的直接缘起是为解决村落集体经济资源与集体利益的归属和合理化配置问题，右坞村股份经济合作社筹备委员会的工作汇报开头就写明了股份合作制实施的缘由：

> 由于城市化步伐的加快，如何利用优势加快发展的问题、收益的公平分配问题等，用老眼光看，老办法做，那么这条路只会越走越窄，停滞不前。现在，只有通过改革创新，适应新形势的发展需要，才能做到坦（前）途光明，实行农村股份化改革，把村民变成股民，把原集体的共有资产量化到股民，用股份方式，以法律形式加以确定，采用合作社形式进行经营管理，收益按股份公平分配，人心稳定，维护村民的长远利益，有利于村级合作经济健康、有序、快速发展，最终实现农村城市化，农民现代化，走向共同富裕的道路。

右坞村的股份合作制改革是在西湖区政府农办的直接领导与村民的共同努力下完成的。在此，笔者有必要就右坞村股份合作制实施的内外背景做一番交代。右坞村位于杭州市西湖区近郊，伴随着城市外扩，部分农用地被征用与部分农民非农化是顺乎发展的必然。在这一过程中，按照征地补偿安置标准，被征地农民获得青苗补偿款与安置费，且按照征地面积标准，进行户口农转非，缴纳双低养老保险，其他的征地补偿款则为村落集体公共资金。右坞村经历了两次土地征用后，农业户籍人口越来越少，集体公共资金却越积越多。然而，随着城市化的发展，农民身份不断增值，而农转非并没有给村民带来看得见的利益，这一空前的历史性变化刺激了农民保护既有利益和身份的强烈冲动。此外，由于此前的村落投资和集体企业创办，不但没有让村民获得实实在在的利益，反而让村集体资产流失不少。因此，为了让村民联合起来应对城市化发展，必须将他们组织起来，而将村民组织起来的最好方式就是实施与个人利益相关的股份合作经济。

事实上，对城市化进程中的村落来说，应对城市化步伐的加快和解决历史遗留问题都需要实施股份合作制改革。首先，城市化步伐加快直接推动改革。随着城市化的推进，农村社区的发展，特别是实行撤村建居和"城中村"改制的社区，如何妥善处置村级集体资产是一道绕不过去的"坎"。因城市化导致的土地征收、人员流动、户籍性质变化等原因，农村社区需要重新全面界定农村集体经济组织成员，并将集体的所有固定和非固定资产与集体成员个人的关系进行量化和固化。通过实施村级股份合作制改革，明晰每一位村集体组织成员在村集体总资产中的权益，不仅有利于消除集体成员对自身利益的后顾之忧，还有利于凝聚大家的力量来推动改革。因为主体权益的明确能够带来权利和义务的明确。更重要的是，经过股份合作制改革后的村集体经济组织，具有明确的法人主体地位，就能够向市场主体转变，真正走向市场，参与市场活动和竞争。①

其次，历史遗留问题的解决呼唤改革。随着改革的深入和城市化的推进，一些地方的村级集体经济不断发展壮大，为公益事业的建设、农业的社会化服务和农民的增收做出了贡献。然而，由于村级集体经济组织运行和集体资产经营管理中仍然按照集体化时期的某些方式来运行，进而产生了一些不容忽视的问题。一是产权模糊不清。股份制改革前，村级集体资产只是农民集体所有，但与每一个农民的直接利

---

① 芮黎明：《股份经济合作社——农村集体资产处置的途径探索》，《红旗文稿》2004 年第 14 期，第 25 ~ 28 页。

益关系不明显，更不明确。由于利益关系的不明确，农民成员参与集体经济发展的积极性就会降低，甚至漠不关心。正如右坞村在 1992 年成立的凤坞乡经济合作联社右坞分社，之所以集体经济没有发展起来，根本原因是没有解决产权的归属问题，产权没有明晰。仇增盛和杨英宏的盲目投资和办厂失败导致村集体资产严重流失后，村民们并没有直接奋起抗争来保护集体资产，这实际上也与产权模糊不清有关。二是决策缺乏民主性。村集体经济组织及其集体资产营运机制不健全，存在着"村级集体经济客观存在，而村级集体经济组织名存实亡"的体制性弊端，投资决策、资产收益和分配等重大事项的民主性、公开性远远不够。或者说根本就没有这种民主性意识，也没有集体资产的营运机制，基本上由村干部单独决定。正如笔者与仇增盛访谈时，常听到他说的一句话："也没什么决策的，就是召集干部，大家开个会，把事情说一下就是了。"三是管理缺乏规范性和程序性。由于体制遗留问题，村级集体经济通常带有一定的"干部经济"色彩，基本上属于少数村干部说了算的管理方式。再加上许多干部根本没有经营管理方面的经验，往往容易造成投资决策失误、集体资产流失，从而难以满足农民群众实行民主管理、民主决策的愿望和要求。

介绍了右坞村实施股份合作制改革的外部背景，让我们再来看看右坞村的城市化进程。股份合作制改革之前，右坞村的城市化主要体现在村落的土地变动过程中。具体来说，股份合作制改革前，右坞村的土地变动过程基本上可以分为两个阶段：第一阶段是右坞村集体自主卖地阶段。20 世纪 80 年代后期，现在的右坞村工业园区地块，大约为 30 亩左右的水田。上海的一家大型国有企业，想在凤坞地区建设一个职工休闲度假村。他们通过凤坞乡政府找到右坞村，经过双方仔细协商后，以 230 万元的价格买下这块地。当时政府对农用地的管控不严，且凤坞乡政府也支持双方的交易，因为它属于引进外来资金。后来，这家企业的总经理因为经济问题被双规而跳楼自杀。总经理出事以后，该企业发展也陷入停滞状态，建造职工休闲度假村一事也就耽搁了。后因企业发展逐步好转，2009 年，该企业又想启动建设职工休闲度假村，但由于土地政策的变动，政府对其休闲度假村建设项目不予批准，因为上次双方的土地交易属于民间土地交易的非法行为。于是该国有企业想把地退还给右坞村，并要回之前的土地购买资金。然而，由于当时的土地购买资金已经发放给村民和上交给凤坞乡政府，右坞村已无钱可还。该国有企业一纸诉状将右坞村告上法院，后经西湖区人民法院判决，双方各承担一半责任，右坞村需要赔偿 115 万元。这 115 万元赔偿资金最终由弯池街道出资 69 万元，右坞村出资 46 万元。[①] 虽然右坞村的这次卖地事件最终未能完成，但可以从中看出右坞村在 20 世纪 80 年代就已开始步入城市化，其中也可以看出政府的土地政策和土地的管控严格程度随着城市化的推进而发生改变。

第二个阶段是因城市建设和村落发展需要而实施征地的阶段。这在前面章节已经提到，分别是 1993 年因建设工业园区的村落内部换地、1994 年因建设西湖国际高尔夫球场的水田征用和 1996 年为建设杭州绕城高速公路的部分宅基地和农用地征用。

通过对右坞村城市化进程的回顾，我们可以分析出它实行股份制改革的内部原因：一是右坞村的大部分水田被征用后，村民土地减少，要实现收入的可持续增长，必须要发展集体经济；二是解决村集体资产归属和利益分配问题，以调动村民的积极性，增强集体经济发展活力，推动集体经济加速向前发展；三是分散的农民是弱势群体，农业

---

① 右坞村当时的大部分土地交易资金上交给了凤坞乡政府，凤坞乡于 1997 年转变成了凤坞镇，并于 2007 年并入弯池街道，故由弯池街道赔偿大部分土地交易款。

是弱质产业，所以必须在能人的带领下组织起来，迎接城市化的挑战，抓住城市化发展的机遇。

总之，虽然实施股份合作制的主观定位并没有与村落共同体的再组织联系在一起，但在实施过程中不自觉地发挥了再组织的作用，这是它的潜功能的体现。它是村落成为"利益关联共同体"的"黏合剂"和载体，在农村城市化进程中发挥了重要作用。

（二）社区股份制：村落共同体的"黏合剂"

江泽民在党的十五大报告里指出："目前城乡大量出现的多种多样的股份合作制经济，是改革中的新事物，要支持和引导，不断总结经验，使之逐步完善。劳动者的劳动联合和劳动者的资本联合为主的集体经济，尤其要提倡和鼓励。"[①] 这充分体现了中央对农村集体经济改制和农村股份合作经济的充分认可和高度肯定。事实上，早期的社区股份合作制改革引发了学术界的激烈争论，赞同者将其誉为"潮起天河"的"天河模式"[②]；反对者将其归之为"很大程度上是传统意识形态影响下的一种不伦不类的经济组织"。[③] 尽管在实施初期遭受颇多争议，但后来的实践证明，它已经成为城市化进程中的一种非常有效的村社集体经济合作模式，受到各界的普遍欢迎。可以肯定地说，在右坞村的村落再组织过程中，股份合作制成功地发挥了"黏合剂"与"组织者"的功能。不仅如此，它还在较大程度上融合了社会心理认知中的"公平"理念，使得其"黏合剂"的功能愈加增强，尽管这一功能的发挥并非制度设计者的有意建构。作为村社共同体"黏合者"和"组织者"的社区股份合作制，它实际上是传统与现代的一种有效

① 江泽民：《论社会主义市场经济》，中央文献出版社，2006。
② 郑奔、符勤兵等：《潮起天河——广州市天河区农村股份合作制改革实践透视》，http：//sd. thnetgov. cn，1996 年 1 月。
③ 党国印：《论农村集体产权》，《中国农村观察》1998 年第 4 期，第 1~9 页。

结合。一方面，它既是城市化和市场化背景下村社集体经济资源的一种配置方式，遵循着现代市场经济的资源生成规则；另一方面，它又巧妙地借助与融合了存在于社区本土的内在结构与规则，以及社区外部的国家力量的作用，正是这种借助与融合使社区股份合作制获得了强大的生命力，从而成为当下社区结构中的重要组成部分。①

社区股份合作制之所以能够发挥"黏合剂"和"组织者"的功能，主要是因为它起到了将村社共同体变为一个"利益关联共同体"的作用。随着城市化的大规模推进，右坞村虽然没有在一夜之间从农村社区转变为城市社区，但它的部分土地被征用，部分村民从农民转变成了居民，村落也不断受到城市化和现代化的洗礼。右坞村因为土地征用带来集体资产的增加，但之后又因各种原因导致集体资产流失，村民的利益没有得到有效保护。因此，右坞村的实践证明，老的管理办法和运行机制，已经不适合管理利益分化的村落，因此需要创造一种新的组织来管理村落，一种争取和维护村民利益的组织化机构。右坞村通过重组村集体资产，实行股份合作制改革，使其村落发展成为利益关联的共同体。通过股权分配，强化了社区成员在"理性驱动"下的利益关联性。右坞村股份经济合作社也逐步完善，成为社区成员利益的坚强保护体，在一定程度上降低了村民在城市化进程中可能遭遇的风险。由于享有集体收益带来的各种福利分配的权益，村民们在利益共同体内有着高度而严格的身份认同，他们会关心改制后集体企业的盈利情况、每年节余、股东代表是否维护自身利益等问题。股份经济合作社通过量化集体资产、实行股份制分配，使村民再次联结为以利益为纽带的共同体，股份合作制体现个人产权的同时，更突

---

① 蓝宇蕴：《都市里的村庄——一个"新村社共同体"的实证研究》，生活·读书·新知三联书店，2005，第138页。

出团体的排他性与集体认同感。显然，股份合作社和成员之间是一种社会合约性关系，而非市场合约性关系，成员权益是界定集体共有产权的基本准则。这种社会性合约起到了协调集体和成员行动关系、维护社区秩序和谐的作用。由于"熟人社会"的存在，它与纯粹的经济交易分配不同，它是一种起社区互惠规范作用的社会交换，更强调成员和集体之间追求互惠和回报，进而实现集体发展、村社福利、社会保障等社会发展性目标。因此，村落的合作秩序在现代化"理性驱动"下的"利益关联"中得到了强化。①

一个组织的发展除了内部的制度和规则能够将大家组织在一起外，组织发展的内在驱动力——精英人物的作用显得至关重要，这似乎是一个常识。村社集体经济改制不仅维护了村民利益，还实现了社区精英再生产。村社集体经济的发展将新时期的社区精英推上历史舞台，许多社区精英是政治精英与经济精英的结合体，进而发展成为党政经一体的"铁腕精英"。他们是社区的党支部书记，同时又是村社集体经济股份合作社的董事长，在村社有着非常强的权威。事实上，从乡镇企业的创建初期开始，一批农村能人承担起发展集体经济的重任，不管成功与否，他们对村社集体经济的发展做出了一定贡献。这些社区精英不仅在村委会担任行政职务，同时也是集体经济发展的领导者和带头人。不仅如此，村社内部的党员通常也以集体经济骨干的身份，参与到完善村级治理与集体经济发展的关系当中。一方面，作为政府权力在基层的延伸和代表，政治精英在负责管理和发展集体经济的同时，也为获得政治上的支持。社区精英作为合作社的代表，同时也是村民中的一员，与村民有着共同的利益关系，从而形成了明确

---

① 郎晓波：《论城市化进程中农村集体经济改制的社区整合意义——基于对浙江省 F 村股份经济合作社的社区整合意义》，《农业经济问题》2009 年第 5 期，第 72～77 页。

的利益联盟。另一方面，村民们在社区精英的领导下实现自我管理、自我服务，并通过"共有产权"维持社区内生秩序。改制以后，股东代表大会承担着领导联盟的职责，所以股东代表的资格、选举都有着严格而详尽的限制。① 在熟人社会中，连带责任和信任感是社区精英行动的根本依据。村社股份经济合作社领导及股东代表作为社区精英基于自身的利益、社区成员的利益及公共利益，对外完全承担起了利益代言人的角色。社区精英不仅维持社区经济、政治和社会结构的正常运转，也使整个社区成员集体的利益在改制过程中更趋向一致。②

四　思考与讨论：社区精英与村落组织化的内生逻辑

（一）村落组织化的必要性及其主要载体

1. 村落组织化的概念及其必要性

何谓村落组织化？根据毛刚强的定义，村落组织化是指："通过社区和村庄建设而达致的组织化形式，是以村庄或者是村落聚合体为参与单元、以全面建设乡村生活为手段、以提升乡村生活价值为目标、村落成员全员参与的农民组织化实现形式。村庄组织化建设有明显的地域边界，是为提升整个乡村的综合发展能力服务的。"③ 从毛刚强的定义可以看出，村落组织化是在一个"熟人社会"的村落范围内进行的，以村落全体成员为主体，为推动村落发展、提升村民生活水平为目标的村落集体行动。笔者认为，村落组织化是现阶段农民组织化的一种重要形式，与一般的农民组织化不同，它不单有具体而明确的行

---

① 郎晓波：《论城市化进程中农村集体经济改制的社区整合意义——基于对浙江省 F 村股份经济合作社的社区整合意义》，《农业经济问题》2009 年第 5 期，第 72～77 页。
② 郎晓波：《论城市化进程中农村集体经济改制的社区整合意义——基于对浙江省 F 村股份经济合作社的社区整合意义》，《农业经济问题》2009 年第 5 期，第 72～77 页。
③ 毛刚强：《新农村建设：农民组织化还是村庄组织化》，《中国乡村发现》2007 年第 5 期，第 112～117 页。

动目标，还有明显的地域边界——村域范围内。

传统中国乡村社会是一个以家庭为基本生产单位、小农经济占主导地位的自给自足的封闭型社会。在规模小、力量弱、风险大为特征的小农经济社会里，中国农民逐渐形成了"善分不善合"的传统。新中国成立后，国家对小农经济进行社会主义改造，分别经历了互助组、初级合作社、高级合作社等农业生产合作形式，最终以人民公社为载体将全国农民组织起来，走上了集体化的发展道路。人民公社体制解体后，家庭联产承包责任制的实施，在短时期内刺激了农业生产的发展，原本铁板一块的农民组织迅速瓦解，原来通过社队干部代理行使的国家权力在农村地区不断弱化，村落内部的农业生产灌溉、社会治安状况等出现问题，村落治理陷入"无人参与、无钱举办"的困境。这实际上是组织功能的削弱导致农村公共产品供给出现短缺的问题。

随着改革开放的不断深入和市场经济的快速发展，民众的个性化需求日渐突出，以往个体之间高度关联的社会生活状态被改变，传统的社会关联出现严重断裂，社会个体之间变得越来越孤立。在乡村社会，个体的农民之间也变得越来越孤立，村落整体处于加速消解的状态，村落合作能力急速下降，乡村社会内部因缺乏有效关联而呈现出"原子化"状态。[1] 与此同时，现代市场社会则越来越呈现出一体化和组织化（如全球一体化、地区一体化等）的发展趋势。农村社会内部的"弱组织化"和外部世界的"强组织化"之间形成了鲜明的反差和对比。这种差距是无法通过试图逆转自己的外部世界来缩小，只能通过提高农村社会内部的组织化程度来弥补。实践也已证明，分散的农业生产，已无法适应农业现代化和市场化的需求，更无法有效地自我

---

① 熊万胜：《人民公社体制是如何消亡的》，《三农中国》2007 年。http://www.snzg.cn/article/2007/0922/article_7036.html，最后访问日期：2007 年 9 月 22 日。

管理公共事务，提供足够的公共产品。因此，将整个村落组织起来，提高农民的集体行动能力，将农民整合成利益共同体，开展有效的互助合作，不仅有助于适应农业现代化的要求，增强农民的市场博弈能力和保护农民的经济利益，还可以保障村落内部公共产品的有效供给和维持村落秩序的和谐稳定。[①]

2. 村落组织化的主要载体：股份经济合作社

村落组织化与人民公社时期的组织化有着根本的差异。人民公社时期的组织化是整个国家体制上的层层组织化，农民的生产、生活被生产队、人民公社等全方位地组织和控制起来，经济、政治、社会高度融为一体，是一种由外部力量控制的组织化。村落组织化是为推动村落发展，提升村民生活水平，以村落内部的经济和政治组织为载体，全体村民自发组织起来的组织化形式。村落组织化的载体主要是村落政治组织和以村落为单位的股份经济合作社，当然也包括村域范围内的农民专业合作社等组织。

村落组织化最为典型的组织载体是以土地入股为基础的股份经济合作社，它实际上就是通过集体产权制度改革，折股量化到每个成员，组建合作社，优化配置资源要素，利用村集体闲置土地、厂库房、废旧校舍等资源资产，参股或兴办经济合作社，从中获得盈余分配，从而实现集体资产保值增值，发展壮大集体经济实力。同时，国家对农村的投资、补贴等也可以通过股份经济合作社来承接，形成一种新的集体资产。[②] 通常情况下，股份经济合作社的组织机构成员与村委领导班子成员高度重合，因为村社基层政权组织掌握着村落的公共资

① 萧作永：《提高农民组织化程度的意义和对策》，《云南师范大学学报》（哲学社会科学版）2004 年第 6 期，第 32～36 页。

② 程鸿飞、彭丹梅：《大力发展合作社提高农民组织化程度——访农业部农村经济体制与经营管理司负责人》，《中国农民合作社》2013 年第 7 期，第 34～37 页。

源，公共资源又是股份经济合作社的组织基础，因此他们通常是"一套班子，两块牌子"，这被多地实践证明也是非常有效的。股份经济合作社由于直接与农民的经济利益相关，因而它能够整合村落内部一盘散沙状态的农民，把他们组织到合作社里，为了共同的经济利益采取集体行动，并有效整合村落资源，从而推动村落经济发展和维护村落秩序稳定。这种通过经济利益关联组建起来的村社共同体我们把它称之为"利益关联共同体"，以区别于人民公社时期的"官政共同体"。

为顺应城市化和市场化的发展要求，右坞村在上级人民政府的倡导下建立起股份经济合作社，以推动村落经济整体向前发展。右坞村股份经济合作社的组织机构成员与村委领导班子成员亦高度重合，村支书担任合作社董事长，村主任担任副董事长，当然股份经济合作社还成立了监事委员会，这充分体现了股份经济合作社的现代企业性质。因此，要想将村落组织起来，打造强有力的村委领导班子则显得十分重要。金立贤重新担任右坞村党支部书记后，在村落政治秩序的重建方面做了两件大事——重组村委领导班子和培养得力接班人，为村落的组织化做好了人力资源保障工作。当然，右坞村股份经济合作社的成立，为推动村落整体向前发展创造了坚实的组织依托。

（二）社区精英：村落组织化的内源性动力

村落组织化作为农民组织化的一种重要形式，其动力来源与农民组织化相似。根据组织主体的差异，蒋永辅提出农民组织化有三种不同的生长机制，即政府机制、市场机制和自组织机制。政府机制主张通过政府的引导和扶持来建立各种农民经济合作组织，市场机制则主张通过龙头企业来推动各类农村经济合作组织的发展。与政府、企业这些外在于农业生产的组织主体不同，自组织机制强调乡村精英在农民组织化发展中的主体作用。自组织机制即由农民自我组织和自我发展，推动农民从分散状态走向集体行动，具有明显的内在性，因而比其他生长机制具有更为明显的组织意义。①

根据农民组织化的生长机制，笔者将村落组织化的动力分为外源性动力和内源性动力两种。外源性动力是指村落的组织化动力来自外部供给，是村落组织化的助动力，其主要来自两个方面——政府扶持和市场推动；内源性动力是指村落的组织化动力来自内部供给，是村落组织化的主动力，其主要来自社区精英的引领。农民群体是一个内部不断分化的群体，精英人物和普通群众在村落组织化过程中扮演的角色和发挥的作用肯定有所不同。罗家德、孙瑜等人认为，社区精英"往往是一个既定社会网的中心人物"②，他们是农民自组织的核心；袁素平也与罗家德、孙瑜等人持相同观点，认为"乡土精英是组织化的关键"③；张俊浦也主张，精英群体是"农民组织存在和发展的支柱"。④

因此，要将村民组织起来以提升村落的组织化程度，作为村落组织化内源性动力的精英人物必不可少，他们是村落组织化的主要动力和内在核心。因长期受到儒家传统思想的影响，中国社会是一个关系型社会，人们在交往过程中形成的各种非正式关系在社会的不同层面、不同场合均有着举足轻重的作用。人们在交往中拉近距离，增进了解和信任，从而在交往过程中建立起社会关系网络——

---

① 蒋永辅：《乡村精英与农民组织化发展的动力学分析——基于6个农民专业合作社的个案调查》，《岭南师范学院学报》2015年第1期，第122~127页。

② 罗家德、孙瑜等：《自组织运作过程中的能人现象》，《中国社会科学》2013年第10期，第86~101页。

③ 袁素平：《农民组织化的必要性及途径探析》，《农业经济》2008年第2期，第40~42页。

④ 张俊浦：《论农民组织存在和发展的基本条件》，《周口师范学院学报》2009年第6期，第30~33页。

社会资本，这种社会资本随着关系网络的扩大而不断增值。中国农村社会又是一个以血缘地缘关系为基础的"差序格局"型社会，多数人的交往对象相对有限，交往范围亦难以跳出亲人、熟人的社会圈子，故其所拥有和能够运用的社会资本就非常有限。而精英人物一般受过良好的教育或者有着丰富的社会经验，社会交往能力相对较强，交往对象也相对较多，交往半径也就相对要大，故其所能运用的社会资源就比普通群众要多，从而也越能为村落的组织化发展做出贡献。此外，社区精英人物，不仅拥有较多的社会资源，他们通常也比普通群众拥有更多的经济资源和政治资源，这几种资源之间既相互补充又互为各自来源。因此，农村社会的特殊性质以及精英人物所拥有的资源优势，决定了村落组织化需要社区精英人物的推动和引领。

无论是在传统的乡土社会中，还是在当下的市场社会中，精英人物都是村落组织化的推动者和引领者。传统的乡土社会是一个地方性的自治单位，"皇权不下县、县下皆自治"的治理体制使得乡土社会拥有高度自治权，它是由族长、乡绅或地方贤达人士等社区精英人物来实施治理。[①] 传统乡土社会中的精英人物通常具有财富、学识以及在地方社会中的公共性身份等方面的资源，或者三者同时具备，在地方社会中的公共性身份是成为精英人物不可或缺的条件。[②] 作为帝制中国"官府—民间"统治架构的中介者，精英人物起着上通下达的作用，民间社会也因乡村精英的存在而形成了一个自治系统，精英人物在民间社会和民间组织中形成的各种社会关系网络成为国家权威存在

---

① 王先明：《近代绅士：一个封建阶层的历史命运》，天津人民出版社，1997，第21页。
② 张静：《基层政权：乡村制度诸问题》（增订本），上海人民出版社，2007，第18页。

和施展的重要载体。① 当代的农村社区精英基本上是乡村社会的能人，他们不仅有着丰富的经济、政治、社会资源，还有着较强的经济运作能力和组织协调能力。在当前村落不断走向"原子化"状态的现实背景下，许多地方的精英人物积极发挥"领头羊"和"主心骨"的作用，利用自己掌握的各种资源并不断整合村落资源，以经济合作社、村民理事会等各类组织为载体将村民聚合起来，形成村落"利益关联共同体"，改变了村民一盘散沙的状态，提升了村民的集体行动能力和村落的组织化程度。

精英人物除了拥有丰富资源和卓越能力外，他们也有着将村落组织起来实现村落发展的内在动机。对经济精英而言，他们有着维护自身以及村民经济利益的需要。把分散的村民组织起来成立经济合作社，能够大大降低组织者和每位参与者的市场交易成本，提高农产品的市场竞争力，提升农产品的利润空间。同时，还可以组织起来抗击和规避市场风险，实现组织成员的利益最大化。这其中，作为组织者的精英和普通村民都受益，只是受益程度的差别。除了经济利益外，他们还有着自我价值实现的需要。按照马斯洛的需要层次理论，人有五个不同层次的需要：生理上的需要、安全上的需要、情感和归属的需要、尊重的需要、自我实现的需要，这五个需要层次是不断递进上升的，当低层次的需要得到满足后，则会倾向于更高层次的需要，自我实现的需要是最高层次的需要。② 因此，当经济精英的物质财富等低层次需要得到满足后，他们便开始追求更高层次的需要，如尊重和自我实现的需要。用更通俗的话讲，他们开始追求在村落中享有的社

---

① 〔印〕杜赞奇：《文化、权力与国家——1900～1942 年的华北农村》，王福明译，江苏人民出版社，1994，第 10 页。

② 王芳：《基于马斯洛需要层次理论的应用研究》，《科技创新与应用》2012 年第 17 期，第 252 页。

会地位，希望得到周围人的尊重和崇拜，进而实现自我价值。将村民组织起来并取得经济利益方面的成功，精英人物作为发起者、领导者和指挥者，村民们会由此对他们产生尊重和崇拜心理。毕竟村落是个熟人社会，这种受到尊重和崇拜的感觉会比在其他领域更显强烈。对政治精英而言，他们的动机则更为明显。随着村民自治制度的实施，村落基层干部开始由对上和对外负责转向对下和对内负责，因此，他们为了保住自身权位和维护自身利益，也必须将村民组织起来，带领村民走发家致富之路。此外，许多政治精英通常也是村落中的经济精英，因此将村民组织起来共同生产和经营，共同抗击市场化带来的风险，为其带来更多的经济利益也是其动机之一。当然，不排除他们有着更高的人生追求。比如，在右坞村的选举摸底调查风波中涌现出来的精英们，将村民组织起来进行村落秩序的重建，更多的是为了自身价值的实现。

（三）村落组织化的内在机制：精英引领—村民参与—政府扶持

人民群众是历史创造的主体，而精英则是历史发展的领导者和推动者，对历史进步所起的作用不可替代。在建设社会主义新农村的背景下，社区精英是推动村落组织化发展的内源性动力。在村落组织化的过程中，社区精英通过创造合作预期、发挥自身优势、创建组织载体和制订组织规范等措施将村民组织起来，并在政府的扶持下不断提升村落组织化程度。精英引领村民参与合作来实现村落组织化的过程分为四个阶段，具体的组织过程如下。

一是创造合作预期，以利益诱导参与。预期收益是任何合作产生的重要前提，没有预期收益就无法产生合作。正是因为有着相关的利益诉求，才能催生相关的合作需求，这是合作产生的根本动力。因此，社区精英首先必须创造相应的合作预期，以利益诱导村民参与合作，才能调动村民参与合作的积极性，实现村落组织化，从而达到合作目标。随着城市化的不断推进和市场化程度的不断提高，要想有效规避市场风险，提升市场竞争能力，必须将利益相关者组织起来，以组织为单位进入市场，才能获得预期收益，满足合作者的利益诉求。就一个村落的整体发展而言，必须以村民共同的合作预期为导向，以利益关联的方式将全体村民组织起来，创建股份经济合作社等组织载体，才能带领村民共同抗击市场风险，实现村落整体收益的最大化。就农业生产而言，因分散经营而导致生产效率和市场经济竞争能力低下，以专业合作社形式将其农民组织起来实现农业产业化和现代化，才能满足农民从事农业生产的利益诉求。就村落的公共产品供给而言，村落公共产品供给大部分需要通过村民互助合作来实现自我供给，如果没有存在共同的利益诉求，如果村民们看不到合作的预期，那么就无法通过互助合作来实现公共产品的自我供给。右坞村创办股份经济合作社，直接缘起是为解决村落集体资产与集体利益的归属和合理化配置问题，最主要的目标则是为了在城市化背景下，利用村落内外优势加快村落发展，以股份经济合作社为载体对集体资产进行经营管理，集体收益按股份进行公平分配，以维护村民的长远利益和带领村民走上共同富裕的道路。

二是发挥自身优势，以威望凝聚人心。权威崇拜是一种非常普遍的心理习惯，这在乡村社会尤为普遍。作为农民群众中的杰出人物，农村社区精英通常文化程度较高，脑子较为灵活，有较为丰富的社会阅历和从商经历，是村民眼中的成功典范和学习楷模，同时因其具有各类丰富资源而具有较大的资源调动能力和问题解决能力，在村民中具有较高的威望和权威性，因而具有较普通村民更大的感召力和凝聚力。因此，当他们将村民组织起来进行合作时，能够获得村民们的支持和拥护。此外，农村社区精英作为土生土长的本村人，对村落整体情况和村民比较了解，能够准确掌握村民的心理预期和利益诉求，从而能够对其加以有效引导。"善分不善合"的村民通常因自组织合作经验的缺乏和风险承担能力的有限，往往容易产生集体行动的困境。因此，在村落组织化的初期，社区精英凭借个人魅力、社会威望而产生的凝聚力是推动村民顺利开展合作的重要保障。右坞村发动村民来重新组建村委领导班子的几位社区精英人物，如娄东律、杨金华等人，都是德高望重的村委退休老干部。他们利用自身的威望将村民组织起来，并将金立贤请回右坞村重新担任村支书，就是他们以自身威望凝聚人心来开展村落合作的体现。金立贤和仇正义二人也是利用自身在村落内部积累的人脉和威望来凝聚民心，创建股份经济合作社的。

三是创建组织载体，以组织联结村民。要提升村落的组织化程度，社区精英不仅要创造合作预期来诱导村民参与合作，以个人威望凝聚人心来促成合作，还需要依托专门的组织载体将村民联结起来。只有通过建立组织载体，以组织为依托进行互助合作，才能发动村民参与到各项合作事务中来，依托组织的力量满足村民的各种利益诉求。实现村落组织化的组织载体主要包括各类专业合作社、村民理事会、兴趣协会等，其中股份经济合作社是实现村落组织化的重要载体。农村社区股份经济合作社以土地入股的方式，将全体村民组织起来，成为一个"利益共享、风险共担"的村落组织整体。它不仅是一个经济合作组织，它还具有公共产品供给、社会福利供给等村落治理的政治功能和民心凝聚的社会功能。右坞村是凤坞镇第一个创建股份经济合作社的村落，它依托股份经济合作社将全体村民组织起来，满足村落经济发展、公共产品供给等各种需求。

四是制订组织规范与合作章程，以管理维持运行。制订相应的组织规范是实现组织正常运转的基本前提和重要保障，这就需要充分发挥社区精英的组织协调能力和经营管理能力。相比于普通村民，社区精英具有较强的经营管理能力和经济头脑，善于捕捉发展机遇，所以更为适合担任组织的管理者。在管理组织的过程中，社区精英首先需要根据形势的发展和村民的诉求，来制订相应的组织目标和实施计划，并征得村民的理解和支持，然后再按照实施计划调动人力、物力和财力等各种资源来开展生产或服务活动，最终通过全体村民的合作互助来实现组织目标。作为组织的管理者和掌舵者，社区精英还需要及时化解组织发展过程中所遭遇的各种风险和危机，保持组织活力。右坞村在创建股份经济合作社时，将目标明确为保护全体社员（股东）的合法权益，制订了相应的组织规范和合作章程，以保证股份经济合作社的健康运转。①

除了社区精英的引领，地方政府的扶持对村落组织化发展也至关重要。社区精英在村落组织化的发展过程中发挥了重要的引领作用，但因精英人物个人力量的弱小和个人色彩强烈等问题，村落组织难以发展壮大。因此，村落组织化不仅需要来自村落内部精英力量的推动，还需要来自外部地方政府的扶持。地方政府的扶持，主要是指地方政府对村落组织化发展进行政策扶持和规范引导，为其提供制度保障和组织保障。村落各种合作组织的成立基本上属于村民自组织行为，是为应对市场风险而采取的集体行动，但由于村落本身的局限性，难以建立起非常正规的组织，这就需要地方政府提供政策方面的扶持。实践证明，要想农民能够成功应对外界市场风险，必须要有政府在其中进行有效的政策扶持，制定相关的组织章程，让村落组织运作有规可

---

① 鲜文涛：《精英引领：农民组织化的有效途径——以湖北省谢培老屋湾的美丽乡村建设为例》，华中师范大学，硕士学位论文，2015，第38页。

循、有法可依。此外，地方政府要加强对村落组织的规范化引导，通过注册登记、制定组织章程、完善组织治理结构等方式来对其进行有效监督和引导，在村落组织遇到困难时提供相应的资金、人才和物资支持。由于村域范围资源的有限性，通过政府的规范引导和政策扶持，可以整合村落外部的各种资源来帮助村落组织走向正规化、现代化，从而推动村落经济发展，提升村民生活水平。①

---

① 蒋永辅：《乡村精英与农民组织化发展的动力学分析——基于 6 个农民专业合作社的个案调查》，《岭南师范学院学报》2015 年第 1 期，第 122～127 页。

第七章
精英引领：村落发展的机遇把握

一 发展机遇：城乡统筹与新农村建设

中共十六届一中全会和五中全会，分别提出了统筹城乡经济社会发展和建设社会主义新农村的重大发展方略。"城乡统筹"是指在一定的时代背景中，城乡互动发展，以实现"城""乡"发展双赢为目标的发展格局。推进城乡经济社会统筹发展，要充分发挥工业对农业的支持和反哺作用、城市对农村的辐射和带动作用，建立以工促农、以城带乡的长效机制，促进城乡协调发展。"城乡统筹"既是社会主义新农村建设的首要内容，也是推动社会主义新农村建设的重要方略。根据中央"统筹城乡经济社会发展"和"建设社会主义新农村"的战略思想和发展部署，浙江省坚持以科学发展观为统领，根据本省已进入工业化中后期阶段的发展实际，将"三农"问题的解决作为加快推进现代化发展的重中之重，并通过调查和研究，制定了《浙江省统筹城乡发展推进城乡一体化纲要》和《关于全面推进社会主义新农村建设的决定》的纲领性文件，还先后出台了一系列关于统筹城乡发展和解决三农问题的重要政策，并采取了一系列措施来推动城乡统筹发展和社会主义新农村建设。

多渠道筹措资金，不断加大对农村经济发展的投入力度。"十五"期间，浙江省各级财政部门主要从三个方面着手来推动新农村建设：一是积极运用财政资金支持农村社区整治和基础设施建设。2001～2005年浙江全省财政预算内支农支出累计310亿元，依法筹集预算外资金180亿元，加大支持农业基础设施建设，促进农业产业结构升级，通过补助、贴息、资助农业保险等方式支持经营规模大、起点高、带动能力强的龙头企业，支持农民专业合作组织发育成长，扶持种养大户和专业户，把农业做大做强，提高农业综合生产能力和市场竞争能力。二是多渠道筹集资金，加大资金投入力度。在新农村建设的融资过程中，建立多元化的融资主体，以政府的财政投资作为引导，运用市场机制，引导金融机构、社会团体、企业、个人、外资等参与新农村建设。同时，采用灵活多样的融资方式，扩大新农村投资资金来源。三是放大农村经济发展的空间，实现以城带乡。浙江省民营经济发达，市场建设基础较好，各级财政部门以此为抓手，支持小商品市场建设，支持块状经济和县域经济发展，加大支持农村劳动力转移就业和农民创业力度。

统筹城乡规划，整体推进城乡基础设施建设，促进城乡建设一体化。按照优化城乡生产力和人口布局的要求，把城乡社区和基础设施作为一个整体进行规划和建设，充分发挥城市化的龙头带动作用，着力形成中心城市、县城、中心镇、中心村一体化的规划建设体系。实施"千村示范、万村整治"工程，积极推进城中村、城郊村和园中村改造，做好撤并小型村、拆除空心村、缩减自然村、建设中心村工作，加强移民新村建设，以中心村和示范村建设为重点，全面推进农村新社区建设。加大农村基础设施建设投入，大力开展以改路、改水、改厕、改线和垃圾集中处理、违章建筑拆除、村落绿化为主要内容的村落环境整治。推动城市基础设施向农村延伸，着力形成城乡一体化的公共交通、供水供电、通信邮电、垃圾处理、污染治理、环境保护。

合理配置财政资源，拓展农村公共服务。一是在进一步完善城镇社会保障体系建设的同时，加快推进农村社会保障体系建设，扩大农村社会保障覆盖范围，努力使城乡居民做到"老有所养、病有所医、幼有所学、弱有所助、贫有所济"。率先建立覆盖城乡的最低生活保障制度，建立保障对象全覆盖、保障形式多层次、保障资金多渠道的被征地农民基本生活保障制度。二是大力发展农村教育、卫生、文化等社会事业，积极引导城市公共服务向农村延伸。把发展农村教育事业作为推动城乡教育均衡化的重点，统筹安排城乡教育规划、教育资源和教育投资，在实现普及九年义务教育的基础上，浙江全省基本普及从学前三年到高中阶段的十五年教育。农村中小学布局调整取得新进展，整体办学效益和水平显著提高。完善城乡社区卫生服务网络，严密防控重大传染性疾病和高致病性禽流感疫情，全省建有县级医疗机构 215 个、县级疾病控制机构 86 个、村卫生室 1.5 万个。全面加强农村基层文化建设，浙江省财政设立专项，对基层文化"两馆一站"建设等予以积极扶持。

通过上述一系列的政策和措施，浙江省基本上建立起以工促农、以城带乡的城乡统筹发展机制，在一定程度上发挥了工业化、城市化、市场化对"三农"的带动作用，呈现出城市公共服务加快向农村覆盖、城市基础设施加快向农村延伸、城市文明加快向农村辐射的新态势，城乡发展差距不断缩小和城乡一体化进程明显加速。在此发展背景和机遇下，右坞村作为浙江省省会城市杭州的近郊村落，自然获得了大好的发展机遇，尤其是杭州市的"百村示范、千村整治"工程和"背街小巷"改造工程，为右坞村的发展打下了坚实的硬件基础。

二　精英资本积累与民心凝聚

（一）监委会履职与特殊的股份分红

2005 年 5 月，以张飞跃为首的新一届村委领导班子正式走马上任。与其他新晋领导一样，上台伊始的张飞跃也希望采取一揽子措施来为今后工作的顺利开展铺路搭桥。经过在村主任助理岗位上的四年锻炼，张飞跃已经对村里的情况非常熟悉，同时对右坞村今后的发展走向也有了较为清晰的思路。右坞村于 2004 年成立了股份经济合作社，通过共同的利益关联将村民们组织起来，成为推动右坞村经济发展的重要载体和基本着力点。股份经济合作社的领导核心成员也是村委班子成员，通过股份经济合作社的集体运作来实现村落政治、经济和社会各方面的整体运作和发展。股份经济合作社作为一种集体经济组织形式，在股份合作社监委会的监督下展开运作，董事会的决策和决定也要受监委会的监督和制约。

2004 年成立股份经济合作社，2005 年底就要进行一年一次的收益分配。按照股份经济合作社的章程规定，股份经济合作社只有在当年实现盈利时，才能实行集体收益分红。张飞跃在走马上任的第一年，就遭遇了一场集体收益分红风波。2005 年，右坞村的集体可用资金为 78 万元，但村里当年支出高达 100 多万元，处于收不抵支的亏损状态，无法实行集体收益分红。股份经济合作社监委会提出，无论情况如何，都要实行年终分红，既然是村里的集体资产，属于固定资产的盈利性收入，就必须将收益分配给股民，收不抵支不能成为不分红的理由。① 村里的支出可以通过节省来解决，而不是漫无目的的花钱，领导应该处处为百姓着想。右坞村股份经济合作社监委会提出的分红理由和分红政策最终被西湖区农办和董事会接受，也为当时尚未完全明确的股份合作制分红政策提供了修正的鲜活案例。

> 张书记上台的时候只有78万资金了，我们股份制办理的时候，我跟街道说，可用资金有78万元，那么一半的钱要分给我们老百姓，剩下的一半再用来办公。当时他们说分掉一半是不可能的，分少一点。那我说也行，那就分30万。我们当时几个老同志顶牢的（意为"对此事态度坚决"）。当时虽然政策没有明确要求，但是我说不管你谁当书记，我这个78万中39万要分给老百姓，39万再由你们自己去分。股份经济合作社是上面要求办的，但是没有明确规定老百姓一定要分钱。后来我们盯牢把钱分了以后，我们右坞村是凤坞乡第一个分红的村。（仇中盛之访谈）

股份合作社监委会提出实行年终收益分红，表明了他们是在切实维护百姓利益和监督干部工作，当然他们也是在履行自己的职责。监委会不仅提出了实行年终分红的理由，并用自己的行动修正了原本模糊不清的政策。这体现了人民群众的创造精神，通过压缩村落公共支出来实现集体经济盈利的思路，不仅维护了村民利益，为村里今后的

---

① 村股份合作社是村落集体经济运作的载体，股份合作社董事会成员与村委会领导班子通常为一体，因此在村落的整体收入支出与股份合作社的收支存在较大程度的重叠，因此二者的范围通常不够明确，从而导致在实际执行过程中的模糊不清。

发展指明了方向，同时也给新上任的村干部施加了一定的工作压力。他们的分红理由和分红实践进一步明确了股份合作制的分红政策，属于自下而上的改革和"创新"，体现了体制外精英们在村落发展中的重要作用和影响。

　　我跟区农办说，第一个，我们右坞村的 78 万块钱是收房租的钱，你们干部收不回来的话，那么工资也都可以不要了嘛。第二个，你们干部办事能骑自行车的不要坐公交车。我那个时候工资都不要的，我说就是要把右坞村给弄起来，账务要公开，收入要公开。当时，股份具体怎么分红，具体怎么操作，他们还没有明确的文件规定。我们是从下面操作上去的，不是从上面操作下来的。也就是从我们村开始分红的，其他村一看右坞村分红了，那我们也要分红，于是张飞跃感到压力来了。可以说，张飞跃是在我的监督下开展的他的事业的。后来他也没办法了，你要是不分的话，老百姓是要骂你的。我这个人脾气不好，不管你再大的官，我也会跟你争个高低的。为了这个村的事情，是非要弄清楚的。我说我们右坞村 3 个干部，加上会计和治保主任，工资也够了呀，你们要节约一点的嘛。那要是你一天就吃掉了十万、二十万了，那不是完了。我提出来以后，他们局长和科长听听是有道理的，那干部是要节约一点的，老百姓也节约一点的。反正要么我不上手，我一旦上手，一定就要把这个事情弄干净。我们也给老百姓承诺的，干部的正常开支要用的，但是我们一定要给你分掉，分多少再来定。我们之前定的是 100 块钱一股，后来变成了 70 块钱一股。（仇中盛之访谈）

右坞村股份经济合作社监委会提出年终收益分红的要求和理由，这充分体现了股份经济合作社监委会的重要职能和作用。许多地区的发展实践表明，监委会的建立完善了农村公共权力运作的监督和监管机制，在推进农村基层民主建设、党风廉政建设、密切干群党群关系、促进农村社会和谐稳定等方面发挥了重要作用。第一，完善了村级民主监督制度，提升了村级组织效用。监督委员会相当于在村党组织、村委会和村民之间构建了一个良性互动的组织系统和权力运行架构，使得各项村务管理活动的决策权、执行权、监督权三者之间既相互协调又相互制约，从而完善了以村党支部为领导核心、村民（代表）会议为决策机构、村委会为管理执行机构、村务监督委员会为监督机构的村民自治机制。第二，整合了村级监督体系，明确了职能定位。村监会实际上是村级民主理财小组和村务公开监督小组等监督组织的整合体，是集党务、村务、财务为一体的全方位监督体系，在工程项目建设、资产资源管理等重大事项的决策过程中进行全方位监督，并定期将村里的重大事项、群众普遍关心的问题等如实公开，实行民主监督，从而使得村务监督由虚变实，监督渠道也更加畅通。第三，促进了农村社会稳定，完善了农村社会管理模式。村务监督委员会作为农村群众政治参与的渠道，有效扩大了村民参与的有序性，村民的知情权、参与权、表达权和监督权在一定程度上得到保障，充分调动了村民政治参与的积极性和主动性，能够起到农村社会管理中的协同作用，构建起村落内部自我发现矛盾的探测机制和化解矛盾的调处机制，有助于减少村落不和谐因素。

（二）权威树立：股份分红与取信于民

在股份合作社监委会的提议和要求下，张飞跃经过仔细考虑和反复权衡，最终接受了监委会的股份分红提议，并开创了凤坞镇实行按照固定资产收益分红的先例。当年，凤坞镇所有的村落都收不抵支，因此并没有村落在年终按照固定资产收益进行分红。张飞跃之所以最终接受了监委会的分红提议，根据他自己的解释，作为走马上任不到一年的新任村支书，要想村民今后能够积极配合他和村委会的工作，他首先要取信于民。在实行股份合作制改革之前，村落的发展和运作相对比较独立，村落财务由村委会自己掌握和监管。创立了股份合作社以后，村里的集体经济运营和财务收支账目要受到凤坞镇和合作社监委会的双重监督和制约。虽然当年村里的财务收支不平衡，但村民们对此是不理解的，他们通常认为村干部一定获得了某些利益。如果村民们没有任何收益，他们就不会积极配合村委会工作，那么村里的各项工作就难以开展。只有让村民们获得实实在在的利益，让村民们相信村委班子是在踏踏实实在做每一件事情，那么他们自然就会配合村干部和村委会做好各项工作。通过固定资产收益的分红，张飞跃及其领导的村委班子自然就获得了村民的信任，他们也在村民中树立了威信。从此次分红事件可以看出，张飞跃深谙取信于民之道，要真正取信于民，最关键的问题就是脚踏实地为村民办实事，让村民得到实惠，因为村民是最讲求实惠的人。自从实行第一次分红后，在张飞跃的带领下，右坞村集体经济不断增长，不仅之后年年有分红，而且分红收益也不断增多，张飞跃在村中的权威性也随之增强。

　　刚办股份制的时候，村里可用资金总共只有 78 万。为什么只有 78 万，我也要分红啊，2004 年我们股份制全部弄好，2005 年我第一年上来就开始分红。但我为什么要分红呢，其实在凤坞范围内没有一个村分红，因为根本就没有达到分红的条件。实际上，它分红是有条件的，你整个村比如说有多少收入了，总收入去掉你的总开支结余的部分70%可以拿来分红。那个时候呢，我们整个村勒紧裤腰带也要100万一年的开支，那么我只有78万一年的收入，我们周边这么多村，每个村都是这样，都是因为收支不平衡。那么对我来说，我作为一个新干部刚上任，那个时候村民怨言很多的，原来村落在十多年前都是比较独立的，不像现在村归镇管，那个时候村里面的财务是村里面自己做主的。老百姓嘛说起来都是百人百心的，村里条件也不怎么好，村里的那点微薄收入始终是不够开支的。村民是不理解的，他总以为你当了干部，肯定有好处，他们始终都是这样想的。他们就认为不管你们哪个当干部，我们村民都没好处的。干部的一些提议也好，叫我们村民配合也好，他们都没有积极性的。因为他们没有好处，没有效益产生，所以要股民来相信我们这一届村委班子是在为村民做事，这是一件事情。二是要让村民相信我们村委班子在做每一件事情上面是踏踏实实的，是看得见的。还有一个呢，我制订的一些制度也好，这些制度怎么样来服务于村民，其实这些制度完全服务于老百姓的，不是服务于我们村委班子的。其实我们的这个版本等同于什么版本呢，就相当于商鞅变法的故事。所以，我当时也是这样想，宁可村里的开支各方面都节约一点，让你们村民享受到实惠也好，让你们村民相信我们一定是在为你们做事情。所以自从第一年分红了以后，我们第二年、第三年一直到现在，我们都没有间断过。这么多年我们的经济产业一直发展得很好，而且我们也根据政府的要求，每年的可用资金不得少于10%的增长速度。但其实呢，我们在2005年的时候是78万的可用资金，这几年过来，我们已经有200多万元的经济收入了，其实这个也

成倍在增长了。股份制呢我们也是每年在分红，福利呢我们一年
比一年好。像那些老年费啊，奖学金啊，煤气补助啊都是在我们
现有的班子里面创起来的。那么取信于民了以后呢，我们从2005
年开始，做任何一件事情都特别顺利。因为村民相信你做任何一
件事情都是为我们服务的。而且很明显的，我们做出一件事情就
印证一件事情。你看像现在我们村里这么多集体资产，我可以说
就我们凤坞镇来讲的话，11个行政村，我们右坞村的集体产业是
最多的。其实就这么几年时间，能发展成这个样子，也是很不简
单的。（张飞跃之访谈）

　　综观右坞村的年终分红过程，它先后经历了非治理精英的利益表
达、治理精英与非治理精英的利益博弈、治理精英的执政考量等一系
列事件，充分体现了右坞村精英敢于突破既有政策障碍的"创新精
神"。"创新"是在继承基础上的发展和思想认识上的升华，实质是人
们所从事的创造性实践活动。"创新精神"是指人们努力"创新"和
从事创造性活动的思想和行为表现，它反映着人们的精神状态和面
貌。说到底，它是人的本质力量外化的主要表现形式，是人的主观能
动性的充分展示，是创立和推行一项活动计划的精神动力。① 右坞村
按照固定资产盈利性收益而非年度总体盈收来进行分红，属于通过压
缩成本进行的利润"创新"，这种"创新"不仅是村委干部甩掉历史
阴影、规避失信于民的一种好方式，同时也打下了良好的干群关系基
础。当然，右坞村的这种"创新"是在治理精英与非治理精英的相互
激发下产生的，可以说是外在环境、自身智力、可用物力的综合变体。

---

① 　张新光：《新时期发挥农民首创精神的科学依据与实践基础》，《新疆大学学报》（社会科
　　学版）2004年第2期，第14~20页。

　　右坞村的年终收益分红让张飞跃及其领导的村委班子成功取得村民的信任，为其今后工作的开展奠定了坚实的群众基础。小到一个村落带头人，大到一个国家元首，要想成功施政，必要取信于民。正如林洪所言："取信于民就是指执政集团要本着言而有信、言出必践的为政原则，努力实现自己提出的符合人民利益的各项治国主张，履行和兑现对民众许下的诺言。我们知道，人与人之间的交往，最重要的是一个'信'字。古人所谓'言必信'，今人所谓'信誉第一'，都是强调为人处世一定要讲信用，才能得到他人的信任。同样的道理，一个执政集团也一定要对民众讲信用，才能赢得民众的信任，才能树立和维持自己的威信。能否取信于民，这不仅是关系到执政集团品格的重大问题，而且是关系到执政集团能否取得民心从而治国兴邦和长治久安的问题。纵观古今中外，一切开明的政权或政治伟人之所以能够兴邦立国或有所建树，一个很重要的原因就在于较好地做到了取信于民，为人民办了实事，使人民得到了实惠，从而得到人民的尊敬和拥护；而一切反动政权或政治暴君之所以乱国丧邦或身败名裂，在很大程度上也正是由于背信弃义，骄奢淫逸，滥施暴政，严重损害了人民的利益，因而受到人民的唾弃。"①

　　张飞跃的"取信于民"行动为他积累了第一笔政治资本，或者说他外在的领导权力开始向内在的领导权威转化。"权力"作为一种外在的强迫性控制，其来源客观性强，更多代表的是一种物质性力量，如生产资料、物质财富的分配和暴力强迫等，主要通过奖惩或强迫命令的方式来使他人的行为符合掌权者的要求，从而达到自身的意图和目的。而"权威"则是一种内在的精神性力量，以自愿服从和自觉认同为前提，主要是在情感、信仰、心理等方面，通过掌权者的威信来

———————————

① 林洪：《略论取信于民》，《广东社会科学》1990 年第 2 期，第 71～78 页。

发生作用。从本质上来说，"权力"是个力量问题，强调的是控制力，其主要特征为支配性、强制性、排他性和扩张性；"权威"是个信念问题，是建立在合法性基础上的影响力，强调的是皈依度，其主要特征为认同性、合法性和自愿服从。[1]

通过对"权力"和"权威"概念的区分，我们可以意识到村落作为一个具有强烈社区意识的共同体，一个血缘关系交错、地缘关系紧密的熟人社会，村落带头人要想获得治村能量，必须借用内生性的权威而非外在性的权力。根据韦伯的定义，权威分为传统型权威、个人魅力型权威和法理型权威三种，前两种为内生性权威，它是从社会结构中自发产生，后一种为建构性权威，它是行政嵌入和制度建构的外在生成。村落社会中的文化认同和公共利益关系是村落精英内生性权威的主要来源。张静在研究传统乡土社会的"士绅"阶层时指出，在官僚化之前，地方权威与"财富、学位及其地方体中的公共身份"三个因素直接相关并且非常强调"公共身份"的重要性。她认为财富为地方权威获得社会地位提供了令人仰慕的经济条件，但并非其权威地位构成的最主要决定因素，只有介入地方公事获得公共身份才可称为权威。权威具有将私益事（扩充财产）和公益事（地方社会的发展、安全及秩序）一致化的能力。只有将二者联系起来，地方权威的声望和地位才算真正确立。[2]

因此，张飞跃的这次取信于民行动，是通过国家赋予村支书和村股份经济合作社董事长的外在权力实行的集体收益分配，从而将其外在的权力转化为内在的权威。这对只担任了四年村主任助理而直接升

---

[1] 陈冰：《非治理精英与村庄发展——安徽省 Z 村的调查与分析》，南京农业大学，硕士学位论文，2008，第 18 页。

[2] 张静：《基层政权——乡村制度诸问题》（增订本），上海人民出版社，2007，第 20 页。

任为村支书的张飞跃来说至关重要。虽然他是通过上级任命和村党支部的选举而升任，但这毕竟是外在的权力，即使他有灵活的头脑、宽阔的视野、丰富的社会经验，但尚未转化为村民看得见的实实在在的利益，因此他在村民中几乎还没有威信可言，从股份经济合作社董事会成员选举的票选结果就可窥见一斑。因此，此次的分红首创与取信于民行动，让村民看到了他为百姓做事的决心以及推动村落向前发展的信心，为他及村委班子开展各项工作及带领村民走共同富裕之路奠定了重要的群众基础。同时，这次的年终收益分红行动也让上级政府和党员们看到了他的魄力和胆识，这对他今后的治理工作开展也是有所助益的。

三　精英引领与发展台阶打造

股份经济合作社的成立以及新的领导班子的走马上任，使得右坞村的"软件设施"大为改善，甚至可以说焕然一新。然而，在经历了盲目投资和创办企业而导致集体资产严重流失的一系列事件后，右坞村的集体经济发展几乎处于停滞状态，村落的硬件设施几乎没有任何改善。2005 年张飞跃走马上任以后，右坞村新的领导班子形成。也正是此时，杭州市的"百村示范、千村整治"工程和"背街小巷"改造工程开始实施。在张飞跃的带领下，村委班子通过精心筹划和共同努力，申请到了这两项改造工程，极大地改善了村落的硬件设施，为推动村落的经济社会发展打造了坚实的台阶。

（一）机遇与理念的契合："百村示范、千村整治"工程

2005 年，右坞村的"百村示范、千村整治"工程申请成功，并成为杭州市的示范村打造点。"百村示范、千村整治"工程是杭州市委市政府为贯彻落实党的十六大精神，推进城乡经济社会统筹发展，加

快农村现代化发展进程，并结合杭州实际，在杭州全市范围内组织实施的新农村建设工程。具体来说，"'百村示范、千村整治'工程是杭州市委围绕率先基本实现农业和农村现代化这一目标，按照统筹城乡经济社会发展的要求，以村落规划为龙头，以改善农村生产生活条件为重点，从治理'脏、乱、差、散'入手，加大村落整治力度，加强农村基础设施建设，加快发展农村社会事业，使全市农村的面貌有一个明显改变，为全面建设小康社会，加快实现农业和农村现代化打下坚实的基础。为解决农村经济社会发展不协调的问题，立足于扭转城乡差距扩大的趋势的重要举措。旨在解决一些地方的村落建设缺乏规划指导，环境脏、村貌乱、设施差、布局散的现象，促进农村精神文明建设、社会事业发展，从而破解制约农业和农村现代化建设的瓶颈"。[①]

张飞跃申请"百村示范、千村整治"工程主要有两个目的，一方面，这是属于政府层面的统建项目，申请和承接该项目属于执行上级政治任务，且申请成功的概率高，能够为他积累一定的政治资本。因为基层政府主要还是通过一些看得见、摸得着的政绩工程来对村干部进行考核。另一方面，它能够为推动右坞村集体经济向前发展提供坚实的台阶，这也与张飞跃的村落发展新思路不谋而合。当时，右坞村的部分周边村落相继快速发展起来，它们的发展基本以环保理念为主题，而不再停留在建设工业园区或者引进工厂企业之类的招商引资项目。当时政府的发展理念也是倡导环保绿色发展，并出台了一系列发展政策，比如右坞村两个石矿的关闭及其复绿工程就是政府下令执行的。有多年在外打拼经验的张飞跃认为，随着城市化和市场化的迅速推进，产业结构的不断发展和转型，按照原来的老思路发展肯定行不通，必须要转换新的发展思路，顺应整个周边环境和政府发展政策来

---

① 参见《关于实施"千村示范、万村整治"工程的通知》（浙委办［2003］26号）。

重新规划村落发展思路和践行新的发展理念。杭州市的"百村示范、
千村整治"工程则为右坞村提供了新的发展契机。

　　"百村示范、千村整治"这个项目是我 2005 年一上来就做
的。实际上这个项目还是比较简单的，它是这样的，它主要是针
对道路和环境的，比如道路堆积物啊，这个房屋上缺个洞或者缺
个角什么的，很难看的。我们那个省级卫生村呢就是在那一年评
出来的。通过"百村示范、千村整治"这个项目呢，我们把村里
所有的道路和房屋环境都整了一遍，甚至十年、二十年的堆积物
我们都去清理了。也种了一些绿化，外围环境也变好了，村里的
公共空间都改进了。这样也就评上了省级卫生示范村。当时这个
项目还是我们村里自己先投资的，大概投入了 50 多万。然后他们
分两年总共给我们补助了 80 多万。实际上，这个为我们村"艺术
村落"的打造提供了一个很好的平台。这是个平台和契机啊。每
一个事件的发展，都是需要逐级发展的。补助 80 多万是这样的，
除了自己投资了 50 多万以外，那比如我修路啊，搞绿化啊，还有
一些比如说务工投入啊，要车子，要工具，要人力。还有一个是
给你后续管理的维护基金。（张飞跃之访谈）

　　"百村示范、千村整治"工程申请成功后，右坞村需要先自行组
织人力、物力和财力进行村落整治和改造，工程项目建设完工并验收
通过后，政府再根据具体的工程项目支出和后续的维护费用下拨补助
资金。在张飞跃的带领下，村委班子全力发动和组织村民，通过规划、
人力物力组织、筹资和建设等一系列工程推进过程，圆满完成整个工
程项目并顺利通过政府验收。具体的工程项目实施过程如下。

（1）召开会议，发动村民。张飞跃首先召开村委班子会议，向班子成员详细解说"百村示范、千村整治"工程的重要性和其中的利害关系，并带领大家在全村范围内深入宣传和详细解说实施"百村示范、千村整治"工程是新农村建设的重要项目，是党和政府的利民之举。通过深入细致的思想工作，充分调动了全体村民自觉投入村落整治工程建设的积极性。

图7-1 村民们自发对溪沟进行清理整治

（2）规划先行，合理布局。村委班子成员在深入宣传和发动村民的同时，多次开会商讨村落整治的方案设计和规划布局，一致认为村落的整治规划要贯穿生态理念，体现文化内涵，反映本村特色，并且村落的生活、生产区布局规划要合理，做到实用性与发展前瞻性相统一。此外，还要按照政府对该项目的实施要求，在环境整治方面做到布局优化、道路硬化、村落绿化、路灯亮化、卫生洁化和河道净化。

（3）筹集资金，发动多方参与。张飞跃一方面通过节省办公开支，利用村集体可用资金来解决工程项目建设的资金来源问题；另一方面不断发动村干部、村民代表和村民积极参与整个工程项目建设。

（4）因村整治，协调发展。在村落整治过程中，村委班子高度重视生态环境的建设和保护，实行村落整治与土地整理相结合，集约利用土地，并与产业园区建设、产业开发等结合起来，以培育新的经济增长点。同时，根据右坞村的近郊区位条件和有限的经济实力，多层次、有步骤地推进村落环境整治。

在整个村落整治过程中，右坞村突出重点抓整治，通过实施一系列举措，在美化、优化村落和居住环境方面取得了巨大成绩，并成功评上了"省级卫生示范村"。

图 7 - 2　村落整治后的漂亮民房

（二）城乡统筹："背街小巷"改造与村落硬件设施改善

"百村示范、千村整治"工程的成功申请和顺利实施，在很大程度上改善了右坞村的硬件设施和提升了村民生活环境质量。随着城市规划建设的不断推进，作为杭州市的近郊村落右坞村也因此迎来一些好的发展机会，如杭州市政府为改善城市社区面貌而实施的"背街小巷"改造工程，就为右坞村提供了提升和改善硬件设施的绝佳机遇。

"背街小巷"改造工程是杭州市为提升背街小巷的人居环境，完善背街小巷的市政设施，改善背街小巷的交通条件，于 2004 年启动的市政设施改造工程。杭州市政府将"背街小巷"改造工程列为"为民办实事"的 10 件大事之首，并计划用 3 年时间，投入 3 亿多元资金来改造 1500 多条背街小巷。之所以启动"背街小巷"改造工程，是因为杭州市在连续多年的大规模城市亮化和美化工程后，虽然有了漂亮的广场和宽阔的大路，但广场和大路后面的垃圾乱堆、污水横流、路灯不明、道路难行的"城市角落"现象屡见不鲜。

右坞村的"背街小巷"改造工程在"百村示范、千村整治"工程实施后启动建设，它比"百村示范、千村整治"工程的实施难度更大，因为工程实施除了要解决资金筹措和发动村民等难题外，还涉及部分村民的土地征用问题。右坞村内部的道路比较狭窄，也比较破旧，实施"背街小巷"改造工程必定要拓宽原有的道路，那么自然就会涉及土地协调和赔偿问题，而这个问题对于处在快速城市化时期的村落来说变得更难以解决，因为土地在不断增值。在"背街小巷"改造工程的土地征用问题上，政治资本和社会资本丰厚的村主任仇正义发挥了重要作用。仇正义为人正直，待人和善，在村民中口碑甚好，再加上他父亲的关系，他说话很有分量，这也是他成功当选村主任的重要原因。于是，土地协调和赔偿工作的重任就落在他和治保主任金向明的肩上，他们两人通过反复做工作，摆事实，讲道理，最终成功地解决了村落内部道路拓宽所需要的土地占用问题，村落主干道环村西路修缮成功，村中其他相应的配套设施也得到提升和完善。

我们村里首先把路的毛地给他搞好，当然之前把征地也协调好了，然后我们叫杭州市城管局来进行查看，然后拨来资金，再通过市政府招标来进行修建。那修路的时候，将村民的地征掉以后，我们有统一的补偿价格的，要老百姓的地，每亩地补偿5万5千块钱。当然这个钱是从集体资金进行拨付补偿。实际上，老百姓也有不同意的，当然是少量的一部分，那我们主要通过上门做工作来解决。白天去，晚上去，有的要去好几次，有的甚至要去十几次，他不肯，反正就是不断地做他的思想工作嘛，我就跟他们说，这是个公益事业嘛，修路铺桥啊，也是为了公益啊，大家要理解啊，对吧。（仇正义之访谈）

总体来说，右坞村的"背街小巷"改造工程主要做了道路硬化、路灯亮化、自来水管整改和娱乐休闲设施建造等四项工作。张飞跃带领村委领导班子和村民按照改造规划要求，加强基础设施建设，共硬化主干道3000余平方米，累计投入资金20万元。在对主干道实施硬化的同时，对每户家庭的进出道路也实行全部硬化，硬化率达到100%。在道路硬化工作完成后，实施路灯亮化工作，全村共安装路灯50座，村落道路亮化率也达到100%。此外，村里还投入3万元资金用于完善村内的自来水管整改工作，使其管理网布局更加合理，自来水入户率达100%。除了上述项目建设外，张飞跃还带领村委班子为改善村民生活和提升村民素质做了一系列的基础设施完善工作。一是投资2.5万元建造一座占地100平方米的绿化休闲广场，并配备室外健身器材，为村民休闲、锻炼和开展群众性文化活动提供了基础条件；二是整合资源，利用老年活动中心、党建室等设施建立了村民学校，对村民进行村规民约、计划生育、卫生保洁、农业技术等内容的宣传教育。公共设施的建设深受广大村民欢迎，设施建设完工后，广大村民经常在老年活动中心下棋、看书、读报、拉家常，在绿色广场上散步、做操，在健身设施上运动、锻炼，为村民学习知识、休闲娱乐提供了良好条件。

右坞村的"百村示范、千村整治"工程和"背街小巷"改造工程不仅提升和改善了右坞村的硬件设施和生活环境，还为推动右坞村的经济发展打造了坚实的台阶。这两个工程的实施为以张飞跃和仇正义为首的村委领导班子增加了政治资本，进一步提升了他们的威信，因为他们让村民看到了他们为民办实事的行动和决心，也使村民们对他们的信任更进一步。同时，通过自上而下的政治任务执行与自下而上的民意诉求回应的相互贯通，大大提升了村落的政治生活品质和村落民意的聚合力。

四　"守护型"经济：盘活存量与发展增量

（一）盘活存量与集体经济增长

张飞跃走马上任以后，面对着收不抵支的股份分红压力，他开始着手进行变革，当然他本人也早已有为村落谋求新发展的清晰思路和明确想法。要想缓解年终股份分红的压力，并实现集体经济的连年增长，节省日常支出只是杯水车薪，必须要实行开源，才能真正推动村落的集体经济发展和增加集体收益。为此，张飞跃首先想到在村里的土地上做文章。右坞村属于杭州市近郊村落，随着城市化和市场化的大规模推进，城市的土地和房屋资源供应日趋紧张，城市郊区的土地和房屋出租价格自然随之上涨。

要利用土地进行开源，首先要盘活土地资源存量，提升土地资源利用效率。盘活存量，就是通过各种方式和手段，整合和利用好现有的资产，以防止现有资产的闲置浪费，并进而提升其价值。存量土地，广义上是指城乡建设已占有或已经使用的土地，狭义上是指现有的城乡建设用地范围内未利用的闲置土地以及利用不充分、不合理、效益产出低的土地，这些通常也是具有开发潜力的现有城乡建设用地。一般意义上的盘活存量土地是指狭义上的存量土地。当然，土地利用是否充分合理也是一个相对概念，它一方面受制于土地本身所具有的自然条件和自然特征；另一方面还必须与当时当地的社会经济发展水平相适应。积极盘活存量土地，优化土地利用结构，提升土地集约化水平，实施低效用地的二次开发，是实现经济发展的重要方式。

1. 土地反租与利润最大化

盘活存量土地，提升土地集约化水平和利用价值，主要从已有的工业建设用地入手，茶地和林地因受到国家政策保护而不能随意开垦。由于村里的闲置土地都已出租，张飞跃想到从村里已经出租且使用效率不高的土地入手，即实行土地反租。土地反租就是将村里已经出租的土地以稍微高于原来租金的价格从承租人手里反租过来，然后以更高的价格进行招商引资，实现土地利润最大化。在张飞跃担任村支书前，曾经承包村集体石矿的金全荣以较为便宜的价格承租了村里的一块土地用来堆放建筑材料，合同期限为 10 年。到张飞跃走马上任时，这个合同才履行到第 4 年。该出租地块面积较大，金全荣仅仅将它用来堆放建筑材料，且未有其他收益，土地的利用效率极为低下。鉴于此，张飞跃亲自找到金全荣进行商谈，告诉他村委会希望以稍微高于他原来租金的价格，将这块地反租过来，然后进行招商引资。金全荣经过考虑，认为反租对自己有利，遂快速答应。该出租地块反租回来后，张飞跃将其重新出租，市场价一下跃升至之前租金的五六倍，大大增加了村里的集体收入，一定程度上缓解了村集体资金紧张的压力。这也是张飞跃盘活存量资源的典型成功案例。

在2006年那一年，我们的可用资金就达到一百万了，那一年一下子就增加了30多万。当然增加资金的渠道主要就是挖掘潜在资源。我做的第一件事就是在九几年的时候有块地，有一个矿山资源，后来停掉了。停掉了之后呢，是很杂乱无章的一块地，那这块土地也没什么可以利用的，村里面就租给了原来开矿的那个老板金全荣。就是租给他用来堆放建筑材料这种。后来我上来的时候呢，当时村里跟他签的合同是10年，我2005年上来的时候，已经是第4年了，那么还有6年。但是呢这地是很便宜就租出去的，到2005年的时候么，村里的土地资源也慢慢紧缺起来了，形势也慢慢好起来了，而且就是看你对土地的用法。那实际上租给私人了，这块土地产生不了什么效益，那如果招商引资进来了，这块土地就能获得比较高的收入。那我就跟那个老板谈，我也不违背你的法律效率，那我村里就是用反租的形式，就是这块地呢，村里原来租给你是很便宜的，我现在又从你手里反租回来。租回来以后呢，资源整合了以后呢，我村里再招商引资，那就提高了五六倍的收入，那2011年到期的时候，这块土地又返回给村里了。那我向金全荣租过来以后，你这六年的效益我给你不减少，反而在给你这个收入里面，再增加一点。那相当于我增加了7万块一年的收入。那6年的话，也就增加了40多万，这是不小一笔钱了。这个只不过是一个典型的案例。（张飞跃之访谈）

2. 资源整合与利润提升

工业园区建成初期，主要是将当时原本就已租驻在村内的企业和外面的部分工业企业引入园区租驻，土地和厂房的经营租赁方式较为

粗放，这在当时或许是合理的，因为土地资源的利用必须与当时当地
的社会经济发展水平相适应。但随着工业化和城市化的不断推进，土
地和厂房的市场租赁价格不断攀升，而右坞村工业园区的土地和厂房
经营租赁方式依然较为粗放，土地和厂房资源利用不充分的问题显得
越来越突出。为此，张飞跃就开始对工业园区已经出租但使用效率不
高的土地和厂房进行有效整合和利用，以提升土地和厂房的使用效率
和市场价值。他主要通过两种方式来进行：一是将企业承租的过多土
地，进行拆分出租，这样不仅可以减轻企业的负担，还可以增加村里
招商引资的集体土地；二是整合未充分利用的厂房，将企业未充分利
用的厂房空间进行压缩，一方面保证原来的租聘公司或者企业有足够
的使用面积，并减轻他们的负担；另一方面也为村里获得了更高市
场租赁价格的厂房和办公场地。通过对工业园区土地和厂房资源的
有效整合与利用，2006 年，右坞村的集体收入一下子就增加了 30 多
万元。

> 通过这种模式，包括那种破房屋的改建啊，通过企业的改建
> 啊。比如我感觉你这个企业规模不是很大，那下面有个工业园区
> 企业，我们那里有一个五亩的地，他进来以后呢，发展也不是很
> 好，于是我就把这五亩地拆分了。他呢租五亩地负担很重，那么
> 你的产业可以压缩下来，在这个小范围进行，我们又把这块地的
> 资源整出来，再招商进来。那两个人租一块地，肯定要比一个人
> 租一块地的价格要高。利用资源整合的这种模式，不太好的制度
> 又把他重新翻过来，一下子村里增加了 30 多万的收入。（张飞跃
> 之访谈）

　　土地反租与现有资源的整合利用充分显示了张飞跃的经营能力和"创新能力"。如果将村落视为一家企业，那么他就具备熊彼特笔下的"企业家"的"创新能力"。实际上一个企业要想成功实现"创新"，必须依靠"企业家"的带领。任何企业的"创新"都需要"企业家"有明确的发展方向和清晰的规划思路，在市场竞争中进行"创新"。一个村落的发展亦是如此，村落带头人必须首先具备"创新能力"。因为"创新"不同于创造发明，它是生产要素的重新组合，无论有多少技术、人才和资金，无论有多少重大的科学发现，都得把这些东西当成一个生产要素，再考虑如何进行组合的问题。要把生产要素和生产条件重新组合，引进到生产体系当中去，而经济发展就是不断地实现这种新的组合，以最大限度提高竞争力，产生价值。

　　（二）发展增量与屋租经济：安全经济学逻辑

　　要提升村集体经济整体实力，实现村落强劲发展，仅依靠盘活存量资源还远远不够，还需要谋划新的发展出路。张飞跃认为，发展屋租经济是右坞村的上佳选择。因为村落之前的投资和创业失败而导致集体资产流失的经历，不仅让村民对村落投资和创办企业存有阴影，村落自身也已没有实力自办企业或者向外投资。同时，在日趋激烈的市场环境下，创办企业风险很大，而城市人口、相关产业不断向郊区转移又为右坞村的屋租市场发展带来了绝佳契机。因此，发展屋租经济不仅是最安全、最低成本的集体经济发展方式，也是老百姓最容易接受的集体经济发展方式。利用"百村示范、千村整治"和"背街小巷"改造两大工程为右坞村发展屋租经济打下的坚实基础，张飞跃将村里原来的集体炒茶公房腾退出来，然后精心修缮成为标准厂房，希望能够提高市场租赁价格，进而从侧面去提升集体经济。刚巧的是，右坞村与中国美术学院相邻，经常有老师带学生到右坞村来写生，他们一眼就看中了张飞跃修缮好的房子，认为这间房子非常适合搞艺术创作，于是向村委会提出承租修缮后的炒茶公房。这也与张飞跃的发展理念不谋而合，他也正希望引进一些绿色环保产业到村里发展。表面上看，这是一次偶遇，但实际上也存在着一定的必然性。因为随着城市化的发展，城市房价飙升，艺术家们自然要寻找更为便宜的艺术创作空间，而张飞跃的发展理念和发展实践刚好与之契合。当然，右坞村的秀美风光也是吸引艺术家们的重要因素之一。

最早的时候，我们修缮房屋也是想拓展集体经济。其实这些房子呢，我刚开始来村里的时候，总是感觉村里破破烂烂的，我们凤坞地区在三四十年代的时候，都有集体炒茶叶的加工坊的，那个时候的房子都是一层的平矮房，而且还破破烂烂的。我们2005年的时候利用"百村示范、千村整治"的机会，就是2005～2007年这个时间，村里不是只有70多万的可用资金嘛，那个时候就想如何整合资源来提升这个村落的集体经济。当时就是想充分发掘潜在资源。因为我不可能去开块地再去造一个违章建筑，这个是很难的，也给政府增加压力。所以我们就在原有的很矮的、很破旧的房屋上动脑筋，把破旧的房屋重新进行改造，然后把它变成标准厂房。那个时候其实也没想过有艺术这个概念，就是说我原来有个破房子，只能租3万～5万块一年的，我们希望把这个房子做成标准厂房以后呢，能够将租金提升为10万～20万。从这个侧面去提升我们村的集体经济。那么其实后来呢，也就是因为美院在我们弯池呢，其实美院的这个辐射效应是很大的。我们也是很好地利用了美院的辐射经济效益，这个房子建起来以后，很多老师看中了。有很多老师在我们茶园里写生的时候，跟他们碰到交谈的时候，他们说他们也有这种想法，想找一些高一点的，空一点的大房子，可以搞些创作。那么这种思路跟我的想法就不谋而合了。因为我这些大房子呢，那个时候已经有环保的概念了嘛，我不可能去引进一些有噪声或污染的工厂啊，希望寻找一些比较环保的、绿色的文创产业能够跟我们村落实际配套的、相融合的产业进来，老师进来开工作室，那不就是跟我们不谋而合了。后来就带了很多老师进来，我们这个房子（对面的大工作室）就是从 2007 年开始创建起来的。（张飞跃之访谈）

张飞跃发展村落屋租经济的想法与中国美术学院老师租房创作的想法不谋而合。这看似巧合，实际上却透露出张飞跃村落发展思路的正确性，当然这也与他当时的绿色环保发展理念分不开。中国美术学院艺术家的入驻，给右坞村带来明显的变化，张飞跃也顺势将村委会办公旧址和其他的闲置公房改建成艺术工作室对外出租，原村委会旧址周边的 5 家农户也将自家房屋改建成艺术家工作室对外出租。此后，陆续有 20 多位来自中国美术学院、浙江工业大学、杭州师范大学的知名教授、老师在此开设油画、国画、雕塑、陶瓷、摄影等工作室。

屋租经济实际上是一种"守护型"经济，遵循"安全第一"的原则。"守护型"经济一词是蓝宇蕴在《都市里的村庄——一个"新村社共同体"的实地研究》一书中提出来的。[1] 当然，她描述的是珠江村物业出租一统天下的经济格局。右坞村的集体经济发展道路也正朝着"守护型"经济的方向发展。珠江村"守护型"经济的出现是因为"向外投资的失利消解了村落向外发展的心力，在内发展的失利更加

---

[1]　蓝宇蕴：《都市里的村庄——一个"新村社共同体"的实地研究》，生活·读书·新知三联书店，2005，第 156 页。

倍强化了对这种心力的化解与消融。当村落以自己特有的方式理解它周围的世界，并以这种理解走出去与外部世界比较或者竞争时，无论是成功的经验还是失败的教训都在深刻地重塑着村落的种种面貌。向内与向外扩展的一些得失让村人悟出了一条称得上经验理性的规则，即在发展路径上只有走一条稳稳当当的守护型经济之路，才能够在现有条件下最大限度地稳定住市场利益。的确，保守经营是村社现有条件下最大限度地稳住市场利益的关键。目前，珠江村最具特点的经济景观是物业出租一统天下的经济格局。其实，这一现象本身就是守护型经济的典型体现。物业出租显然是一种追求最大限度的让市场风险外移，从而，以最稳妥的方式保持住市场利润的有效途径。虽然物业出租型的单一经营与某些作物性经营比，效益显然还是比较低，仅仅局限于租金，但（就）目前的村民素质、管理水平、经营机制而言，只有这样。正是在这些过程的摸索中，人们意识到，物业出租，一纸合同，一清二楚，透明度高。总之，在村里目前现有条件下，物业出租是社区经济发展中唯一最理性的选择"。①

与珠江村的情况相类似，右坞村也曾经历了向外投资和自主创业而导致集体资产严重流失的不利境遇，向外投资和自主创业的失利消融和化解了村民的创业动力。他们也知道自己不具备创办现代企业所需要的经营和管理能力，同时村落也没有足够的资金再来发展村集体产业。因此，在日趋激烈的市场环境下，利用村落的有利区位条件发展屋租经济是最佳选择，这是规避市场风险的最好方式，虽然不能获得最大的效益，但却是最安全的，毕竟风险和利润是成正比的。屋租经济发展与一般的创业显然不同，它只不过是社区内的土地和物业资

---

① 蓝宇蕴：《都市里的村庄——一个"新村社共同体"的实地研究》，生活·读书·新知三联书店，2005，第158页。

源以最简单、最安全的方式开发出来。其实,"安全第一的原则是农民生活中生态学依存性的逻辑结论,表明了生存安全比高平均收入更优先"。[1] 正如蓝宇蕴所说:"这种守护型经济的背后,包容着更深层的村落在面临巨大市场化动力与压力下社区生存的理念与哲学。村落不仅仅是个'弱势'经济共同体,它还是一个'弱势'的社会性共同体,它在经济层面的生存与它在社会层面的生存是不分彼此地胶着在一起的。正因为如此,村落的这一行为倾向是一种很具有生存哲学意味的'领地生存战略'。在这里,共同体的生存本能与市场经济的竞争规则实实在在地走到了一起"。[2]

"安全第一,效益第二"的社区经济发展原则正是遵循了"安全经济学"逻辑。虽然众多经济学家认为农民是没有理性的,但以黄宗智为代表的经济学家认为,小农既是维持生计的生产者,也是一个追求利润者,理性意识与生存伦理的相互建构成了农民行动的主要文化逻辑。[3] 早在20世纪上半叶已有部分农学家通过农村传统文化的论证,认为农民并非天生保守,而是因为农业技术水平低下、农民居住方式稳定造成他们保守的特性。[4] 舒尔茨认为,农民本质上是如资本家般精明的理性牟利者,他们在考虑成本、利润及各种风险时,有着与资本主义企业主同样的"理性"。传统农业停滞落后而不能成为经济增长的源泉,不在于他们缺乏储蓄的习惯,或是缺乏经济理性,而是传统农业中对原有生产要素追加投资的收益率低,无法对储蓄和投

---

① 〔美〕詹姆斯·C. 斯科特:《农民的道义经济学——东南亚的反叛与生存》,程立显、刘建等译,译林出版社,2001,第19页。

② 蓝宇蕴:《都市里的村庄——一个"新村社共同体"的实地研究》,生活·读书·新知三联书店,2005,第160页。

③ 黄宗智:《华北的小农经济与社会变迁》,中华书局,2000,第1~30页。

④ Shanin Teodor, *Peasant and Peasant Societies*: *Selected Reading* (2nd ed.) (NewYork: Basic Blackwell Ltd., 1987), p. 264.

资产生足够的经济刺激。^① 恰亚诺夫通过对 19 世纪末至 20 世纪初俄国农民的研究，强调农民并非古典经济学所认为的理性经济人。农民全年的劳作驱动力是为满足整个家庭及家计平衡的需求。因此，小农的偏好行为是追求生存最大化，所有经济活动都以生存为目标，是一种"生存小农"。^② 斯科特认为，虽然恰亚诺夫意识到了农民作为行动者具有一种"索求——得到比率"的期待，但他却忽略了农民的道德正义感与背景文本。这一点在他所建构的东南亚农民的道义经济学研究中得到充分展示。斯科特提出当生存成为人的生活选择中心时，农民会遵循一种"安全第一"的生存伦理，规避对生存形成直接威胁的风险。正因如此，农民总是选择收益虽低但风险更小的生产技术，而放弃那些虽有较高收益期望值但收益风险高的新技术。小农家庭生产主要为了满足消费、生存的需要，遵循"安全第一"的原则。^③ 正是因为千百年来的生产和生活经验，再加上自身的现有条件，农民往往青睐以保守和安全为特征的"守护型"经济。

---

① 〔美〕舒尔茨：《改造传统农业》，梁小民译，商务印书馆，1987，第 23 页。
② 〔俄〕恰亚诺夫：《农民经济组织》，萧正洪译，中央编译出版社，1996，第 99～100 页。
③ 〔美〕詹姆斯·C. 斯科特：《农民的道义经济学——东南亚的反叛与生存》，程立显、刘建等译，译林出版社，2001，第 6～39 页。

第八章
精英转型：内生驱动与村落发展转型

一 "技术创新"催生村落"艺术经济"

（一）"艺术村落"概念诞生与村落发展的"技术创新"

1. 美院艺术家入驻与"艺术村落"概念诞生

张飞跃的屋租经济发展思路与美院艺术家的入驻，看似是偶然的巧合事件，实际上却是在城市化的快速推进阶段，一个村落带头人带领村民寻找新的发展门路和艺术家为应对城市高房价而寻找更佳创作地点的不谋而合。2007 年，在中国美术学院徐永老师的带动下，有将近 20 位老师相继入驻到张飞跃修缮好的茶叶公房，成立了右坞村的第一座艺术公社。在这个将近 2000 平方米的艺术公社里，艺术家们将其分隔成十几个大小各异的房间，每位艺术家都有独立的创作空间。美院艺术家的入驻给右坞村增添了别样的艺术氛围，同时也启发了张飞跃关于村落发展的新思路。他认为，右坞村位于杭州市近郊，临近中国美术学院，除了现在已经入驻的艺术家外，肯定还会有更多的艺术家们需要右坞村这样的创作环境，"何不以此为契机，带动村里文创产业的发展？"于是，在首批艺术家入驻后，张飞跃将村里陆续到期的出租公房收回来，并对其进行类似"SOHO"酒吧式的统一修缮与改造，专门引进文创类公司，从而慢慢形成一个艺术产业链。

　　美院的老师真正入住是 2007 年的时候。第一批就有将近 20 位老师住在这个大房子里面，他们将这个大房子隔成了十几间小房子，这个房子有 2000 平方米，比如有些房子可能就只有 200 平方米或者 150 平方米。我们当时有位老师叫徐永，所以我们一直还是记挂这位老师的。就相当于他租了我们这个房子以后呢，他身边有很多艺术家老师，很多老师看到了这个房子以后呢，也都愿意在这里住。这是我们首批的艺术家老师，那么入住了以后呢，就使我们产生了一种理念，我们这个村可以搞一个文创型的村。那么 2007 年以后，我们村里出租的房屋到期了以后，那些杂七杂八的企业出租的房屋，我们就全部都退掉了。退掉了以后，我们统一标准引进一些文创的产业进来，所以就慢慢形成一个产业链了。（张飞跃之访谈）

随着艺术家的相继入驻，右坞村的艺术氛围渐浓，名气也日渐高涨，引起了上级领导的关注，陆续有相关政府部门领导来到右坞村调研。2009 年，时任杭州市长蔡奇来到中国美术学院调研，他提出能否在中国美术学院周边打造一个"艺术村落"，这样既能缓解中国美术学院的房源不足问题，同时也能带动周边村落的发展。他提出"艺术村落"的概念后，在有关部门领导的建议下，随即来到右坞村进行调研，因为当时右坞村的文创产业屋租经济发展已经小有名气。通过对右坞村的调研，他建议上级政府给予右坞村更多的支持和帮助，不断壮大右坞村的文创产业屋租经济，使其成为一个特色鲜明的"艺术村落"。

那么到 2009 年的时候呢，其实蔡奇部长（那个时候是市长），他来调研象山美院的时候呢，他有这个概念，他提的，能不能在美院周边搞一个"艺术村落"，有农村一个概念。其实他2009 年来的时候，我们 2007 年就创办了。他提这个概念以前呢，我们这里实际上有点名气了，他知道我们村以后呢，2009 年的9 月份，他就到我们村里来调研。调研好了以后呢，他也希望把这个村发展壮大。我们也争取蔡部长的支持，把这个产业慢慢扩大。扩大了以后呢，也就是 2010 年的时候，我们杭州市首批"风情小镇"创办，所以就有了这么好的一个平台。（张飞跃之访谈）

图 8 - 1　第一批艺术家入驻的艺术公社

蔡奇市长"艺术村落"概念的提出，在某种程度上折射出了张飞跃发展文创产业思路的正确性和右坞村发展文创产业屋租经济的美好前景。也正是蔡奇市长的这次调研，为右坞村的文创产业屋租市场发展获得了政治上和经济上的巨大支持。

2. "企业家"眼光与村落发展资金争取

蔡奇市长的鼓励和支持更加坚定了张飞跃开拓文创产业屋租市场的决心，他顺着蔡奇市长的发展思路，将右坞村陆续到期的出租房屋进行统一修缮和改造，专门引进文创类公司，逐步形成艺术产业链。右坞村的文创产业屋租经济发展得益于双重"辐射效应"，一个是临近中国美术学院的艺术产业"辐射效应"，另一个是临近杭州市区的城市经济"辐射效应"。这也从侧面反映出张飞跃具有"企业家"的眼光，他能根据周围的环境条件和顺应外部的市场发展形势，来确定村落发展的新路子。

"辐射效应"是指以中心力量来发挥根本性作用，通过向中心外围和周边扩散影响，从而逐步推动整体的进步。城市经济"辐射效应"是指经济发展水平和现代化程度相对较高的城市向经济发展较为落后的附近地区进行资本、人才、技术、市场等要素的流动和转移，并通过中心区位较强的经济、文化、科技、教育、人才等资源优势，带动周边地区经济、文化、教育、科技的发展。产生"辐射效应"的中心地区或者部门则被称之为"经济增长极"，"增长极"的概念最初是由法国经济学家弗朗索瓦·佩鲁提出的。他认为，经济发展的区域极化就是增长极，"增长极"的辐射表现为通过"辐射效应"把经济增长的动力与"创新"发展的成果传导到广大的腹地，发生支配效应的经济空间可被视为力场，位于力场中的推进性单元则可被描述为"增长极"，它通过不同的渠道米向外扩散，从而对整体经济产生不同的影响。[1]

右坞村正是借助了杭州市城区和中国美术学院这两个"经济增长

---

① 〔法〕弗朗索瓦·佩鲁：《新发展观》，张宁译，华夏出版社，1987，第132、184～185页。

极"的辐射效应，来推动村落文创产业屋租经济发展。既然要发展文创产业屋租经济，那么就必须大力提升右坞村的硬件设施。虽然"百村示范、千村整治"工程和"背街小巷"改造工程让右坞村的发展环境有了明显改善，但它毕竟还不完全具备大力发展文创产业的条件，尤其是缺少符合艺术产业发展的特殊环境。右坞村的集体经济薄弱，可利用资金少，只能寻求上级政府的资金支持。蔡奇市长"艺术村落"概念的提出，为右坞村的屋租经济发展提供了一定的政治资本。

寻求上级政府的资金支持，也并非想象之艰难。张飞跃向弯池街道申请专项涉农资金，希望弯池街道能够下拨 1000 万元左右的专项惠农资金，来提升右坞村的硬件设施和发展环境。上级政府领导很快就同意了他的请求，并表示积极支持。实际上，右坞村向上级政府申请资金支持既在情理之中，也有国家政策的相应支持。2005 年中央提出建设社会主义新农村的发展战略后，政府涉农部门的各条线上都有专项的惠农资金，只是资金渠道和发展项目不同而已。尤其是在浙江沿海这样的经济发达地区，推动村落经济发展是基层政府官员很重要的一项政绩。在右坞村向上级政府申请惠农资金前，它的邻村清风谷和凤坞村就已经获得了上级政府的大力支持，迅速发展成为西湖区远近闻名的农家乐旅游村。

2010 年 3 月份的时候，我们这个"艺术村落"的概念，因为蔡奇部长来过以后呢，我们就有信心把更多老师引进来。但是那个时候根本就不知道有"风情小镇"这个概念，我就跟我们街道的章根桥书记沟通，我说不管走哪个层面，说你新农村改造基金也好，背街小巷也好，不管你走哪条线，我都希望给我们项目提供支持和补助。那个时候呢，我还跟章书记开玩笑，我说只要你给我一两千万，你能让我道路整治干净了，环境整治干净了，破旧的房屋也能整一下啊，我能把这个村打造得很漂亮啊。那么，他也跟我讲，我会发动各条线上的人去努力，开个协调会，如何来包装和打造右坞村这个"艺术村落"。（张飞跃之访谈）

3. "技术创新"：右坞村"艺术经济"发展的探索与实践

"技术创新"，通常指工程学意义上的发明。熊彼特笔下的"技术创新"主要是指企业生产发展方面的"创新"，"应用一类新产品或一类产品的新特征、运用一种新的生产工艺和方法或者开拓一个新市场等"。① 这类"创新"主要是指推动经济发展的新的要素的变化。对于一个家庭、一个企业或一个社区的发展来说，"技术创新"与工程学意义上的发明并不是一回事，也不完全就是熊彼特笔下的应用新产品或新方法的"创新"，而是一种改变生存（生产、生活）和发展方式的策略性和适应性变化。家庭或社区意义上的"技术创新"，是决定一个家庭、一个社区命运与发展路径的抉择。

"技术创新"是"村落再造"的第一步，对村落发展起着初始的推动作用，通常用"找门路"这一俗语来表达。用陈光金的话说："门路找着了，找对了，发展也就是一个时间问题了。反过来，找不到新的门路，而仍然固守旧有的生产经营内容或方法，发展就是困难的。"② 社区精英的"技术创新"大致可以分为三种：第一种，新的产品、生产项目和方法的引进与采用；第二种，摸索和创造新的就业机会和致富门路；第三种，重新配置社区生产要素，以获致新的生产力

---

① 〔日〕金指基：《熊彼特经济学》，林俊男、金全民译，北京大学出版社，1996，第78页。
② 陈光金：《中国农村社区精英与中国农村变迁》，中国社会科学院研究生院，博士学位论文，1997，第143页。

和高效益。对一个社区整体的发展来说，发现和创造新的致富门路，并在找到致富门路以后，不断地整合社区生产要素来为社区发展服务，就是最大的"技术创新"。右坞村的带头人张飞跃带领村民走上"艺术经济"发展之路，可以说是"找对门路"的"技术创新"。同时，他也采取一系列措施来整合村落各种资源，为发展村落"艺术经济"提供配套支持。

随着第一批艺术家的入驻，右坞村的"艺术经济"效益开始显现。张飞跃开始对整个村落发展进行全盘谋划，将"艺术经济"作为整个村落经济发展的龙头，发挥"艺术经济"的辐射和带动作用，从而带动整个村落第一、二、三产业的发展。将村里的公房打造成"艺术公社"出租后，张飞跃开始发动村民改造农房用于出租，并且通过申请上级政府的惠农资金支持，对右坞村进行整体的改造和提升，从而将其打造成真正的"艺术村落"。

根据社会行动论的解释，"技术创新"作为一种特殊的社会行动，也具备行动参照架构的特征。因为"技术创新"不仅有自己特定的目标，它必然要与行动者所处的社会环境发生关系，或者受到环境的限制而调整自己的行动方式，或者利用环境中的有利资源来达成自己的行动目标。① 张飞跃"艺术经济"发展之路的"创新"，实际上就是参照了右坞村所处的外围环境和内在资源。第一，右坞村临近中国美术学院，村落发展能够依托美院"艺术经济"的辐射效益，从而推动村落文创产业屋租经济的发展。第二，随着城市化的大规模推进，城市用地成本的高昂给近郊农村创造了大量的屋租市场机会。第三，在中央实施社会主义新农村建设的发展战略背景

---

① 冯鹏志：《论技术创新行动的环境变量与特征——一种社会学的分析视角》，《自然辩证法通讯》1997 年第 4 期，第 39 ~ 46 页。

下，右坞村能够获得惠农专项发展资金，为右坞村的"艺术村落"打造提供资金支持。除了外在的有利条件，右坞村经济底子薄弱，面对邻村的迅速崛起，也激发了张飞跃的"创新精神"，突破本村发展经济的各种条件限制，带领村民走上一条与众不同的"艺术经济"之路。

（二）较邻村优势与"风情小镇"项目获批

1."风情小镇"项目争取：从清风谷改到右坞村

杭州市"风情小镇"的创建工作得从杭州市发布的一份文件说起。2009年11月，杭州市政府办公厅发布一份《关于开展杭州市"风情小镇"创建工作的实施意见》的文件，提出要通过一到两年的努力，创建10个左右的市级"风情小镇"。"风情小镇"建设的标准为"四宜"：宜居、宜业、宜游和宜文。宜居，村落公共服务配套设施完善，环境整洁干净；宜业，村落有明显的产业优势；宜游，有明显的江南特色，经营诚信守法；宜文，村落有丰厚的历史人文底蕴。当然，"风情小镇"既可以是一个村（社区）或小镇（集镇），也可以是跨行政村范围的几个村落集合。实施"风情小镇"单位创建，要先向杭州市农办申请，由其商讨批准后，开始启动"风情小镇"建设。建设完成后，达标者，则被授予"风情小镇"称号。

当时，杭州市的大部分村落都参与了"风情小镇"项目的申请，右坞村的邻村清风谷，由于它已经是西湖区远近闻名的农家乐旅游村，故成功申请到了"风情小镇"创建项目，右坞村则未能申请成功。然而，在弯池街道领导的积极努力下，西湖区"风情小镇"的创建单位最终从清风谷调整为右坞村。具体请看图8-2的创建单位调整文件。

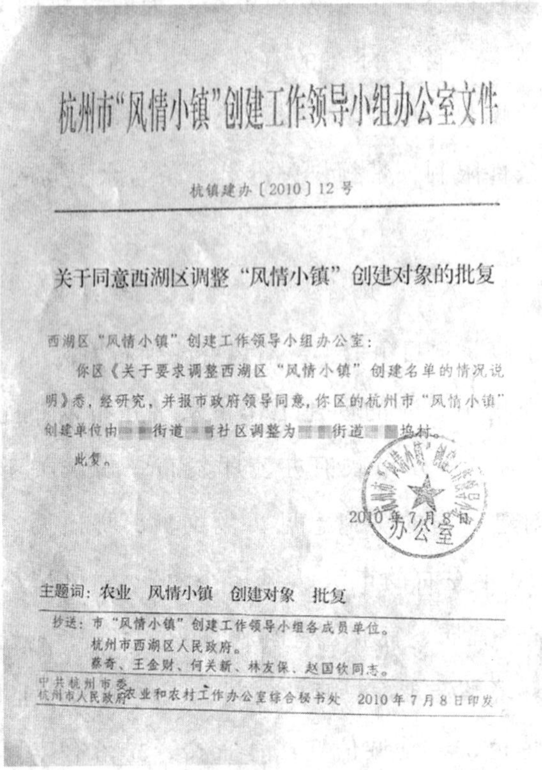

杭州市"风情小镇"创建工作领导小组办公室文件

杭镇建办〔2010〕12 号

关于同意西湖区调整"风情小镇"创建对象的批复

西湖区"风情小镇"创建工作领导小组办公室：

你区《关于要求调整西湖区"风情小镇"创建名单的情况说明》悉，经研究，并报市政府领导同意，你区的杭州市"风情小镇"创建单位由▇▇街道▇▇社区调整为▇▇街道▇▇坞村。

此复。

主题词：农业　风情小镇　创建对象　批复

抄送：市"风情小镇"创建工作领导小组各成员单位。
　　　杭州市西湖区人民政府。
　　　蔡奇、王金财、何关新、林友保、赵国钦同志。

中共杭州市委
杭州市人民政府农业和农村工作办公室综合秘书处　2010 年 7 月 8 日印发

图 8-2　"风情小镇"创建单位调整文件

从图 8-2 的调整文件可以看出，西湖区政府写了一份《关于要求调整西湖区"风情小镇"创建名单的情况说明》给杭州市"风情小镇"建设办公室。杭州市政府经过实地调研和反复磋商，最终将"风情小镇"创建单位由清风谷调整为右坞村。右坞村"风情小镇"创建单位的成功获批，弯池街道党工委书记章根桥在其中起了关键性作用。前面已经提到，右坞村的"艺术村落"打造需要一笔专项资金，张飞跃向弯池街道递交申请书，希望通过相关途径来争取一笔资金，以提升右坞村打造"艺术村落"的相关配套设施。右坞村已经有了"艺术经济"的发展雏形，再加上蔡奇市长提出打造"艺术村落"的想法，这些都让章根桥感觉到确实需要为右坞村争取一笔资金来打造

"艺术村落"。杭州市"风情小镇"的创建项目恰好提供了这么一个契机，但由于邻村清风谷的名气优势，导致右坞村最终落选。在西湖区"风情小镇"创建名单下来后，章根桥立即向西湖区农办递交申请报告，希望能将"风情小镇"创建单位由清风谷调整为右坞村，因为右坞村比清风谷更需要这一笔专项建设资金，当然它还有着艺术特色和政治保障方面的优势。西湖区农办在经过实地调研后，就向杭州市"风情小镇"建设办公室递交了一份调整创建单位的报告，最终右坞村幸运地获得了创建"风情小镇"的机会。

其实是在我们这个艺术村路打造之前呢，市农办的一些领导对清风谷的印象较为深刻。因为清风谷发展得很早，在2000年的时候就开始搞旅游产业了，他们是2000年搞的，我们是2010年搞的，相当于10年这么一个时间段，作为市里面的领导对清风谷的这个概念已经很深了。所以在"风情小镇"创建的时候呢，上面的提议是放在清风谷。市里面还发文了，"风情小镇"创建放在清风谷。市里面发文以后呢，真正要创建的时候，是我们街道打了一个报告给区农办，叫区农办实地察看了以后呢，就换掉了。前面说到这个章书记，在咱们村"风情小镇"申请和打造的过程中，他可以说是起了关键性作用，就是由他打报告给西湖区农办，要求将"风情小镇"创建名额由清风谷改到右坞村，并陪同区农办领导到我们右坞村反复调研和磋商，并详细讲明放到我们村里的原因，他在这个过程中起了积极的作用。实际上他对每个村的产业都很支持的，他是很尽心的。其实他在位的时候，我们村的很多产业在他的支持下也发展了，不光光是我们右坞村，那我们右坞村可能相对明显一点。其实其他村比如建个公园啊，修条路

啊，多少都有些享受，都是他在位的时候做的。（张飞跃之访谈）

右坞村"风情小镇"创建单位的成功获批，基层政府精英——章根桥在其中发挥了关键性作用，右坞村"风情小镇"的成功打造和屋租经济的迅猛发展也证明了他决策的正确性。此外，这也反映出基层官员为官有为，敢于担当，而不是唯上级命令是从，在下辖村落发展的关键当口，冒着得罪上级的风险，也要为其发展赢得时机，折射出基层政府精英在村落发展中的关键性作用。

2. 右坞村的优势：艺术特色与后发优势

西湖区"风情小镇"的创建单位之所以能从清风谷调整为右坞村，主要是因为右坞村有着艺术特色和政治保障方面的两大优势。

（1）右坞村的艺术特色优势与清风谷的劣势。在 2007 年首批艺术家入驻右坞村后，陆陆续续有不少艺术家相继入驻右坞村，经过三年文创产业屋租经济的发展，右坞村的"艺术村落"名号逐渐为外界所知，它有着创建"风情小镇"的艺术特色优势和潜力优势。相比于清风谷，右坞村更需要一笔打造"艺术村落"的专项资金，它也更容易在"风情小镇"项目的建设中做出成果。而清风谷，经过 10 年的农家乐旅游经济发展，商业化气息已经很浓，即使资金投入下去，也可能创造不出"风情小镇"建设所要求的特色效果。

此外，右坞村还有创建"风情小镇"的其他两大优势。一是自然资源独特。右坞村被青山包围，整个村落非常幽静，楼房林立，白墙黛瓦，渗透着浓重的江南特色和历史韵味。二是可用房资源丰富。仅杭州绕城高速公路东侧的丽景湾新村可用于出租的民房面积就达 20000 余平方米，还有 10000 余平方米村集体公房可用于出租。右坞村要想发展为真正的"艺术村落"，让艺术产业成为其支柱产业，还需要大力提升村落配套设施，以吸引更多的艺术家入驻。"风情小镇"创建项目刚好可以解决右坞村打造"艺术村落"的资金缺少问题。

清风谷的问题在哪里了？到 2010 年的时候，清风谷这个社区实际上已经变味了，他这个村从农村转化到社区，就是撤村建居了，他要开发 10% 的农用地，建了一个温泉度假酒店。那么它的发展模式跟"风情小镇"创建不相容了。他们的商业化气息太浓了。而且他们村里面的整治啊，农户的搬迁啊，景区的重新再造啊，很多东西呢有点杂乱无章。就是一下子进去打造呢，在一个时间段里也来不及了。那右坞村可能更迫切的需要这么一笔资金来打造，而且从两个村打造的成果来讲，我这个村的成果会更明显，"艺术村落"这个特色会更明显。他们那里也只不过是纯简单的游山玩水的这么一个地方，没有什么个性和特色。还是在 2011 年下半年全市农村工作会议上，我们"风情小镇"是 2011 年 11 月 16 号开园的嘛，开园的时候，我这个村也算迟的，其他几个村，包括临安、富阳、萧山，每个地方都有"风情小镇"的嘛，"风情小镇"打造好了以后呢，市里面的黄坤明书记每个点都去看过，看过以后呢，他在全市农村工作会议上，特意表扬了我这个村，说右坞这个"风情小镇"搞得有特色。它有血有肉有灵魂，"艺术村落"有老师在这里，相当于给我这个村增加了艺术特色。他到临安、富阳、萧山、余杭这种地方去呢，都是游山玩水，都是吃农家、住农家，都是这样的，没什么特色，基本上都是发展旅游为主的。就我这个村跟艺术搭边的，美院也在旁边，跟老师们也都可以互动，其实就是这 13 个点里面，我这个村最有

特色，很鲜明地具有不同的特点。（张飞跃之访谈）

（2）政治保障优势：村委班子的超强战斗力。投入与产出是经济发展的核心，政府项目建设亦是如此。政府要进行一个项目建设，它也需要统筹考虑，投放在哪里效果更明显，见效更快。这个除了项目承接单位本身的硬件基础和发展潜力外，还需要有人才方面的保障。对于一个村落而言，则需要有战斗力强的村委班子作为人才保障。张飞跃担任右坞村党支部书记后，村落集体经济的连年增长、股份分红的连年增加以及"百村示范、千村整治"工程和"背街小巷"改造工程的成功实施，充分体现了右坞村村委班子的强大战斗力，进一步提升了他们在村中的权威和地位，增强了村落凝聚力。2010 年 10 月份，"风情小镇"建设全面铺开以后，在短短的一年时间内，右坞村进行了高达 70 余个项目的建设，完成了 80 多户农居屋的立面改造，顺利实现了有限开园，这其中没有发生一起民工吵架斗殴事件、信访事件和纪检事件，充分显示了村委班子的超强战斗力。而清风谷，由于正在进行农户搬迁和整体改造，导致村落布局杂乱无章，因此无法在短时期内完成"风情小镇"项目建设。笔者在这里并没有否定清风谷领导班子的意思，相反他们的战斗力应该也是很强的，只不过村落的重新整治让其错过了创建"风情小镇"的机会，于是政治战斗力更强的右坞村就获得了这一发展机遇。

当然政府也要统筹考虑的。比如新农村一笔建设基金下来了，他也有一个时间段的，要求在一年里面，或者八个月时间内完成项目建设。在这个期限里面，那你也要完成政府的任务。如果这么多的建设资金，你一年之内还没有用完，那么你发展不下去，或者说很多项目你都做不下去。其实政府也是基于自己的利益在考虑，也就是我投入进去这么多钱，出不了效益怎么办，他们实际上也是在进行利益权衡嘛。其实上面也是有很多考虑的。我们村在2005年我上来的时候，我差不多已经把这个村理顺了，村民老百姓也就非常支持我们村里面的工作，创办村里面的事情，村民老百姓实际上也都非常拥护了。我们村"风情小镇"建设全面铺开是2010年的10月份，到2011年的10月份，整整一年时间，我们村有80多家农户进行了立面整治，总共才150多户农户啊，你想想看。还有60～70个项目，包括建公园、建停车场、建绿化、上改下、截污纳管、道路整治、环境整治，反正七七八八地有五六十个项目。其实每个项目呢都有很多人在建设，在我们村里住的可能就不止500个民工，那么你想想看，我们在短短一年时间里面，七八十家农户搭架子造房子，各个角落都看到民工在施工，我们这么小的道路上有七条管线，自来水做自来水的，煤气做煤气的、截污的做截污、强电的做强电、弱电的做弱电，这么多项目，这么多人都很和谐地在一年时间里面完成，而且没有发生一起民工吵闹事件，也没有发生一起我们村里的村民与民工的打架斗殴事件，也没有发生一起信访事件，没有发生一起纪检事件，你说我这个村是不是非常和谐。所以我说我们村委班子十来个人是不是弦绷得特别紧，其实我在那一年瘦都瘦了16斤，最轻的时候只有120多斤，现在就又胖起来了。（张飞跃之访谈）

村委班子战斗力的强弱再次显示了精英在村落发展中的重要性，右坞村的发展实践就足以证明这一点。

二 "内生动力"催育村落特色经济

(一) "风情小镇"创建与"画·右坞"打造

右坞村的"风情小镇"创建是一项系统工程,需要上下联动,协同配合。根据《杭州市人民政府办公厅关于开展杭州市"风情小镇"创建工作的实施意见》精神,西湖区领导高度重视,区街村三级联动,并根据西湖区委区政府、之江度假区党工委管委会的统一部署,扎实、快速地推进右坞村"风情小镇"的各项创建工作。上级政府为右坞村的"风情小镇"创建工作提供了有力的外部支持,但具体的创建工作则需要右坞村自身承担,这其中带头人的作用至关重要。因为只有一个精明能干、权威性强的带头人才能带领村委领导班子和村民完成这项艰巨的任务,毕竟要在短短的一年时间内完成大大小小近百个项目,实施难度可想而知。在张飞跃的带领下,右坞村首先做好"风情小镇"创建任务的总体布局,并在创建过程中做好拆迁协调、化解矛盾纠纷等各项具体工作,以保证"风情小镇"创建工作顺利完成。具体的创建工作大致描述如下。

1. 规划先导,注重风情特色,科学合理地开展创建工作

按照"宜居、宜业、宜游、宜文"的具体要求,右坞村委托浙江工业大学建筑规划设计研究院编制了右坞村"风情小镇"建设规划,科学排定了朱德纪念室保护修缮、刘健工作室建设、艺术展示中心等20余项创建内容。同时,在右坞村"风情小镇"被纳入中国美术学院国家大学创意园后,根据右坞村的资源优势和基础特点,聘请中国美术学院设计院专家对具体施工项目进行了方案提升,深入研究、整合艺术创意风情,以项目为抓手,以规划为导向,科学合理地推进风情小镇创建工作。在注重风情特色的创建中,融入自然、乡村、艺术,

着重打造"画·右坞"品牌，让整个创建工作都在"画·右坞"品牌的引领下开展。

图 8 - 3 "风情小镇"创建动员大会

2. 项目带动，加强共建共享，破解资金保障难题

按照右坞村"风情小镇"建设要求，至少需要资金 8000 余万元，在前期的大型硬件设施建设投入中，政府直接拨款 5400 余万元，但尚有 2600 万左右的资金缺口。为破解资金难题，张飞跃通过纵向、横向多方面来积极筹集建设资金。一是向上级申请资金。右坞村通过向弯池街道和西湖区委区政府求助，积极加强与市区相关部门沟通、协调，将河道整治、截污纳管等分项工程纳入市区专项建设计划，在区农办、区城管办、之江建设局等部门的协调下，落实了项目资金，确保了各项基础设施建设项目的顺利推进。二是横向吸纳社会资金。广泛吸收社会资金参与右坞村"风情小镇"建设，实现互惠互利，合作共赢。引进山地茶叶公司等三家茶叶公司，共投资 1000 万元用于立面改造及相关基础设施建设。三是向下发动群众自己集资。发挥村民的主体作用，引导 80 多家农户自主改造立面 30000 余平方米。

3. 加强宣传，充分发挥美院优势，不断扩大品牌影响力

自"风情小镇"创建工作启动以来，张飞跃等动员各方力量，积极整合资源，通过各种途径加大宣传力度，邀请浙江经视《爱旅游》栏目拍摄宣传片，邀请杭州生活频道知名主持人汤大姐来右坞村为杭州老百姓试菜，在杭州日报专栏、杭州网 19 楼整版宣传，不断打造右坞"风情小镇"品牌的影响力。同时，右坞村"风情小镇"作为中国美术学院国家大学创业园区的组成部分，充分发挥美院辐射优势，吸引现任中国美术学院副院长、中国美术家协会秘书长刘健，以及黄鸿、黄俊、袁进华、沈烈毅等一大批艺术名家在这里设立油画、国画、雕塑、陶瓷、摄影等艺术工作室，为右坞村的"艺术经济"发展积累了宝贵资源。

图 8-4 右坞村艺术长廊

4. 做好拆迁协调，化解矛盾纠纷

根据《右坞村"风情小镇"（艺术村落）规划设计文本》要求，道路、停车场、绿化公园的建设，需要拆迁民居主房 6 幢，民居附房 20 间，村集体用房一幢。村委班子通过大量工作，村民顾全大局，基本协调完成。同时，鼓励和引导村民进行农居立面的改造，坚持"以人为本、依法整治"，"保护第一、生态优先"，"民办公助"，"突出

茶乡山地民居风格"的原则，对农居改造提出详细具体的要求，并采取一定的奖励措施，以达到整治效果，减少矛盾纠纷。

图8-5 两处民房改造后的艺术公社

"风情小镇"创建是右坞村再造实践的重要组成部分。在右坞村"风情小镇"的创建工作中，基层政府发挥了积极作用。基层政府作为公共事务的管理者，价值取向的差异往往会导致其扮演不同的角色，采取不同的行为模式。通过对右坞村"风情小镇"创建过程的考察和分析，乡镇基层政府在其中扮演了倡导者、推动者和监管者三种角色。第一，倡导者。在右坞村"风情小镇"的创建过程中，基层政府积极调动社会各方面力量，协助右坞村开展各项创建工作。第二，推动者。基层政府在右坞村"风情小镇"的创建过程中起到关键性作用，上通下达，横向联系各创建单位和新闻媒体，成为项目的积极推动者，并提供财力、物力和智力支持。第三，监管者。"风情小镇"创建工作作为一项复杂的系统工程，基层政府扮演了监督者和管理者两种角色。"风情小镇"创建工作涉及面广、项目多、过程繁杂，如果缺乏基层政府这个强有力的监管者，难以保证创建质量。

"风情小镇"的创建作为"画·右坞"打造的关键载体和重要组成部分,它的成功创建与村落能人密不可分。村落带头人在其中发挥了关键作用,体现了其市场发掘和前瞻能力、组织协调能力和资源利用能力。面对城市化大规模推进带来的各种发展机会,张飞跃看到了右坞村发展文创产业屋租经济的美好前景,不遗余力地申请各种项目来为文创产业屋租经济的发展创造条件,"风情小镇"项目的成功申请与他独到的眼光和村落经济的艺术特色密切相关,这也是西湖区"风情小镇"创建单位最终从清风谷调整为右坞村的重要原因。"风情小镇"创建是一项长期的系统工程,在短短一年时间内要完成上百个项目和带领80多家农户进行外立面的改造工作,并利用社会力量共同参与"风情小镇"的打造工作,这需要极高的组织协调能力。在创建过程中,村落基础设施建设过程中的土地置换和房屋拆迁工作,均未发生大的矛盾纠纷,这足以证明张飞跃领导下的村委班子的超强战斗力。"风情小镇"创建单位的成功申请以及创建过程中各类项目资金困难的解决,充分体现了他的资源利用能力。

(二)"产品创新":传统文化重塑与商业价值挖掘

"艺术村落"的打造不仅需要有外在的硬件设施相配套,更需要挖掘内在的人文资源。右坞村不仅风光秀丽,传统文化的气息也比较浓厚。更何况打造"艺术村落",不仅可以推动村落屋租经济发展,还可以发展乡村旅游产业,两者结合,相得益彰,打造旅游型"艺术经济"。因为艺术家也需要通过商业途径,吸引更多的顾客。张飞跃发现了旅游"艺术经济"的价值,他借助"风情小镇"创建的契机,对村落的红色文化(朱德四访右坞村)、民俗文化(年糕节)、民间信仰进行重塑,挖掘其潜在的商业和人文价值。

1. 红色文化：朱德四访右坞村与茶文化的发扬

右坞村依托朱德委员长曾经四次到访右坞村的历史文化资源，以朱德纪念室和元帅亭的建造为主线来打造右坞村的红色文化。首先，建设西山游步道，在游步道边整合一百亩茶园（那是1954年朱德委员长第一次上山带领老百姓开垦种植茶叶的地方），将其命名为元帅茶园。其次，收购朱德委员长曾经到访的农户家的民房，将其修缮成为朱德纪念室，以保护历史文化古迹。朱德委员长生前喜爱兰花，曾到过村后的老焦山、笠帽山一带挖过兰花，村里就在朱德纪念室旁边修建了朱德兰园，以表示对他老人家的怀念。最重要的是，右坞村通过创业补助的方式来打造元帅茶叶品牌——帅印茶叶。现任村主任仇正义的儿子仇占江，大学毕业后与本村的另一位小伙子共同创办了帅印茶叶公司，以推广村里的茶文化和红色文化。帅印茶叶品牌的创立，不仅挖掘了红色文化的商业价值，更是增添了"艺术村落"的历史文化气息。实际上，通过这种商业化的方式，不仅更好地传承和保护了村落历史文化，也赋予了其新的生机和活力。

图 8-6　朱德纪念室

2. 民俗文化：商业性与福利性兼具的"年糕节"

民俗文化是民间风俗生活文化的统称，通常泛指一个国家、民族或地区中集居的民众所创造、共享、传承的风俗生活习惯，类型多种多样，具有普遍性、传承性、变异性等特点。近年来，随着乡村旅游市场的不断拓展，民俗文化成为乡村经济的新增长点，许多村落通过挖掘和弘扬本土民俗文化来增强经济发展的"内生动力"。在弯池街道，"昔日喜闻乐见、如今濒临消失的大量农村非物质文化遗产，如打年糕、制作五彩龙、越剧大戏等民俗、技艺，被大量挖掘，通过与旅游文化产业开发相结合的形式，多方面展示传统文化。通过找到合适的抓手、载体、突破口，把传统文化发扬光大，使民族文化保持不竭的魅力"。①

实际上，弯池街道"非物质文化遗产"的保护正是由右坞村的"年糕节"带动的。2011 年，右坞村开始举办第一届年糕节，其初衷主要是为了提升右坞村的名气和增添右坞村的文化氛围。第一届年糕节，是在村民仇小贤家里举行的，将已经断档了 30 多年的年糕作坊重新开张，组织村里八位有打年糕经验的村民来承担首次年糕节的打糕工作，他们分掌淘米、磨粉、烧火、上蒸、翻蒸、打糕、点红各个环节，吸引了本村村民、邻村村民，甚至外地游客的观摩与欣赏。他们争相品尝热腾腾、香糯糯的现制年糕，分享年糕所带来的喜悦。在传统年糕节的举办现场，除了恢复传统打年糕的民俗活动外，还利用中国美术学院的艺术家资源举办送春联和书画艺术展览等活动，以独特的艺术氛围迎接广大的市民游客。

第一届年糕节成功举办后，它成为右坞村每年的常规文化习俗活动，每年冬至前后是右坞村的年糕节时间。右坞村的年糕节已举

---

① 见网上新闻：http://iptvlm.zjol.com.cn/05iptvlm/system/2013/01/16/019091911.shtml。

图8-7　右坞村第二届年糕节打糕现场

办三届，并每年通过报纸、网络、电视等媒体进行年糕节的宣传和报道，大大提升了右坞村的名气，也让越来越多的游客参与其中，为右坞村"艺术经济"的发展增添了动力和活力。此外，年糕节还是村民们的福利节日。从第二届年糕节开始，每位村民可以免费领取五斤年糕，以作为村里的福利。小小的年糕福利，却大大地收拢了村民的心，增强了村落的凝聚力和村委干部的号召力。因此，可以说，商业性和福利性兼具的年糕节是张飞跃打的一张人情牌、经济牌和政治牌。

3. 宗族文化和民间信仰：孝文化基地建设和聚贤庙的重修

右坞村的仇氏家族勤耕苦读，忠孝文化是右坞村的优良文化传统。"仇览传扬孝文化""鸡的风波见孝心""母孝子贤的故事""石榴故事传孝道""贤德媳妇李三妹"等古代孝文化故事在右坞及凤坞地区广泛流传。孝文化对右坞村村民的影响还是很深的，或许可以说这是右坞村最深刻的社区记忆。受孝文化的影响，现在的右坞村村民依然是真诚待人、互敬互爱。在与村干部们谈话的过程中，最常听到的一句话就是"我们村民的素质还是比较高的"。家庭中最难相处的婆媳关系，在右坞村也都相处得很好。

为弘扬右坞村的孝文化，也为右坞村文化增光添彩，右坞村借助"风情小镇"打造的契机，全力打造孝文化基地。孝文化基地的建设，除了为发挥其商业价值外，更主要的目的还是让孝文化能够代代相传，尤其是在工业化和城市化快速推进的时期，孝文化的弘扬有利于家庭和邻里关系的和谐，有助于维护家庭和村落社会的稳定。

除了重塑孝文化，右坞村还对聚贤庙进行了重修。聚贤庙是村里的古老建筑，大约有几百年的历史。古时的聚贤庙位于右坞村的西北面，整个建筑十分宏伟，占地达五亩之多，有着多种功能。它是乡民们求神拜佛、祭祀、求福的圣地，是超度亡灵而寻求精神寄托的唯一场所，又是当地乡民们文化娱乐活动的中心。但聚贤庙却命运多舛，20世纪30年代，日寇入侵，庙宇被毁。新中国成立之初，村民们拆"庄主"，筹集资金在聚贤庙原址重建了聚贤庙。到了20世纪60年代中期，在破"四旧"中聚贤庙戏台又被拆除，所拆木料用于建造公房。现在新建的聚贤庙坐落在村子的东北面，庙宇坐西朝东，面向留泗公路，绕城高速公路从庙前经过。尽管庙宇简陋，但它也让一些人求得心灵的安慰与平衡。

　　右坞村通过对传统宗族文化、民间信仰、红色文化和民俗文化的深度挖掘和重塑，增强了村落经济发展的"内生动力"，促进了村落社会的稳定与和谐。第一，传统文化资源有一定的经济开发利用价值，它对促进一个区域或者一个村落的经济发展具有重要作用。村落可以利用传统文化资源来带动旅游经济的发展。因为在现代旅游中，参观民间宗教场所，参加民间民俗信仰活动，了解地方性民俗文化已成为人们旅游观光的重要内容。右坞村的艺术和旅游村落的结合发展，发掘和保护传统文化对其有很好的助推作用。第二，民间信仰、宗族优良文化所宣扬的某些价值观念在现代社会仍具有一定的道德教化作用。如，祖先崇拜实际上是缅怀祖先的养育之恩，以增强家庭团结；土地崇拜、自然崇拜，可以让大家懂得珍惜土地、爱护环境、热爱自然、亲近自然等生态伦理观念。在社会转型期，社会价值观日趋多元化，社会风气日渐败坏，如果利用优良的传统文化对民众进行道德教化，能够起到维护当地社会秩序和净化当地社会风气的作用。第三，民间信仰活动仪式、传统宗族文化和民俗文化具有一定的地区认同和社会整合功能。王铭铭认为："祖先崇拜和地域崇拜与地方的社会组织相对称，并服务于社区的内部团结与外部联系。……从地方社会的层面看，民间宗教仪式在现代化进程中可能起着联络地方社会关系和操演社会竞争的作用。进一步说，民间宗教在现代化过程中的延续，不是'落后'的现象，而是与民间商业精神的兴起有关。……民间崇拜与仪式的复兴反映了民间社区与家族——家户认同在现代化进程中的再现。……民间宗教在现代化进程中的复兴，与民间社会网络的复兴是互相促进的。如果说民间社会网络有助于民间经济联合的形成，那么民间宗教就是通过辅助民间社会网络的形成而间接地服务于民间经济联合的形成。"[①] 不仅在右坞村，在沿海许多地区

---

① 王铭铭：《村落视野中的文化与权力》，生活·读书·新知三联书店，1997，第 142～143 页。

都以传统宗族文化和民间信仰的活动仪式来增强外流人员和本村村民对宗族文化和地域文化的认同感，以此加强团结和联系。

三　精英角色转换推动村落发展转型

（一）"内生主动型"发展："艺术经济"的"一拖四效应"

一个村落的发展总是要受到其所属区域发展的影响，但这种影响总是外部的。中国村落的发展往往也要得到上级政府的支持，尤其是具体管辖的基层政府的支持。依靠外部支持的村落发展属于"外向依赖型"发展，它往往需要依赖外部资源和能量的注入，但这种发展不可持续。一个村落要想获得可持续性的发展，必须增强它的"内生动力"，即实现经济学意义上的"内生发展"。

"内生发展"通常是针对一个区域而言，这个区域可以大至国家、小至社区。胡晓登认为，"区域内生发展以实现区域内部经济、社会和环境效益共同发展为目标，以当地政府、当地企业和当地居民为区域内生发展单元和内生发展力量，科学利用当地资源，自力更生，自我发展，转变经济发展方式，实现区域内生增长向区域内生发展转变。对于区域内生发展目标，区域内生发展寻求包括经济效益、社会效益和环境效益等在内的综合效益得以全面实现的区域发展方式，即区域经济持续发展、区域社会不断进步、区域环境日益改善的措施和方案，促进区域经济、社会与环境三者良性循环发展，最终实现人的全面发展。换言之，区域内经济效益、社会效益和环境效益等要协调发展的最终目的是让人成为三大效益的主要受益者，最终促进人的全面发展"。① 向延生剖析了区域内生发展的力量、资源和效益问题。他认为

---

① 胡晓登：《为中国区域发展理论和实践追加人本要素的哲学思考》，《贵州财经学院学报》2010 年第 6 期，第 101～104 页。

区域内生发展力量主要由政府、企业和居民等利益相关者的三方组成，资源开发与利用要以本土资源为主、外部资源为辅，区域效益包括内部经济、社会和环境三大效益。① 村落实现内生发展也需要具体的支撑条件。陆学艺认为，农村基层组织的外生权力和村落内生权力两者的有机结合，才能实现村落的"内生发展"，内生模式或许是中国农村发展的理想形态。② 涂人猛则强调"内生发展"中的地区自主权问题。他认为只有拥有地区自主权，且通过地区自主权将地区内的资金和力量一起朝着有利于该区域发展的方向集聚，从而形成区域内自主发展的造血机制。③

右坞村以"艺术村落"打造为主线来推动村落"艺术经济"的发展，可以描述为"艺术经济"的"一拖四效应"。"艺术经济"的"一拖四效应"在某种程度上证明了右坞村具有了一定的"内生发展"能力，从"外向依赖型"发展转向"内生主动型"发展。"艺术村落"的打造吸引了越来越多的艺术家入驻，其他文创产业公司或者企业也相继入驻，带动村里四大块经济的发展，为村里创造了巨大的经济效益。第一，屋租市场获得空前发展。村集体房屋出租，能够增加村里的集体经济收入。村民的房屋出租，能够增加村民的财产性收入。这属于风险系数很小的安全型经济，也是农民追逐动机最强的收入来源。当然，屋租收入在村民中存在着不平衡性，因为并非所有村民都能将其房屋出租，且屋租市场的需求与供应也不可能在短期内实现完全对接。第二，茶叶经济效益得以提升。右坞村属于西湖龙井茶国家二级保护区，茶叶种植和销售是农民收入的主要来源之一。由于右坞

---

① 向延生：《区域内生发展研究：一个理论框架》，《商业经济与管理》2013 年第 6 期，第 86～91 页。

② 陆学艺主编《内发的村庄》，社会科学文献出版社，2001，第 9 页。

③ 涂人猛：《内源式乡村发展理论的渊源及发展》，《经济评论》1993 年第 4 期，第 21～25 页。

村的茶叶质量在西湖区并非属于上乘，因此其销售价格相对较低。通过"艺术村落"的打造，右坞村的名气不断上升，茶叶销路越来越广，茶叶价格随之不断攀升。其中，入驻的艺术家群体不仅是右坞村茶叶消费的主力军，他们往往还会带动其周围人群购买茶叶，从而使右坞村的茶叶销路不断扩大。第三，劳动力就业市场扩大。入驻的艺术家们必然需要餐饮、住宿、清洁等各种服务，这样大大增加了村里的就业机会，部分村民又多了一份工资性收入。第四，第三产业获得快速发展。随着艺术家们的相继入驻，村落"艺术经济"和旅游经济开始发展，旅游产业发展会增加外来人口消费，超市、餐饮店、咖啡馆、旅店等会随着市场需求的增加而增加，从而推动村落第三产业不断向前发展。

就目前这个村落的发展类型来讲，我们先考虑几大块的经济。首先考虑保障村民的利益，村民的利益体现在什么地方呢，首先是房屋租金，这一块呢实际上是不平衡的，就像目前150多户人家，现在也就只有50多户出租，哪怕以后可能更多，但是也不能做到100%，另外，这个也能代表绝大多数村民的利益，这个是第一块收入。第二块收入呢，是均衡性的，是整个村的茶叶经济收入，因为原本呢我们凤坞镇范围内一直存在着这个卖茶难问题，那么这个卖茶难问题是怎么回事呢？其实这么好的西湖龙井茶，为什么会卖不出去。其实主要呢是正宗的西湖龙井上市比较迟。那么经销商是这样，在西湖龙井新茶还没上市的时候，他们就用贵州等其他地方的茶叶来充斥我们这个西湖龙井茶市场。等那些先来的茶叶都卖完了以后，正宗西湖龙井上来的时候就变成卖茶难了。不是说我这个茶叶品质不好造成这个茶叶卖不出去，因为这个茶叶比较迟。在这种情况下，我们村的茶叶不存在问题，一个是外来人员多了，整个村子品位上去了，还有那些老师啊，不同层面的客户进来了，那么我这个茶叶自然就上去了。老师呢他们身边有很大一个群体，他们需要茶叶，相当于我这个农户自己家生产出来的茶叶供给这个老师都不够，甚至呢身边一个农户可以带动好几个农户，剩下来的茶叶都给这个老师。老师呢也这个样子，他有两个放心，他也放心你这个茶叶是正宗的，而且我也可以给你适当高一点的价钱，在这种情况下呢我这个村的茶叶经济呢根本就不用担心了。实际上通过美院这个"艺术经济"，带动我们经济发展一拖三了。第三呢，一个老师进来了以后，还要有很多人去服务他，不光是为这个老师服务，还要为整个工作室服务，这个房东还可以给这个老师打工，女房东的话可以给老师搞一些轻便的清洁卫生工作，包括做饭什么的，服务性行业方面的事情可以叫房东做，还有一个呢就是我们的那个咖啡厅，咖啡厅有两个房子，那它需要服务员，清扫员什么的，只要你房东愿意给他做，2000块钱一个月，外加400块钱的餐费，而且就在自己隔壁，很轻松的，他也可以产生一笔不小的收入。这实际上也解决了四五十人的就业难问题。不过话又说回来，我们这里有些农民还不一定要去做，现在就业机会不是多了嘛，因为企业进来了以后，工作也多了，对农民来讲，他还有挑选的余地。我整个村按照这个方向，"风情小镇"这个概念，发展旅游业也好，可以对外进行展示，在这个层面上来讲，让很多慕名而来的游客进来了以后，这些群体也需要有个群体去服务他们，相当于三产经济。比如说他自己有资源的话，路旁边有一些小的房屋，他自己家呢可能有艺术家老师，比如说他自己旁边的那家农户租掉了，他自己可能暂时还没租出去，那么他一楼可能还可以开个小超市啊，小餐厅什么的，或者小酒吧这种格局啊，这种三产经济实际上也带动了农户的收入。（张飞跃之访谈）

右坞村"艺术经济"的"一拖四效应"告诉我们，在当前的城市化发展背景下，村落要想增强"内生发展"动力，首先要充分利用本土资源，通过产业"内生发展"和借助城乡"内生发展"来实现村落的整体发展。其次，在促进村落经济增长向"内生发展"转变时，要大力培育村落的"内生发展"能力。村落"内生发展"能力的提升，关键在于培育推动"内生发展"的驱动力，村落带头人则是"内生发展"的主要驱动力。右坞村的"艺术经济"是"外向依赖型"发展向"内生主动型"发展转变的典型，村落带头人是实现这种发展转变的内在关键。"风情小镇"的创建为右坞村的"艺术经济"发展打造了坚实的硬件基础，大力推动了村里的屋租经济和文创产业发展，这与政府的大力支持密不可分。然而，右坞村实现"内生发展"的主要驱动力则是有着高度战略眼光和卓越领导才能的村落带头人。村落带头人以艺术产业发展为主线，从而推动右坞村的屋租经济、茶叶经济、第三产业的全面发展。在推动村落经济向前发展的同时，不断完善村政功能，培育和提升村民的市场化意识和环境保护意识，增强村落的凝聚力。这也正是实现了区域"内生发展"所寻求的经济效益、社会效益和环境效益。

（二）"创新"辐射效应与"梦·左坞"设想

"创新"不仅是一个企业或者社区发展的"内生动力"，它还具有一定的辐射效应。它的成功往往会对周围的人或者社区起到示范效应或者激发作用，甚至还可以通过成功"创新"的人或者社区，来带动或者联合周围的人或者社区来实现共同发展。当然，起带动作用的主体是精英，他们从中起着领导、示范、组织的作用。

就一个社区而言，社区精英的"创新"辐射效应有两个层次：中心与边缘。一个层次是就社区内部的人群划分而言，它是以社区内部精英为中心，社区的其他成员则为边缘，形成精英对边缘的"创新"辐射效应，这种效应主要就是前面提到的示范、激励等作用。右坞村的经济精英在改革开放初期带动其他村民外出销售茶叶或者自主创业就是这种"创新"辐射效应的体现，这在改革开放初期是一种普遍现象，先富起来的人给后来想致富的人提供了榜样和典型。另一个层次则是就社区之间的关系而言，是以精英所在社区为中心，以其周围社区为边缘。一个社区作为整体对另外的社区产生影响时，不仅是因为它自身取得发展上的巨大成功，而是因为这种成功路径一定要有示范效应或者培植带动效应。在某种情况下，即使这个社区在没有发展成为超级社区之前，如果它的发展过程或者发展模式的可借鉴性或者可培植性足够强，它也会形成强大的辐射效应，这种辐射效应往往是属于"创新"性质的，而非大家普遍知晓的。正如陈光金所言："一个社区要作为一个整体而成为周围社区的中心，必须满足以下几个条件：该社区的经济总量足够的大，以致能够对周围社区产生以下三种影响中的至少一种：（1）一定整体可行的示范效应；（2）一定的资源吸纳消化效应；（3）一定的培植带动效应。而作为它的边缘的其他社区也必须具备某些条件以便能够回应中心社区的影响：（1）边缘社区成员具有潜在的创业积极性以及相应的潜能，否则中心社区的示范效应将大为减弱；（2）边缘社区拥有一些自身不能充分利用或无法消化的资源，或者有条件再生产出这样的资源；（3）边缘社区存在着一批渴望改变自身环境而又似乎无法可想的'不安分者'。"① 此外，即使一个社区的发展程度尚不足以使其成为周围社区的中心，但社区内各种精英产生的影响力往往也会超出本社区的范围而涉及其他社区，往往对其他社区的精英人物产生影响。

右坞村"风情小镇"的创建以"相遇艺术、融入自然、创意生活"为基本规划理念，将艺术产业和旅游产业发展相结合，成为艺术风情的休闲茶园和创意度假的体验基地，在"画·右坞"的品牌统合下进行特色化发展。在"画·右坞"一期项目建设完工后，二号桥洞入口到三禾美术馆的艺术一条街悄然成形，知名艺术家们陆续入驻，同时还集聚了设计服务、现代传媒等优势产业，右坞村的艺术文创产业不断发展。实际上，这也是艺术产业在村落内部的辐射带动效应，通过艺术产业来带动相关文创产业的发展。随着一期项目的完工，右坞村将在二期项目建设过程中全力推动辐射整个村落内部的"艺术经济"发展，提升整个村落的经济发展带动力，从而实现三期项目建设由"画·右坞"向"梦·左坞"的延伸。

> 我想打造一个江南地区的798艺术区。但是我们右坞村集体产权的房屋都已租给艺术家，可利用空间已经很少，业态也相对单一，所以我打算做一个"大坞村"概念，不仅把我们右坞村打造成"画·右坞"，还要争取把邻村左坞村也联合起来，打造成"梦·左坞"。（张飞跃之访谈）

右坞村虽然在经济总量上可能不如那些超级村落，但它却能够对

---

① 陈光金：《中国农村社区精英与中国农村变迁》，中国社会科学院研究生院，博士学位论文，1997，第145页。

周围社区产生三种辐射性影响：一定整体可行的示范效应、资源吸纳消化效应和培植带动效应。随着城市化的发展和现代化进程的快速推进，发展工业已经不适合凤坞地区的村落，尤其是像右坞村这样属于西湖龙井茶国家二级保护区的村落，但它却适合走文创产业发展之路，一是位于风景秀丽的城市郊区，二是临近中国美术学院。邻村左坞村的条件和情况与右坞村相似。因此，右坞村的"艺术经济"发展之路对左坞村具有整体可行的示范效应。更重要的是，右坞村对左坞村具有资源吸纳消化和培植带动的能力。右坞村属于小型村落，在"画·右坞"一期项目完工后，村里的集体房屋和闲置土地均已全部出租，村落总共只有150多的农户，现有50户左右的房屋已出租给艺术家们，村子可利用的屋租资源已日趋紧张，而文创产业市场却在不断发展和扩大。左坞村与右坞村相邻，自然条件相似，且村落占地面积比右坞村大出许多。通过右坞村的"艺术经济"辐射效应，将左坞村联合起来，打造一个"梦·左坞"，从而形成"大坞村"概念。这样既能够为"画·右坞"的"艺术经济"和旅游经济的发展创造更多的空间，也能够带动左坞村富裕起来，甚至在"梦·左坞"成功打造成功后，带动周围更多的村落发展。

（三）"企业家精神"和"艺术经济"发展：熊彼特的视角

"画·右坞"的打造和"梦·左坞"的设想从另一个侧面显示了张飞跃独具的"企业家"眼光、强大的市场开拓能力和勇于"创新"的精神，这正是熊彼特笔下的"企业家精神"。熊彼特在《经济发展理论》一书中明确提出"企业家精神"就是"创新精神"，他认为这是影响经济增长最主要的非经济性因素。[①]

---

① 〔奥〕约瑟夫·熊彼特：《经济发展理论》，何畏等译，商务印书馆，2000，第96~102页。

根据熊彼特的说法，"企业家"是推动经济发展的"创新者"，"创新"是他的本质特征，也是他最主要的作用。他认为"创新"就是建立一种新的生产函数，把从未有过的关于生产要素和生产条件的"新组合"引入生产体系，经济社会的发展就是通过"企业家"的"创新"和生产要素的"新组合"来实现的。这种"新组合"主要包括五种情况：开发新的产品（包括提升已有产品的质量和品质）、引进或采用新的生产方式（不仅包括科学技术层面的新发明创造，同时也包括经营组织层面的调整、包括引进新的产品流通和销售手段）、开辟或发掘新的产品市场、寻找原材料及能源的新来源和创造出新的产业组织。① 当然，有人对这种"创新精神"就是"企业家精神"提出质疑，认为他没有解决"企业家创新"的驱动力问题。于是熊彼特又从心理学角度给出关于"企业家精神"的解释：第一，心中存有一个伟大的梦想和坚定的意志，能够建立一个私人王国或王朝；第二，存在征服的意志，具有征服的欲望；第三，能够从创造中获取快乐与成就感。②

当然，熊彼特运用了大量语言描述了"企业家"的形象：有市场眼光，能够看到市场潜在或者未来的商业利润；有经营胆略和富有开拓精神，敢于冒一定的风险来获取可能的市场利润；有经营能力，擅长动员和组织各种资源，并将生产条件和生产要素实行重新组合，最终获取市场和经营利润；"企业家"最关键的投入是他的想象力和能力，而非他的管理能力，因此企业家必须是富于幻想的。③ 因此，熊彼特认为，作为"创新"活动主体的企业家，必须具备敢于"创新"、

---

① 王志平：《创新：企业家的本质特征——熊彼特给我们的启示》，《党政论坛》1995 年第 5 期，第 46～48 页。

② 徐志华：《企业家创新动力与企业家创新精神解读》，《企业战略》2011 年第 20 期，第 15～19 页。

③ M Keney, "SchumPeter Innovation Theory and Enterpriser in Capitalst Society," *Science of Science* 4 (1989): 46–48.

坚持"创新"、不断"创新"的想象力和能力，同时还必须具有获得成功的强烈愿望。

右坞村的张飞跃可以说是这样一位具有"企业家精神"的村落带头人。他根据右坞村的地理环境、自然条件和面临的外部发展形势作出准确的判断，毅然带领村民们走"艺术经济"发展之路，而非仿照周围村落发展农家乐这样的市场已趋近饱和的乡村旅游经济，这是熊彼特笔下的"创新"，社会学意义上的"非常规行动"。实际上，在明确走"艺术经济"发展之路前，张飞跃对村里的集体土地、房屋资源进行了重新组合，挖掘其中的利润空间，大大提升了村落的集体经济收入。也正是这一系列的重新组合，给张飞跃以新的启发和思考，带领村民走上与众不同的"艺术经济"之路。

按照熊彼特的"企业家精神"三要素，张飞跃也是具备的，主要还是其中的第一条：心中存有一个伟大的梦想和坚定的意志，能够建立一个私人王国或王朝。张飞跃在年幼时，就希望能对右坞村做出一些改变。在他八九岁的时候，就希望能够给村里建造宽阔的大马路。高中毕业后，曾经到村里做过会计，由于各种原因，而未能继续在村里任职。在外经商和开出租车十几年后，他依然没有忘却这个梦想，通过凤坞镇组织的考试而进入右坞村委会工作，担任村主任助理。经过几年的锻炼后，在村落发展正需要用人之际，张飞跃走马上任，挑起发展村落的重任。这对他而言，终于获得了实现儿时梦想的舞台。

　　原先我们家是住在大樟树下的，元帅亭旁边原先有块地是我们家的菜地，那个时候我也就只有八九岁的样子。当时跟我爸爸妈妈到菜园地里去弄菜，那个时候路很窄的，环村西路那条路是没有的，全部都是竹园和荒地，很小一条路，去菜地的话还要穿过很长一段时间的弯弯曲曲的小路。那个时候其实就是儿时的一个梦想，那个时候想着要是有一条大马路直接能从家里到菜地里就好了，那个时候每户人家都有这么一小块地，很小的，都只有这么小一条路。要是有一条大路，能方便大家去种菜的话，那不是很好的了。后来呢村里面也招聘，我们村呢也比较小，同龄人来报名的大概有12到13个人吧。说实话，那个时候在村里面，我的文化程度也算高的。那么还有一个呢，当时村里面的老支书也跟我讲了一些，也希望我进村啊的想法。还有呢就是你想当一个村干部之前呢的想法和出发点，我当时想我们村也破破烂烂的，总觉得经过这段时间将近10年的出租车行业跑下来，也结识了一帮朋友，认识了一批人，总觉得在村里面如果自己上去，也可以尽自己的一些能力能够改变一些什么。（张飞跃之访谈）

四 思考与讨论：从"保护人"到"企业家"的精英角色转换

乡村精英的角色特征是中国乡村社会学研究的经典议题之一，其研究的主要目的是探究这一阶层在乡村权力运作和乡村社会秩序维护过程中扮演的是何种角色，以及在乡村治理过程中到底起着什么样的作用。在不同的社会结构条件下，由于社会决定机制的变化，乡村精英的角色特征自然会发生相应的变化。本节试图梳理各个不同历史时期乡村精英所具有的角色特征和演变历程，并希冀挖掘出隐藏在其背后的内在逻辑。

（一）乡村精英角色演变的历程

1. "士绅社会"范式下的乡村精英：社区"保护人""国家经纪人"

在传统的乡土社会，乡村精英被称作"士绅"，通常由大家庭的族长、村中有威望的知识分子、告老还乡的官员以及具有雄厚经济实力和地方权势的人组成。传统乡土社会属于封闭型的小农经济社会，"士绅"在乡村社会治理中扮演着极其重要的角色。韦伯是最早对这一阶层进行研究的学者，他在对中国传统社会结构进行讨论时，前瞻性地指出了"地方人士"在乡村社会治理过程中的作用。他认为，粗放的帝国行政无法渗透到基层社会，真正发挥权力和作用的是那些非正式官僚的"地方人"。① 费孝通认为中国传统乡土社会的治理具有"双轨政治"的性质，由处于上层代表皇权的行政官员和处于下层代表民众的"士绅"来共同实现对乡土社会的治理。作为上层政治结构的皇权，对乡土社会采取的是一种"无为政治"的方式，即"皇权不下县"。乡土社会则主要依靠教化性的"长老统治"来实现其运作。由于皇权止于县，为了达到"上通下达"，则需要借助一群自治团体领袖来作为"上通下达"的中介，这些人通常被称为"士绅"。费孝通认为他们是中国传统的国家与社会的缓冲层。② 萧公权运用"国家—士绅"的二元分析范式，对清帝国后期的基层社会政治控制状况进行了研究。他认为"士绅"阶层不仅是承办社区公共项目建设的公益人士，还具有阻止地方政权对地方利益的掠夺和贪污的"保护人"角色。③ 张仲礼也肯定了"士绅"在乡村社会治理中的作用，"在政府官员面前，他们代表了本地利益，他们承担了诸如公益活动、排解纠纷、兴修公共工程，有时还有组织团练和征税等许多事务，他们在文化上的领袖作用包括弘扬儒学社会所

① 〔德〕韦伯：《中国的宗教：儒教与道教》，简惠美译，远流出版事业股份有限公司，1989，第 113~156 页。
② 费孝通、吴晗等著《皇权与绅权》，生活·读书·新知三联书店，2013，第 50~69 页。
③ Hsian, Kung-chuan, *Rural China: Imperial Control in the Nineteenth Century* (Seattle: University of Washington Pressashington Press, 1967), p. 317.

有的价值观念以及这些观念的物质表现，诸如维护寺院、学校和贡院等"。① 瞿同祖探讨了"士绅集团"对地方政治的参与和影响，他认为充当地方官员与百姓之间的斡旋者，向地方官员提供咨询信息，受官员个人委托主持地方公益事业等。他们对地方政治的干预是参与官方事务和代表地方民众说话的权利或义务。②

上述从事"士绅社会"研究的学者基本上持地方士绅在国家与农村社区之间充当地方利益"保护人"角色的观点。这些地方"士绅"主要是对地方民众负责，而非对代表皇权的县衙负责，他们是地方民众利益的"保护人"。而黄宗智通过对 20 世纪上半叶华北农村的乡保、"士绅"等角色和功能变化的研究，发现国民党时期的乡保、"士绅"不再是乡村社会的"保护人"，他们实际上是傍借政府势力搜刮民脂民膏的土豪劣绅。③ 王福明也对乡保的选任情况作了深入研究，他的研究结论基本印证了黄宗智先前的发现。④

与上述两种两极化的观点不同，部分学者倾向于采取一种弹性的中间态度，认为"士绅"角色具有双重特性。佐伯富认为，地方人物既是乡村社会利益的"保护人"，又是政府的下层吏役。⑤ 杜赞奇提出了"国家经纪"模式，他认为作为中间性的地方"士绅"角色，在国家力量与地方自治力量两者此消彼长的情况下，呈现出不同特征。在国家力量对地方社会的控制力度较低的情况下，在具有高度自治性质的乡土社会中，"士绅"主要担任地方利益的代言人，即"庇护型的

① 张仲礼：《中国绅士——关于其在 19 世纪中国社会中作用的研究》，李荣昌译，上海社会科学院出版社，1991，第 48～68 页。
② 瞿同祖：《清代地方政府》，法律出版社，2011，第 168～192 页。
③ 黄宗智：《华北的小农经济与社会变迁》，中华书局，2000，第 37～51 页。
④ 王福明：《乡与村的社会结构》，载丛翰香主编《近代冀鲁豫乡村》，中国社会科学出版社，1995，第 152～164 页。
⑤ 〔日〕佐伯富：《清代的乡约与地保》，王宇根译，《东方学》1964 年第 28 期。

国家经纪人"；随着国家现代化进程的推进，国家力量对地方社会的控制不断加强，为了汲取财源，劣绅取代了"士绅"，其角色主要是国家利益"代理人"，即"掠夺型的国家经纪人"。①

笔者基本同意杜赞奇的"国家经纪人"理论。不论是乡村社会的"保护人"，还是傍借政府势力搜刮民脂民膏的土豪劣绅，乡村精英实际上都扮演着"国家经纪人"的角色。只不过在"皇权止于县"的乡土社会时期，他们在担任"国家经纪人"的同时，为了自身或者整个家族的地位、利益和名声，他们也起着一定的保护乡村社会的作用，所以又担任着"保护人"的角色，即"庇护型的国家经纪人"。随着国家力量对乡村社会控制的不断加强，由于动乱的社会和不受管控的权力，他们在担任"国家经纪人"角色的同时，为了自身的私利而变成对乡民进行搜刮掠夺的土豪劣绅，即"掠夺型的国家经纪人"。

2. "国家—农民"范式下的乡村精英："国家代理人"

土改运动对乡村社会的精英成分进行了彻底的洗牌，新中国成立后短暂复兴的宗教精英、文化精英等乡绅，被以贫下中农积极分子为骨干的新兴精英所取代，并与新的政治体系建立起紧密牢固的联系。这个时期的新兴精英以"国家代理人"的角色实现了对乡村社会权力的垄断。人民公社体制建立后，国家权力通过人民公社这一体制载体全面渗透到乡村社会的政治、经济、文化等一切领域，以意识形态为导向全面控制农民的社会文化生活。农村社会几乎所有的资源都集中在国家手中，而新兴精英则是每个村落区域范围内的代理掌控者。权力集中实质就是资源集中。人民公社体制的建立，国家科层制权威成为唯一的精英权威的合法性来源，农村社会的精英都是政治上高度忠

---

① 〔印〕杜赞奇：《文化、权力与国家——1900～1942年的华北农村》，王福明译，江苏人民出版社，1994，第37～51页。

诚的人，他们是集政治、经济和社会精英为一体的全能型精英，或者说是单一的政治精英。"农村干部的权力来源于国家，其合法性不是来源于国家的认可，而是执行党的政策和国家的意识形态，他们只是党所代表国家的组成部分的'代理人'，不是农民利益的代表人"。①

由于国家控制着一切，农村社会不存在相对于国家之外的社会、经济力量，宗族权威和乡土文化精英也就在人民公社体制的变革中一并消失了。新兴的、代表国家和地方权威的政治精英成为乡村精英的唯一载体，进而形成行政一元化的精英格局。他们是国家政权在乡村社会培育的代言人，属于国家层级控制主体序列，认同于占统治地位的意识形态。一般来说，他们没有自己的选择权力，当国家利益与农民利益发生冲突时，他们会毫不犹豫地站在国家一边。他们的话就是国家和政府意志的体现，是国家政权在农村社会里的"代理人"。②

3. "国家—社会"范式下的乡村精英："中介人""企业家"

随着人民公社体制的瓦解，国家政治权力开始收缩，以国家意识形态为导向的控制手段也已崩溃，国家利益的代言人——全能型政治精英开始没落。当然，大部分学者认为这种没落是政治精英回归到了他本来的位置，政治权力开始收缩，意味着乡村社会的自治性增强了。奥伊认为这个时期的中国村干部开始转变成国家与村民"中介人"的角色，他们既要满足国家利益，执行上级命令，又要保护村民利益并实现个人利益，使得中国的乡村社会政治依然具有一种庇护主义特征。③ 王思斌认为村干部处在官、民两个系统的边际位置，担当中介

---

① 汪小红：《乡村精英格局演变的启示》，《中国社会导刊》2006 年第 6 期，第 50 ~ 52 页。

② 宿胜军：《从"保护人"到"承包人"》，载杨善华、王思斌主编《社会转型：北京大学青年学者的探索》，社会科学文献出版社，2002，第 111 ~ 126 页。

③ Jean C. Oi, "The Fate of the Collective after the Commue," in Davis, D., and Vogel, E. F., eds., *Chinese Society on the Eve of Tiananmen: The Impact of Reform* (Cambridge: Harvard University Press, 1990), pp. 15 - 36.

者的角色，具有"边际人"的特征。当两个系统的利益或者要求发生
冲突时，处于自身利益的考虑，他们大多回归民系统。这往往使他们
在寻求中间利益最大化时出现不规范行为，从而导致农村社会管理系
统紊乱、功能失调。① 吴毅也指出了转型期乡村干部角色的双重边缘
化特征，他认为是现有的压力型体制性矛盾导致村干部的角色冲突，
基层政府与农民之间的需求性和制度性的两大职能矛盾导致村干部的
价值取向和利益选择的冲突。② 这三位学者的观点实际上都反映了人
民公社体制瓦解初期的村干部担当着国家与农民的"中介人"角色，
具有双重边缘性特征。

随着改革开放的深入，农村中出现了大批的经济精英，他们对社
区经济的发展具有示范、导向与带动作用，即所谓的"能人经济"现
象。随着村民自治制度的实施，部分经济精英凭借其经济实力和在村
中积累的资源，通过影响干部决策和参与选举的方式，逐渐参与到乡
村权力角逐中，乡村社会进而出现"能人政治"现象。郎友兴等人认
为经济能人通过村民自治选举渠道，从经济精英转变成为政治精英，
它改变了村落权力继替的规则，并引起农村社区权力结构的演变。③
有学者认为直接选举使村干部真正成为了村民利益的代表人。然而何
静、时瑞刚则持不同意见，他们认为虽然国家放权于民，但行政势力
在农村社会的地位依旧强势，村干部还不能说是完全意义上的村民利
益代表人，他们正处于政府主导下的权威自治向社会自由的民主自治

① 王思斌：《村干部的边际地位与行为分析》，《社会学研究》1991 年第 4 期，第 46～
51 页。
② 吴毅：《人民公社时期农村政治稳定形态及其效应》，《天津社会科学》1997 年第 5 期，
第 96～103 页。
③ 郎友兴、郎友根：《从经济精英到村主任：中国村民选举与村级领导的继替》，《浙江社会
科学》2003 年第 1 期，第 114～120 页。

的过渡之中。① 当然，还有大量的调查发现，从"经济能人"转向"政治能人"的村干部，一方面有可能成为乡村经济发展的内在驱动力；另一方面也有可能使他们通过政治权力来攫取乡村经济资源，从而导致转型期乡村干部腐败现象的产生。

实际上，不论是从"经济能人"转向"政治能人"的村干部，还是从原有的"政治能人"为满足村落发展的需求而转变成"经济能人"与"政治能人"兼具的村干部，他们要想在市场化背景下实现村落的巨大发展，必须具有熊彼特笔下的"企业家素质"和"企业家精神"。在许多经济转型成功的超级村庄，村党支部书记往往又是村落巨型集团公司的董事长，他们将整个村落作为一个公司来经营，他们在社区层面实施的一系列"创新行动"推动了整个村落的发展，在村落发展的实践中转变成了党政经一体的"铁腕精英"。老一辈的吴仁宝、王宏斌等都属此类精英，珠三角、长三角沿海一带的许多村落都有此现象。当然，这也是转型期的一种特殊现象。正如孙立平所言，在中国社会转型的过程中，由于社会结构高度不分化，使资本也具有高度不分化的特征，因此，中国社会存在着一个垄断政治资本、经济资本和文化资本等不分化资本的"总体性精英"。② 当然，这种"铁腕精英"现象在处于社会转型期的农村社会具有积极的意义。

（二）乡村精英角色演变的内在逻辑：决定机制

1. 乡村精英角色特征的决定性变量及其相互关系

宿胜军认为，国家权力、市场化进程、村落的社会整合程度是影响乡村精英角色特征的三大主要变量。在这三个自变量中，国家政权

---

① 何静、时瑞刚：《论自治中的村干部群体》，《河南大学学报》（社会科学版）2001 年第 5 期，第 118～120 页。

② 孙立平：《总体性资本与转型期精英形成》，《浙江学刊》2002 年第 3 期，第 100～105 页。

的干预力度是主导性变量，其余两个变量则要受其控制。① 笔者大部分认同他的观点，国家政权的干预力度不如说是国家权力对乡村社会的渗透程度，因为任何国家政权命令的下达和执行都不是临时的，而是有着一套常规的运作机制，市场化进程的确是对村落精英角色变迁最大的因素之一，它也受到国家政治命令的影响。第三个影响变量，与其说是村落的社会整合程度，不如说是村落的组织方式。前现代化时期的中国乡村社会基本上属于自组织状态，土改后的中国乡村社会是被国家以人民公社为载体而组织起来的，改革开放后的中国乡村社会应该属于两者的结合，从全国层面上来说，村民自治制度也是由国家通过行政方式来推行的。村落的组织方式实际上就体现了村落精英的合法性来源。组织方式不同，合法性来源自然也就不同。前现代化时期的精英主要是由家族威望高、祖产大或者文化程度高的"士绅"来担任，这些都是在乡村社会的自组织状态时期，"士绅"本身所拥有的资本是维护乡村社会秩序稳定所需要的。在人民公社时期，为了维护政权稳定，执行国家命令，国家自然要挑选和培育符合它在基层所需要的对党绝对忠诚的人，于是贫下中农出身的农民登上乡村社会的舞台。改革开放以来，国家一方面要大力发展经济，充分激发农民创业致富的活力，同时还要维持国家对乡村社会的控制，于是由国家任命的党支书和由村民选举的村主任就是这两种力量相互作用的产物。除了上述三个自变量的影响外，村落精英的角色特征与他们的自身利益是紧密相连的。根据韦伯的社会行动论，社区精英作为一个理性的行动者，他们行动的最终目的是追求效用的最大化，这个效用既可能是经济物质方面的，也可能是政治权力、社会声望等方面的。简

---

① 宿胜军：《从"保护人"到"承包人"》，载杨善华、王思斌主编《社会转型：北京大学青年学者的探索》，社会科学文献出版社，2002，第 11 ~ 126 页。

单来说，就是经济利益、政治利益和社会利益。张静认为，如果只强调地方精英人士的社会责任，仅从制度和道德层面来要求其奉献，而忽视其个人利益，会难以激发人们为地方共同体做贡献的积极性。[①]随着改革开放和市场化的大规模推进，在村社区自身利益扩展的同时，个人利益本位化意识也会随之强化。那么，作为国家与社区公共产品的社区权力，也自然地转化为社区掌权者个人社会资本的组成部分。因此，市场经济侵入下的乡村社会的地方精英，一方面有促进地方发展、带领村民致富的制度安排上的责任和义务；另一方面也要让他们在促进村社利益扩展的同时，能够保证自己的利益所得。这的确是市场经济背景下乡村发展实践中地方精英的实然行动逻辑，虽然此逻辑显得不那么"高尚"和"有觉悟"。

在这四个变量当中，国家政权的渗透程度是主导性变量，其余三个变量都要受到它的控制，而个人利益变量则受到前面三个变量的影响和控制。国家能够通过行政力量来干预商业化和市场化的发展，可以加快或者延缓市场化发展的步伐，可以全面实行市场化，甚至以经营者的身份直接参与到市场中，也能够遏制市场化的发展，甚至完全关闭市场。国家政权的渗透程度又会影响到村落的组织方式，国家政权的渗透程度越强，村落的组织方式则越被动，反之，则自组织状态越强。国家政权的渗透程度，市场化的速度和力度，村落的组织形式又会影响到地方精英的个人利益观，因为任何个人利益观都要受到主流价值观的影响，同时，个人利益的索求是理性人的本能。随着市场化进程的推进，村落往往会出现多个利益中心，而统一他们的力量不够强大的话，村落就会处于散乱而非组织状态，社区的整合程度下降，将直接影响到社区精英的个人行为选择。

---

① 张静：《基层政权：乡村制度诸问题》（增订本），上海人民出版社，2007，第24页。

2. 乡村精英角色演变的内在逻辑

在前现代化时期的中国乡土社会，国家政权与基层乡村之间呈现出一种政治中心与边陲的关系特征，即国家政权是以城市为依托的"帝国中心极"，而乡村则是由诸多散落在"帝国中心极"边陲的个体农户家庭所组成，"士绅"阶层则是连接"帝国中心"与乡村社会边陲的脐带。那时的国家政权并没有真正深入到乡村，而是通过"士绅"阶层来实现对国家的控制，控制程度的强弱则取决于国家与"士绅"及"士绅"与农民的磨合程度。在前现代化时期，国家政权对乡村社会的渗透程度低，市场化进程慢，或者基本上没有市场化，主要以乡村集市的生活必需品交易为主，整个乡村社会处于一种自组织状态，农村社区整合程度高，社区精英承担着保护村落整体利益的责任和义务，充当"保护人"的角色。从个人利益来看，那个时候的乡村精英最直接的目的就是个人利益，即个人社会地位和社会声望的提高。乡土社会属于熟人社会，"士绅"的社会地位是他们获得个人或家族财富、政治地位的重要渠道和基础，当然有些"士绅"也是出于个人心理满足感的需要。按照那个时候的主流社会价值观，一个人的社会声望占据他社会地位的大部分。

土改以后，尤其是人民公社体制建立起来以后，国家政权全面渗透到乡村基层社会，市场化进程被人为地抑制，采用国家计划经济形式，全体农民被人民公社体制硬性地组织在一起，社区精英则承担着全面管理乡村基层事务的职责，充当着"国家代理人"的角色。这个时期国家权力全面深入到农村，并统摄基层，对乡村社会实行"全控型"治理。这个时期的乡村精英更多是追求政治利益，主要是得到上级基层政府的认可、职务升迁和实现政治抱负，同时实现对党的忠诚。实际上，那个时候的社区精英不仅追求政治利益，由于他们是国家在乡村社会的"代理人"，全面掌控着乡村社会的所有资源，因而还通过政治权力为自己或者亲人谋取各种利益，如参军机会、就职安排的机会等。

改革开放初期，国家权力从乡村基层社区大幅度收缩，村干部的权力也回归到原位，宗教精英、宗族精英开始复兴，村干部仅担任着政治精英的角色，掌握着村落的政治资源。[①] 随着市场化进程的加速，村落的整合程度降低，随着村民自治制度的实行，村落的组织状态由国家政权和村民自组织两者相结合，由基层党委选举的党支书和由村民选举的村主任就是这两者结合的具体表现形式。随着市场化进程的加速，国家进一步放权于民，村干部的角色特征与其个人利益紧密相关。宿胜君认为，随着国家干预力度的减小，市场化进程的加速，村落整合程度的降低，使得乡村精英截留了国家下放给基层群众的部分权力，具有追求集团私利的"承包人"的角色特征。经济利益方面，村干部除了工资外，还有其他灰色收入和与其职位紧密相关的潜在收益，比如为其带来生意上的便利等。良好的工资收入、用于鼓励完成任务的经济激励以及和政绩挂钩的奖金，使得村干部为了保住这一职位，从而愿意花费更多的时间和精力来贯彻国家政策和为地方公共事务出力。[②] 在政治利益方面，村干部则可以通过绩效考核来实现职务升迁等。至于社会利益方面，主要是建立在个人声望之上。以自然村落为单位的传统乡土社会是个熟人社会，即使在当下行政村的半熟人社会，村落精英也需要通过社会声望来获得政治地位的提升。因为乡村精英通常是土生土长的当地人，他们和村民有着这样或那样的亲戚

①　宿胜军：《从"保护人"到"承包人"》，载杨善华、王思斌主编《社会转型：北京大学青年学者的探索》，社会科学文献出版社，2002，第 111～126 页。

②　Maria Edin, "State Capacity and Local Agent Control in China : CCP Cadre Management from a Township Perspective," *The China Quarterly* 173 （2003）: 35－52.

或者朋友关系，他们的社会利益已经嵌入所在村落的文化圈和日常生活中。人际网络越紧密，名声或面子对村干部来说越重要，他们越会积极运用资源来满足村民所需和改善村落福利，通常他们不会因优先执行上级的任务而损害村民的利益。[①] 由于国家实行以经济发展为主导的发展战略，在市场经济背景下实现村落的大发展成为村干部的首要任务，当然实现村落经济的发展需要政治权力的支持，且要想村落获得快速发展，政治资源、经济资源等往往不可分割，故出现大量的"铁腕精英"现象。

（三）总结与后续思考

从上述分析，我们可以清晰地看到乡村精英的角色演变轨迹：社区"保护人"、"国家经纪人"—"国家代理人"—"中介人"、"企业家"。这背后的决定性自变量主要有四个：国家力量对乡村社会的渗透程度、乡村社会的市场化程度、乡村社会的组织方式以及个人利益的实现方式。乡村精英的角色特征随着这四个自变量相互力量对比的变化而发生相应的变化。作为其中的主导型变量，国家力量对乡村社会的渗透程度，决定着乡村精英对农民利益的保护程度，两者之间成反比关系。大体上说，国家力量越强，乡村精英对乡村社会的保护力量则越弱，反之则越强。这就提示我们，国家力量对乡村社会的渗透程度和渗透方式都需要与乡村社会的发展实际相结合。同时，不可忽视乡村精英的个人利益。因为在任何时候，乡村精英的个人利益始终是与其行动实践捆绑在一起的，只有这样才能真正激发乡村精英参与乡村社会建设和保护的动力。

---

① 任轶：《政治精英在村庄治理中的角色：一种比较发展的视角》，《南京社会科学》2013年第 9 期，第 83～89 页。

在当前的宏观环境下，村落要想实现跨越式发展，乡村精英就必须具备"企业家素质"和"企业家精神"，带领村民进行一系列的"创新"，才能引领整个村落走上集体致富之路。如果只是作为一个碌碌无为的村干部，充当"国家代理人"或者国家与村民之间的"中介人"角色，那么整个村落几乎不可能实现整体上的发展。实际上，也只有村落带头人有这种"企业家"角色意识和角色行为，才能真正将其"创新行动"转化为村落发展的内在驱动力。因此，我们必须警惕"精英断层"现象。当前许多村落出现了"精英断层"现象，这种现象的出现主要有两个方面的原因：一方面，是由于市场发展迅速，社会知识更新快，原有的精英所具备的知识和才能已不能适应市场的需要，自动被淘汰而导致精英断层。实际上，成功的精英人才不少，但其中有很大一部分在成功后便迅速陨落了，很多学者认为这其中的一个重要原因，就是这些精英人才在文化程度、管理经验和思想素质上存在着程度不一的缺陷。另一方面，农村青壮年劳动力大量外流，使农村"空心化"现象严重，缺乏能够领导集体行动的村落带头人。村落精英不仅是村民自治主体不可或缺的组成部分，同时也作为一种重要的治理资源存在。唯有当作为资源的村落精英在数量、质量上都有保证时，村级组织才会有充足的后备人才，广大村民才能从中挑选出德才兼备的村干部。而当前城市化背景下的农村现实是：传统型村落精英因宗族的没落而消失；因经济与人际关系优势而生的新兴精英又倾向于离开村落，这些新兴精英的眼界、见识、能力远高于一般农民，对于生活质量的要求也就比一般农民高，越来越衰败的农村显然无法满足他们的要求，于是他们便流向城镇。村落精英流失的严重后果是村干部基础弱化，由于没有充足的后备人才，村民们难以通过选举找到满意的带头人，村委会成员的选择面也越来越窄，这样不仅让村落政治陷入混乱，也伤害了农民参与民主选举的热情。因此，地方政府要为农村精英人才的培养创造一个良好的环境，出台优惠政策来鼓励和支持他们的成长：一是出台一些有利于农村人才投资和创业的优惠措施和政策，全力扶持新农村企业的成长；二是创造良好的舆论氛围，进一步发挥对精英人才的激励和社会认同的导向功能，可以通过各种新闻媒体宣传经营成功、诚实守信、无私奉献的优秀农村精英人才，增强社会各界对他们的认同以及精英人才自身的荣誉感；三是建立健全各种教育培训体系，创建各种学习平台，为农村精英人才素质的提升提供优良的服务环境。

第九章
精英"创新"：村落崛起的外部压力
与内在动力

　　"创新"通常是一整套的体系，它既有结构和制度层面的"创新"，也有组织和方法层面的"创新"。从社区层面上来看，"创新"通常是精英推动的结果。一个农村社区的发展，最终是由于内部产生了新因素（即"创新"），才有了新的生长点。人们往往按照习惯办事，因此对一个农村社区来说实现"创新"是很不容易的，一个新想法和新思路的产生或许并不困难，但要将其转化为推动农村社区发展的新因素，就需要一系列的行动与过程，需要社区内部的精英来实现。社区内部的新因素通常是发现新门路的"技术创新"，它是推动社区发展的内在核心和驱动力。"技术创新"需要相应的"组织创新"来配套和支持，而"组织创新"与"制度创新"又有着密切联系，"组织创新"本身就包含着"制度创新"，因为任何一种新型组织的出现和创立都意味着需要有一套新的行动规则与之相适应。由此可见，一个农村社区要想实现发展和转型，尤其是在快速变化的外界社会环境下，需要有一整套的"技术创新"、"组织创新"和"制度创新"来共同实现。右坞村的"艺术经济"发展之路也是如此。"艺术经济"可以说是推动右坞村发展的"技术创新"，那么"艺术经济"的发展自然需要相应的"组织创新"和"制度创新"来配套。

一 "组织创新"：村落对市场化需求的快速回应

"技术创新"通常需要有相应的"组织创新"来配套和支持。关于"组织创新"的含义，学者们的说法不一，大致有以下几种表述："组织创新"是组织结构的调整、重构和优化；"组织创新"是"技术创新"的特殊资源、基础和保障，它依附于"技术创新"而存在；"组织创新"是组织成员间责、权、利关系的重新建构。从资源配置的角度来看，"组织创新"可以被视为"技术创新"的特殊资源。在现实的条件和环境下，"技术创新"所需要的人力、财力、物力、信息等基本资源往往分散在与其关联的各个组织中，一个社会组织几乎不可能兼具各种"创新"资源。因此，必须以某种方式将相关的社会组织沟通和联合起来，以实现"创新"思想与各种相关资源的组合和加工。从"组织创新"的角度来看，"组织创新"往往源于满足"技术创新"产生的新要求，是"技术创新"的基础和保障，对"技术创新"的活动过程及其成果的应用有着重要影响。一方面，"组织创新"通过整合资源来提高资源利用率，以支持"技术创新"活动；另一方面，"组织创新"通过调整组织结构、重整组织流程、改进组织目标，以满足"技术创新"的要求，巩固"技术创新"的成果。[①]

改革开放以来，在我国的绝大部分农村社区，农民家庭替代了改革前的集体化组织，重新成为基本的经济组织和生产单位。作为一个

---

① 郭韬：《关于组织创新含义的再思考》，《哈尔滨商业大学学报》（社会科学报）2003 年第 1 期，第 105~106 页。

经济组织，系统自足性是它的组织性特征，即土地、劳动力和有限资本的最优组合。随着家庭生产与市场关系的日益密切，传统的家庭经济组织随之发生结构性变化。这种变化就是农业生产上的"组织创新"。杜赞奇认为："组织，在经济的层面上，是按一定的原则把人与物结合在一起以实现某种目标的行动单位。随着市场的扩大和新技术的引入，经济组织将趋于企业化。在市场经济中，企业组织的功能是节约市场的交易费用，因此，在企业的组织成本低于市场交易成本时，用企业组织替代市场协调是更为经济的配置资源的手段。而企业组织之所以能节约交易费用，就在于它可以通过把过去由几个经营单位进行的活动及其市场交易内部化，使得管理协调这只'看得见的手'替代亚当·斯密的'看不见的手'来配置资源。"①

市场化改革必然要求新的企业化性质的生产组织来替换传统农民家庭的单一组织，毕竟这个融生产和生活于一体的自足性经济组织无法满足市场化生产的社会性要求。顺应市场需求的农村"组织创新"往往在具有"创新精神"的农村精英的操作下变得越来越普遍，精英对这种要求是敏感的。这种"创新"主要是在家庭、企业和社区三个层次上展开的。第一个层次是家庭组织的"创新"，这类"创新"的主体往往是改革开放之初的新兴经济精英。他们基本上是从开办家庭工厂开始的，把家庭成员动员起来进行分工合作，变成一个有成本核算的企业或准企业，这实际上就是对家庭进行的"组织创新"。第二个层次是创办正式的企业组织，包括集体企业和私营企业。"创新"的主体通常是具有经济头脑的政治精英或者本身拥有一定资产的精英，他们以一种与家庭生产组织完全不同的资源配置方式组织人、财、

---

① 〔印〕杜赞奇：《文化、权力与国家——1900～1942年的华北农村》，王福明译，江苏人民出版社，1994，第178页。

物进行企业化生产经营。第三个层次是社区组织的"创新"。社区组织主要指存在于社区的党政组织以及集体经济合作组织。社区组织"创新"的主体通常是具有经济头脑的政治精英，诸如许多超级村落的党政经一体的"铁腕精英"（担任这类角色的通常是党支部书记）。陈光金认为，"社区组织创新的重要标志是集体组织的实体化，或地方法团主义化，用更明白的话说，是社区集体公司化，整个社区变成了纵向一体化的巨型集团公司，但是它们仍然坚持社区本位，并且这样的组织体系通过对社区各种资源的再组织，同时利用市场协调机制予以有效配置，而获得一种巨大的效益，使社区经济实力大增"。[①]

右坞村的"艺术经济"和旅游经济发展在技术和产品层面进行了"创新"，比如开拓屋租市场、挖掘传统文化资源和整合村落内部与周边的有利资源来推动"艺术村落"的发展。依托"艺术村落"发展"艺术经济"和旅游经济必然要进行相应的"组织创新"，将村落各种资源组合起来，为村落的"技术创新"提供配套和支持，更好地提升"艺术经济"效益。"组织创新"本身就是一种特殊资源，它是"技术创新"的基础和保障。作为村落带头人的张飞跃自然不会止步于发现新的致富门路，要想推动村落实现跨越式发展，就必须进行资源的整合和"创新"，以满足现代化、城市化和市场化的要求。

（一）屋租产业的"组织创新"：物业管理办公室与招商引资公司的成立

1. 物业管理办公室的成立和发展

右坞村的"艺术经济"在发展初期主要还是屋租经济。为了促进右坞村房屋出租产业的健康发展，张飞跃想到了利用城市社区管理模

---

① 陈光金：《中国农村社区精英与中国农村变迁》，中国社会科学院研究生院，博士学位论文，1997，第 145 页。

式来管理本村的房屋出租产业，即成立物业管理办公室。随着艺术家
们的相继入驻，如果没有统一的管理和服务机构，村落的屋租市场容
易处于散乱状态，公共空间的卫生和美化就难以保障，"艺术经济"
的可持续发展就难以实现。要推动村落屋租经济的发展，吸引更多的
艺术家和企业家入驻，那么就要有专业化和现代化的管理机构和管理
模式，为入驻的艺术家和企业家提供优质的租房配套服务。

张飞跃认为现代化的物业管理能够满足右坞村屋租市场的服务和
管理需求，于是成立了右坞村物业管理办公室。物业管理办公室成立
文件清楚表明，它归属于杭州市右坞村股份经济合作社，其职能是负
责右坞村的房屋租赁服务和环境卫生管理，办公室主任为仇中盛。右
坞村物业管理办公室的成立，大大美化了村落环境，提升了村落的房
屋租赁服务品质，引导村落的屋租市场发展走向专业化和现代化，村
里入驻的艺术家越来越多，村民的收入也日趋增多。物业管理费的收
缴增加了村里的集体收入，同时也有了更多的资金来保障物业管理
服务。

那么作为村里来讲，以后怎么样来拓展集体经济，我那个房
屋租金和服务这一块也是很重要的，比如说物业的管理方面，其
实我们也希望村民有更多的房子租出去，虽然村民老百姓出租的
房屋，实际上村里也收一块五毛钱一个平方的物业费。但是这个
物业费是这样的，我们村里成立了这么一支物业团队，就跟一个
小市场一样的，就像坐公交车一样的，你坐一个人也要开一趟，
坐满也要开一趟。那么我这里，哪怕原来只有十多户农户租出去，
我也有这么一个团队在服务，以后村里可能有二十户、三十户甚
至四十户在租的话，那么我也可能局限在这么一个团队里面进行

服务，这就足够了。实际上在无形之间逐步增加了我们村集体的收入。（张飞跃之访谈）

通常来说，物业管理办公室有计划与决策、组织、指挥、控制、协调等有机统一的几种功能。张飞跃成立右坞村物业管理办公室，让物业管理办公室通过计划与决策，能够明确物业管理的目标与方向，以提供更好的屋租服务，通过组织和指挥，能够建立正常的物业管理秩序，从而使村落的整个物业化管理和服务成为一个统一的有机整体。从根本上讲，成立物业管理办公室是为了使村落的产业管理正规化，拓展村集体经济，保证村集体经济的健康运行和村落和谐稳定。

2. 招商引资公司的成立与转型

招商引资是改革开放后出现的新概念，它是指地方政府（开发区）吸引投资者来投资，以土地或者厂房租赁为主要表现形式。招商引资极大地影响了各地的经济启动，创造了许多"经济奇迹"和"财富神话"。随着产业结构的转型和升级，招商引资以吸收第二产业为主转向同时吸收第一和第三产业，尤其是随着现代服务业的不断发展，第三产业往往成为招商引资的主角。城市化的大规模推进，让招商引资的地盘从城区转向近郊农村。沿海地区，尤其是深圳、广州一些超级村落实现跨越式发展的成功实践可以说是招商引资成功的典型。

右坞村为了实现村落的快速发展，亟须成立专门的招商引资公司来为村里的经济发展服务。在右坞村启动发展文创产业之初，右坞村与大美公司进行合作招商，由于合作效果并不突出，右坞村终止了与大美公司的合作。2011年，右坞村在进行"风情小镇"创建时，成立了"龙腾·画右坞"旅游服务管理有限公司，负责村里的招商引资和旅游管理服务工作。"龙腾·画右坞"旅游服务管理有限公司为"风情小镇"规划中的一部分，名称由中国美术学院设计师所起，与右坞村物业管理办公室一样，归属于右坞村股份经济合作社。

> 招商引资这块，我们之前一直在跟大美公司合作。现在我们准备把他剔除，因为我们村里本身就有"龙腾·画右坞"旅游服务有限公司的，这个名字是美院起的啦，大美公司前年就退出去了。"龙腾·画右坞"旅游服务有限公司属于村里面的，经济合作社创办的。以后我们右坞村旅游这一块，都由它来出面。实际操作的可能是物业，物业以后也会归口到这个公司里面来做。（张飞跃之访谈）

随着右坞村"风情小镇"的创建，右坞村的名气迅速飙升，在张飞跃的大力推动下，并借助招商引资公司进行发力，右坞村引进的企业资金总额位列弯池街道前三甲。2012 年，右坞村共引进企业资金2230 万元。仅 2013 年上半年，村里就已引进企业资金 2600 万元，超额完成了弯池街道下达的招商引资任务。由于招商引资的成功，右坞村的税收完成情况也不错，2013 年第一季度的企业税收额就已达 113万元，而全年的计划完成额则只有 135 万元。

从右坞村现有的企业类型来看，大部分为文化创意类公司，这也正是右坞村打造文创产业园区的重要组成部分。张飞跃一开始就顺应周围环境的变化和市场需求，打造文创产业园区，以利用中国美术学院的辐射效应来带动右坞村的发展。随着右坞村的发展，一些文创类大公司开始入驻，目前村里注册资金超过 1000 万元的文化创意和旅游服务类公司就有好几家，如杭州宋泉桐画文化园有限公司，其总公司是资产上 10 亿的大型集团公司，主要经营项目有文化园区的服务、指导、管理、文化创意设计、策划、广告制作、举办会展会务、室内装饰材料等，又如杭州韵芝堂休闲山庄有限公司，主要经营项目有餐饮、住宿、实业投资、承办会展等。

物业管理办公室的成立和招商引资公司转型的成功在很大程度上印证了右坞村"组织创新"的成功，也说明了"技术创新"需要"组织创新"的配套与支持。招商引资公司为屋租市场的发展做好前期的企业和资金引进工作，物业管理办公室则为屋租市场的发展做好后期的管理和服务工作，两者相互支持、相互配合，成为"艺术村落"蓬勃发展的坚实组织基础。

（二）"创新"升级：从"文创产业园区"到"国家3A级风景区"

1. "文创产业园区"升级为"国家3A级风景区"

右坞村在2010年被纳入中国美术学院国家创意园区，享受该创意园区的一切优惠政策，大大提升了右坞村的招商引资氛围和投资吸引力。在右坞村被纳入中国美术学院国家大学创意园区后，张飞跃依托"风情小镇"创建的契机，将整个村落往创意园区的方向进行打造。根据右坞村的资源优势和基础特点，聘请中国美术学院设计院对具体施工项目进行了方案提升，深入研究、整合艺术创意风情，以项目为抓手，以规划为导向，科学合理地推进创意园区建设。可以说，"风情小镇"一期的创建工作就是建设右坞村"文创产业园区"，它是右坞村"艺术村落"打造的核心。

右坞村在2010年被纳入到中国美院国家创意园区。作为文创产业这一块呢，有老师进来了以后，他们会提出我们有什么优惠啊，会享受什么政策啊。其实总的来说，我们西湖区不是有个凤凰国际创意园的嘛，他们这个创意园里面有的政策，我们右坞也都享受的，那么作为创意园的一分子，创意园里面也有很多老师，比如说在美院主创意园住不下的，就都到我这里来了。相当于我们作为一个小的创意中心。（张飞跃之访谈）

为加快产业转型升级，全面构建"五彩经济"产业体系，张飞跃将整个的"文创产业园区"进行全面升级，试图将右坞村打造成为"国家3A级风景区"。打造"国家3A级风景区"，就是将右坞村建设成为集休闲、度假、艺术等多功能体验的旅游休闲区块，集建筑规划和设计、工业设计、动漫影视、广告策划等文化创意的产业区块，集餐饮、宾馆、酒吧、艺术文化用品店等服务产业的聚集区块，以推动村落的"艺术经济"发展，从而实现村落的跨越式发展。

张飞跃打造"国家3A级风景区"的初衷就是希望将文化创意产业和旅游休闲产业两者进行有效整合，让两者相互融合、相互带动，让整个村落的经济发展进入正规化的企业运作模式。张飞跃认为，打造风景区，有几个明显的好处：第一，可以使整个村落的管理更严谨，管理更系统，而不会让人有散漫的乡村感觉。第二，可以提升村民的素质。景区实行制度化管理，置身于景区的村民自然会受到景区管理制度的约束，让整个村落变得更有别于普通的小山村。第三，景区化的管理模式会带来较高的经济效益，这也是创建景区最重要的初衷。因为创办景区以后，会有门票、餐饮、住宿、旅游消费等收入，从而提升村落的整体经济效益。

我们去年申办3A景区，今年已经申请成功。创景区有一个什么好处呢，就是说整个村落的管理模式会更严谨，不会给你感觉整个农村是松散的，这是一个方面；第二个呢他是制度化管理，更会提升村民的一种素质，比如说他置身在景区内，可能他就知道景区对他的一些要求；那么还有一个呢就是对整个村落来讲了，景区化的管理模式对整个区域的环境、行动和生产这些都会起到用制度化的方式来制约他，不至于会让村民、让人家游客进来感觉对村民有一些看法，其实呢对我们整个村子的景区化管理模式来讲可以更区别于普通的小山村的感觉，这是一个初衷；还有一个呢就是用景区化管理模式，会带来什么经济效益呢，我可以名正言顺地让更多的游客进来，因为我是景区。那么目前呢我们是创3A，以后呢打算创4A。创景区模式以后呢，对村里有几样好处，一个呢是门票的收入。门票的收入怎么来讲呢，它也是一个特定的概念，比如说我门票有收入了以后，村落就像我刚才说的，我们村两年以后会上升到一个很高的平台，原本就是这样的想法。（张飞跃之访谈）

2. 发展新动力：新的商业模式与市场链接式发展

右坞村"艺术经济"发展的成功主要得益于商业模式的"创新"，它产生了市场链接式的发展效应。张飞跃深知，这种发展模式需要通过内外各种商业主体的互动来实现。整个商业模式的建立与发展效应的显现还需要一个过程，当然这些还处在初期的设想和起步阶段。

（1）商业模式：旅游公司、艺术家和游客的"三方互动"。打造商业风景区的主要目的就是创造经济效益。经济收入的直接来源之一就是门票收入。右坞村即将实行的门票收入方式不同于其他景区，它将内嵌于景区、艺术家和游客的三方利益之中。旅游公司建造旅游展示中心，吸引游客到景区参观、欣赏，然后通过消费券式的门票，让顾客购买自己想要的艺术作品，而不直接收取门票费。旅游公司通过从购买艺术家作品的门票中拿取相应的提成,艺术家则通过旅游展示中心将艺术作品销售出去,顾客拿消费券式的门票直接购买艺术作品,从而实现三方获益,同时又稳定和明确了景区的客户群。

然而,村落要发展"艺术经济"和旅游经济,必须要通过对外展示,吸引大量的游客入村参观、旅游和购物,而艺术家则需要一个安静的创作环境。为了解决这个矛盾,张飞跃想到利用位于村落中心的一处公房建成大型的旅游展示中心,将艺术家的作品集中放置在旅游展示中心进行展示,游客根据需要挑选,或者可以要求艺术家当场进行创作,如许多陶瓷作品可以在展示中心当场创作,游客也可以亲自体验。如果游客有艺术作品的特别需要,或者不相信旅游展示中心的作品,那么导游可以亲自带领游客到艺术家的创作公社,让艺术家当场进行创作,以满足客户需求。这样就解决了景区热闹和艺术家需要安静之间的矛盾。当然,旅游公司的收入主要来自于门票收入。

如果说我这里有很多作品,有很多比较另类的东西展现在游客面前,有可能游客进来多的。比如说或者我这么小的一个村,每年有个时间段有很多游客进来,我会采取一个什么样的办法呢,我门票的收入。比如说我设定五百块钱一张的门票,这个时候我会怎么做呢,就是说我设定五百块钱一张门票,但是我返还给你500块钱的消费券,这些消费券你可以用来买我村里的任何一样商品。比如说我有一张画,需要2000,那么如果你用了500块钱的消费券,你仍旧还要用1500块钱去买。当然也可能初级阶段设定为200块。为什么要用这种方式来设定呢,因为如果你追求艺术的,你打算在我们这里买两万块钱的艺术品的,哪怕就是2000块钱的一张门票,你也不会觉得贵。如果你纯粹就是到我这里来观光或者说来喝杯茶就走的。那么我这个村先设定好，只能有 5000 游客，打个比方 5000 游客就饱和了，其实我只能在这个 5000 里面做文章。那如果说你只是来逛一圈或者来喝杯茶，那么你这个游客我只能拒之门外了。那么就是说设定门票的这个方向。就是我只是让很多纯粹只追求艺术的人进来，他有艺术爱好的，我可以让你这个 500 块钱的消费券是长期的或者永久有效的，因为我这个村永久存在下去，只要我村委会来担保，不管什么时间段你都可以来。当然，我可以设立一个旅游商场，那么这个旅游商场呢跟游客进行互动呢，让我这个"艺术村落"跟任何景区给游客的感觉不同。不同在哪里呢，其实作为一个游客，当然现在有法律规定不准旅游公司强制性地带游客去买东西哦，但是我这个地方我不会跟你谈条件，游客进来了以后呢，我会跟你游客进行互动。跟游客怎么进行互动呢，比如我打个比方，我创建了一个艺术品的超市或者艺术品的商场，这个里面呢有书画作品，有陶艺作品，有玻璃瓷器，有玉器，有古董，有古玩，就是说跟我艺术搭边的，跟我文化产业相同的东西，我都可以引进来，或者你像这种陶瓷的，大家都有。或者你可以体验的，比如当场用电炉烧个四十分钟，这个陶器就出来了。这种泥坯他是可以给你做好的，就像这么薄的一层，这么一张东西很软的，你把它卷起来，下面加个盖，用泥巴把它封好，你自己还可以去题上几个字。你完全可以体验我的艺术，任何一样艺术，你都可以去体验。我这个商场可以有很多艺术品都集中在这个区域里面，那我们这些东西是怎么产生的呢，比如说我这里有一个做陶艺的艺术家，开了个陶艺公司，那么我可以让他在这个商场里设一个点，也可以进行互动，你游客也可以到他的陶艺工作室去。又比如呢，像我们妇女主任家的那个闵老师有名气啊，我可以在商场里设一个点，可以挂一些闵老师的画。如果说哪个游客说他懂闵老师的画，我打算花两万块或者五万块钱买闵老师的画，但是我感觉他挂在墙上的那张画不正宗，那么我可以把你带到工作室，也可以让老师过来给你画好，画好以后，比如说这张画卖给你两万或者五万，村里面给了你这样一个平台，我可以提一个点或者两个点作为手续费，那么这个都可以作为村里面的集体收入。或者我将村里集体平台上的柜台租给艺术家老师，就像一个市场一样的，那么这个东西做起来的话会很累的，就是说你到任何一个旅游点去，没有这么完善，有可能有这么一个点，但是不可能有这么完善的一个商场，有这么一个区域来与游客进行互动，其实这些都可以来增加我们村里的收入。（张飞跃之访谈）

当然，旅游展示中心不单是展示右坞村艺术家的作品，还可以展示外地艺术家的作品，销售方式既有现场拍卖，也有直接销售，尽力满足客户需求，以增加整个旅游展示中心的吸引力和影响力。第一，拍卖知名艺术家的作品，尤其是针对特殊时期和特殊事件的拍卖，不仅可以提升作品的价值，还可以提升右坞村的整体影响力。第二，引进外地艺术家的作品，不断更新艺术作品，增加顾客的新鲜感，毕竟热爱艺术作品的顾客为固定人群。张飞跃带领村里的整个团队到北京宋庄进行考察，并打算通过引进宋庄艺术家的作品来丰富右坞村旅游展示中心的作品，提升整个展示档次，满足客户需求，不断扩大客户群，以此提升右坞村的"艺术经济"。第三，根据客户需求定制商业化的艺术作品，比如古代著名艺术家作品的仿制，以及其他珍贵艺术品的仿制等。

　　那么这个展卖中心怎么做呢，一个可以展卖，第二个可以拍卖。比如我们这里有个老师，在雅安地震的时候，他就拿着自己的一幅画去拍卖的。拍卖了20万，其实以后这种事情都可以在我这里做。当然，还不能让游客感觉到我这里商业化气息太浓，但是有个什么概念了，比如说你到花家坞去喝茶，你第一次去感觉很新鲜，因为你没去过，第二次去呢你就感觉这个地方没怎么改变，就这么一个地方，但你第三次去呢，你就不想去了，第四次有朋友介绍你去的时候，你可能就要去别的地方了。人对一个地方熟悉了以后，就没有新鲜感了，这个地方就没有吸引力了。我这里会不断地创造一些新鲜给人家，至少到我这个村里来游玩的人是有个特定的群体的，这个群体你是非常喜欢和爱好艺术的人。我不追求你们三四个人开车到我们村子里来吃个500块的农家饭，下午你就开车走了，或者打麻将或者打牌完就回家了，这种群体不是我们的特定客户群。如果你很追求到我这里来呢，其实我会经常给他一点新鲜，展示厅里面我会不断地变换一些作品，这个月来呢可能有这么三百件作品，你都看到过，那么下个月来或者第三个月来，可能有150幅作品都已经换过了，那么你就又有新鲜感了。就像它想去逛吴山夜市一样的，因为他不断有新鲜东西，所以你就经常想去。就是因为你爱好这个东西。还有呢，我们这里会不断地添加一些新的老师，这个平台建好了以后，我会经常联系一些有名的老师过来。如果我有这么一个平台，我就可以跟你这个老师谈，哪怕你住在哪里，万一我这里的游客想要你的东西，我可以跟你互动，我可以把你的介绍资料或者作品放在我这里，买卖做成了以后，我就收你几个点而已，那么你的作品也可以通过我这个展示中心卖出去。至于你居住在哪里不要紧，那我们去年9月份也去北京跟宋庄谈过，我带村里整个团队，比如党员代表啊，宋庄这个管委会主任接待我的时候也跟我这样讲，我们北方购买能力有限，但是那里有5000个艺术家住在宋庄，他那里有5000个老百姓，有5000个艺术家。但是他那里的美术馆或者艺术中心都是几万方的，东西都展示出来了，好像现在也成为一个景区一样的，但是他也感觉北方购买艺术品的能力没有南方大。我这个地方这么小，如果我平台建立起来了，很多消息放出去了，会有很多有购买能力的人进来，但是我作品一下子拿不出来，那我可以跟北方进行互动，把作品拿到我这里来展示，展示以后，我可以通过我的渠道卖出去，那么我们实际上可以进行南北互动。而且我还这样想，深圳有个大芬村，他这个产业发展成什么产业了呢，只要你说得出哪个画家的作品，他都能帮你拿到，但是他拿到的都是赝品，他全部能帮你复制。比如说你要唐伯虎的画，或者你要哪个宫廷画家的画，他都可以给你，但是会告诉你这是赝品。但是他这个市场在全国范围内已经相当有名了，他们很小的一个村有800多家卖赝品的商铺，还包括油画、书画等作品，已经形成一个产业链了，包括这种做皮的或者做纸的，什么丝织的，什么乱七八糟的都有，跟艺术搭边的都有。

（张飞跃之访谈）

（2）链接式效应：艺术产业与旅游产业的互动。右坞村以艺术文创产业的"创新"为主线，带动了相关的旅游经济和其他产业的发展。"国家3A级风景区"的打造必然需要相关的服务配套和相关的产业跟进，以增强风景区的吸引力，而不只是单纯的艺术展卖、拍卖。当然，相关的配套服务主要还是在股份经济合作社的框架范围内进行,创建工作要以村民为主体,这样既能发动全体村民参与管理,还能带领村民致富,而不仅仅是村集体获益。为此,张飞跃计划利用"龙腾·画右坞"旅游服务有限公司的平台来提供相关的配套服务。

一是成立隶属于"龙腾·画右坞"旅游服务有限公司的茶叶炒制中心。茶叶炒制中心是茶农现场炒制茶叶进行展卖的场所,茶农把新鲜采摘的茶叶进行现场炒制,顾客根据需要进行购买,这样不仅可以让顾客了解原始的炒茶方法与炒茶过程,同时还能保证茶叶的品质。此外,农户和游客还可以进行现场互动,农户可以直接带领游客去采摘茶叶,采完以后,游客自己进行加工炒制,以体验采茶和炒茶的乐趣。这样不仅可以增加对游客的吸引力,还可以推广右坞村的本土茶叶品牌——帅印茶叶,进而整体提升右坞村的茶叶经济发展效益。

> 我们也想把元帅茶品牌进行推广,建立一个炒制中心,让村民恢复到原始的生产状态,让大家知道我们村原来每户人家出一个,160户人家全部在我们这个炒制中心现炒现卖,那么把自己家的茶叶采出来进行加工,来卖给游客。用这种方式有什么好处呢,一个让你游客知道茶是怎么做起来的。第二个也可以跟农户进行互动;第三个呢农户还可以带你去采茶叶,采完以后自己来加工,还有一个可以说不经过商业模式,就是直销模式;还有一个呢推广茶文化,让你了解茶,还有一个呢我们村里所有的茶统称叫元帅茶,把我这个元帅茶直观地推广给广大群众,让你有更多的了解。(张飞跃之访谈)

二是成立旅游团接待中心，推动餐饮住宿产业发展。为满足游客的餐饮和住宿需求，也为保证村里的环境整洁，成立隶属于"龙腾·画右坞"旅游服务有限公司的旅游团接待中心，以推动村落旅游茶叶的发展。除此之外，积极发动村民为游客提供住宿和餐饮服务，以满足游客多样化的食宿需求，这实际上也可以拓展村里的屋租经济市场，而不仅限于向艺术家群体提供屋租服务。

那以后游客进来不是要吃饭和住宿的嘛，比如一个游客进来定做一个老师的画，作品展示是在白天，老师创作一般都在晚上，那他可能就要在这里住宿，第二天去拿作品。现在我们集体资金也有限，土地资源也很紧缺，我们要充分挖掘住宿资源，将老百姓的积极性调动起来。现在不是在逐步完善这个硬件设施嘛，像现在的孝文化啊，年糕坊啊我们都在逐步完善，包括茶叶炒制中心，还有后面建立的展示中心啊，这些东西都完善了以后，现在正在对接像外面搞得这种中青年旅社啊这种团体或者单位，那么吸引这种人才到右坞村来。这种模式是这样的，外面也希望他们租用老百姓的房子来做旅社，青年旅社也好，或者做成养生酒店也好。像档次很高的我们也有几家，像张一元这种啊，等我们整个村都完善了，旅游也有接待了，那么我们逐步逐步开发出来。我们也希望能够跟更多的村民老百姓互动，希望他们的房子能够租出去，发展是服务整个村嘛。其实村落提升服务品牌很重要，但是更注重的是民生问题。我要让老百姓过得好，既然你是我的村民，那么我也必须要关心你们，我们也希望你们能够一天比一天好。我们村民老百姓也希望通过我们整个村的平台来使生活更加富裕，比如我们集体化管理模式，让我们整个村有个良好的制度。制度虽然对大家都有制约，有制度制约就相当于你自己有了制度文化的熏陶，自己的素质也会上升到更高的平台。那么让我们整个村和谐的氛围能够上升到更高的平台，就是这样来发展。（张飞跃之访谈）

二 "制度创新"：村落发展亟须制度的保驾护航

从制度经济学的角度看，制度的定义十分宽泛，既包括正式、非正式的行动规则，也包括价值规范和意识形态等；从社会学的角度看，制度更偏重的是支配人们行动的正式规则，而"制度创新"则是指各种程序性的正式行动规则的改变。

汪丁丁认为，打破习俗而非按习惯办事，并利用自己掌握的经济权力和/或政治权力来强制社区成员遵守，从而达到改变习惯的作用是社区精英对"制度创新"的重要贡献。[1] 针对"创新"动力的来源，制度变迁的诺斯模型给出了一个公式："如果预期净收益超过预期成本，一项制度安排就会被创新。"[2] 这意味着，"制度创新"是受收益驱动的结果。收益的增加来源于"技术创新"，因为"技术创新"必然指向潜在或预期利益的追求，当现行的制度和组织方式无法满足这种预期的潜在利益追求时，就会产生与其相应的"组织创新"和"制度创新"冲动。因此，适应"技术创新"要求的组织和制度变化，就是"组织创新"和"制度创新"。当然，"组织创新"和"制度创新"并非一切有关组织、制度的变化，而是专指能使"技术创新"者得到

---

[1] 汪丁丁：《经济发展与制度创新》，上海人民出版社，1995，第20~22页。
[2] 〔美〕L. E. 戴维斯、D. C. 诺斯：《制度变迁的理论：概念与原因》，载 R. 科斯等著《财产权利与制度变迁》，刘守英译，上海人民出版社，2004，第266页。

追加预期利益的组织和制度的改变。社区精英在追求潜在的利益而遇到现行组织和制度的束缚时，敢于打破这种既定的行动规则，而将其进行"创新"以满足潜在利益的追逐。

"制度创新"与"组织创新"关系密切，"组织创新"本身往往包含着"制度创新"。因为任何一种新组织的出现，都意味着组织内部必须要有一套适应其发展的新的行动规则。当社区精英为追逐潜在利益而创造出一种新组织的时候，他往往会同时对组织内成员制定一系列正式的行为规则，以确定他们在组织内的各种地位—角色的等级层次，以及与这些地位—角色相适应的权利、义务与职责。因此，当社区精英为了增加收入而创造各种新型生产组织即企业的时候，为了提高效率必然同时进行"制度创新"。当然，"制度创新"与"组织创新"并不总是同时完成的，相反其常常具有一定的滞后性，它通常是在组织成立后经过不断的试错而建构起来的。在一个村落内部，发现新的门路的"技术创新"以及相配套的"组织创新"并非难事，但是真正的"制度创新"往往成为决定一个村落能否发展壮大的关键因素。许多村落集体经济的迅猛发展，往往是因为社区精英建立起能够充分调动村落资源和有效利用外部资源的产权制度，以及能够刺激经济增长的公共权力运作机制，这样一系列的制度安排是其不断"创新"的结果。①

（一）"火爆"的屋租市场与物业管理制度

1. 物业管理条例和房屋租赁合同的制定

随着右坞村"艺术经济"效益的不断显现，村落的屋租市场也在不断拓展。为进一步提升右坞村的屋租产业配套服务，壮大右坞村的

①　韩喜平：《制度安排与村落发展——对村集体经济发展的一种解释》，《吉林大学社会科学学报》1997年第6期，第85~90页。

屋租产业经济，右坞村在张飞跃的带领下成立了右坞村物业管理办公室，采用城市社区的现代化管理方式来为村里的屋租产业提供配套服务。物业管理办公室作为一个正式的管理机构，必然要有相应的规章制度来管理其日常的工作和维持其正常的运转。同时，为使村里的屋租市场管理制度化，张飞跃要求物业管理办公室制定了《画·右坞物业管理条例》（见附录4）和《画·右坞房屋租赁合同》（见附录5）。《画·右坞物业管理条例》对物业管理办公室的基本职责、物业费的收取标准、业主的权利和义务、物业使用人的权利和义务都做出了明确规定，以使物业管理服务走向专业化和正规化。除物业管理条例规定外，还要求物业管理办公室工作人员统一穿戴制服、佩戴胸牌，一切按照城市社区的物业管理工作人员的行为规定办事。

为了正规化管理，张飞跃还要求我们制定了物业管理条例和房屋出租合同。这个是由我们来共同起草的，具体写作是由小杜（村支书助理）来做的。物业管理条例我们明年要把它写到村规民约里面去了。其实这个物业管理条例就是张飞跃提出来的。他要求很高的，他要求我们穿制服。实际上这个也是对的，你去收物业费，你不穿制服，人家也不相信你的。张飞跃对村落的管理，要求城镇化式管理。卫生、物业、治安他要求城镇化管理。物业管理条例具体是在2011年制定出来的。在凤坞地区收物业管理费，右坞也是第一家。物业费去年我们全部都收齐了。（仇中盛之访谈）

当然，张飞跃制定物业管理条例和房屋租赁合同的“制度创新”，也是在物业管理办公室成立后，从不断探索的实践中总结出来的。

我之所以要制定物业管理条例，要求他们穿戴制服，因为是这样，很多老师呢来这里反映过。但是我们农村里这种物业服务的概念不像有的小区，是属于保安性质的。但是我是这样想的，我就是说老师既然有这个反映，我到村里来办一些事情，哪些是属于工作人员啊，所以我特意地把一个物业办公室搬到下面来用。那边一些老师进来找或者来办一些事情，还有一些我就说你们作为纯搞物业的，比如我们这里搞物业的四个人，大家要穿制服，也要挂牌，显得规矩一点。至少要让老师感觉到你们是物业工作人员，我有什么事情跟你对接，这个也相当于是工作上的一个制度。（张飞跃之访谈）

《画·右坞物业管理条例》对右坞村的物业管理服务做出了明确规定，对村里的屋租市场发展提供了很好的制度保障。除了物业管理条例，张飞跃还带领物业管理办公室制作了统一的《画·右坞房屋租赁合同》。其中除了常规的租赁人和被租赁人的权利和义务外，对租赁房屋的经营范围也做了明确的规定，比如《画·右坞房屋租赁合同》的"第二条　乙方租用甲方＿＿＿门牌号，建筑面积为＿＿＿平方米，根据弯池街道规划、策划要求从事创意休闲旅游产业"。就明确规定了租赁房屋的经营范围，尤其是将对环境有污染的企业和产业排除在外；又比如"第七条　甲方权利与义务：7.4　如甲方仍居住在与出租房同幢的房屋内，甲方应当配合乙方以及乙方引进的企业使用该房屋用于创意产业的形象要求"。通过明确的制度规定，既能保证右坞村的房屋租赁市场秩序，也为推动村落的"艺术经济"和"旅游经济"发展创造了优美的环境和发展氛围。

2. "火爆"的屋租市场

2011 年"风情小镇"创建一期项目完工后，右坞村的屋租市场获得快速发展。随着物业管理工作不断走向专业化和正规化，屋租市场发展不断加速。到 2013 年上半年，右坞村的屋租市场行情可以用"火爆"二字来形容。屋租市场的"火爆"主要体现在以下三个方面。

（1）可观的房屋出租收入与物业管理费。随着屋租市场的快速发展，房屋出租收入成为许多农户的主要收入来源。借助"风情小镇"创建的契机，大部分农户将自家的房屋进行了加层和外部装修，以获取房屋出租收入。一些原本比较困难的家庭，也因为有了房屋出租这部分的收入，生活条件得到明显改善。

　　我们村里之前的收入在凤坞区块属于一般。自从这个艺术小镇建立起来以后，村里又有了这个正规的管理，环境又这么好，许多家庭都出租了房屋。许多本身家里条件不太好的，也都因为有了房屋出租这块收入以后，家里反正吃穿不用愁了。就比如我自己家来说吧，我们家条件本身一般，在村里"风情小镇"创建的时候，我建了四层楼的房子，当然向亲戚朋友也借了一部分钱。我自己住在第四层，把底下三层全都租出去了，租给美院的一个老师，每年租金是八万块钱。我儿子已经工作了，我自己在村里做公益性岗位，每个月有一千多块钱的收入，我老公每个月也有三千块钱的收入，那么这个家里已经够可以了，反正大钱我们也不想的，只要这么稳稳当当的，我就心满意足了。其实不光是我家，你像我们村里的另一户人家，说起来他们家是很可怜的。丈夫前几年出车祸死掉了，她自己嘛又得了乳腺癌，每年化疗要钱的。虽然儿子参加工作了，毕竟家里丈夫死了，儿子自己也要顾自己的，她治病还要这么多钱。辛亏她们家有房子出租，每年有七万块钱的租金，所以她还算好了。不然，你说她们家不是要苦死了。（村民汪虹霞之访谈）

除了村民收入日渐增长外，作为集体收入的物业管理费收入也相当可观。按照《画·右坞物业管理条例》的相关规定，物业费按建筑面积每平方米每月收取人民币 1.5 元。2012 年，右坞村共收取物业管理费 108549 元，超过了 10 万元，该年的物业管理费只向承租整栋房屋的租赁人收取。从 2013 年开始，右坞村物业管理办公室还将收取部分房屋出租的物业管理费，物业管理费将会大幅度增加。截至 2013 年上半年，右坞村共有 16 栋房屋为整栋出租，其中 5 栋为公房出租，其余 11 栋为私房出租。此外，实行楼房部分出租的农户已达 30 户，已经达成租赁意向并到物业管理办公室进行备案的农户高达 10 户，房屋整栋出租、房屋部分出租和已经达成租赁意向的农户已超 50 户，接近全村农户总数的三分之一。这充分表明村里的屋租产业已成为右坞村的支柱产业。

（2）纠纷下的预订。2013 年，右坞村的房屋出租市场异常火爆，甚至到了一房难求的局面。村主任助理仇启鹤的同学想承租村里老会计仇识宽家的一栋祖屋，由于他本人暂时身居国外，无法直接到场协商房屋租赁事宜，于是就委托仇启鹤代办。仇识宽家的老祖屋是其祖父建造的，他们兄弟几个均有份，由于大家对该房屋拆与留的意见不统一，导致该房屋一直处于纠纷状态。仇识宽希望通过以房屋出租的方式将该祖屋保留下来，以留作纪念，于是他请张飞跃出面协调。张飞跃答应出面调解，但他要求意向承租人必须先交付一万元订金，以免纠纷解决后，意向承租人又放弃承租该房屋，导致竹篮打水一场空。

　　实际上我们村里地方小，但是老百姓是实实在在获得实惠的，每年的房屋出租收入就很可观了。所以从其他角度上来讲，说你们违章建筑太多，你说不违章又怎么办呢，村民又没办法增加收入啰，所以政府也是睁一只眼闭一只眼啰。自己的根基要牢靠啰，政府也要扶持的，所以违章建筑也是比较多的。这样就促使他们多余的房子出租了，比方说一户人家房子出租，多的话一年有十多万了。我们家也有幢老房子，三户人家共有的，我爸爸有三兄弟。老二同我爸爸就是后面一栋房子，是大房子，是木头做的。后来呢老二有两个儿子，我爸爸也有两个儿子。原来是三间房子，两户人家，后来变成四户人家了。那我们就到其他地方去造房子了，那这个木房子就留下来了。后来呢，我二伯有三个孙子，但相当于就只有一间半房子啰。后来了他们建房子地块不够，于是就将三间房子拆掉了一间，剩下来的两间房子就不是一个整体了。我同我弟弟相当于就还有一间半房子一个弄，那他们呢就相当于还有半间房子一个弄。这样的话呢就弄不好了，当时村里整改的时候想搬掉的，我们当时想把这个房子给保留下来，想复原一下，后来也是讲不好。这个木头房子要将近100年了，90年左右了。时间一长，这个雨水要漏的，当时我也想这个房子肯定守不牢了。你要修也很难修，我想修他们也不让修，所以也很难的。来看的人很多，你们这个房子可惜啊，怎么拆掉一间啊。现在都堆放了一些垃圾和柴火，我当时想万一人家放鞭炮烧掉了怎么办。看的人很多，想租的人也很多。他们都说要么卖给我，要么租给我。来的人呢，我同他们说明了情况以后呢，他们也觉得有难度，这个事情也蛮复杂的呀。现在呢启鹤的一个朋友，也是美院的，他说他们要这个房子，租金大概嘛是多少。他同我这

样说的。我说呢我们这个房子是三户人家，作为我来讲呢，租金
多少不是第一位的。我的理念就是这样的，这栋房子不要给他塌
下来就好了，毕竟是老祖宗留下来的，现在这种房子已经很少了。
我说既然你那个朋友要来，那么就叫张书记出面，我们私人层面
是讲不好的，村里出面的话，如果他们同意租，那我们再来商量
这个事情。后来张书记同启鹤沟通过了以后，说你先把一万块押
金拿出来。启鹤说干嘛呢，张书记说我到时候辛辛苦苦去调解，
你们到时候又不要了，那我怎么弄。押金弄好了之后，再去协调，
协调好了再谈租的事情。说实在的，这个房子能够出租出去，我
很开心，毕竟这个房子已经保留下来了。实际上来谈的还不是他
朋友，他还在英国呢，他委托启鹤来谈的，钱也是委托启鹤来交
的。他说他这个朋友也是租了300方的，我们的租金也是按照村
里的标准来的，基本上都是15块一方的。我们这幢房子是村里最
老的房子了。（仇识宽之访谈）

意向承租人只是在了解了该房屋的来历，还未见到真实的房屋
前，就想将其承租下来并委托熟人协商，而张飞跃为了让纠纷调解不
白费力气，就直接要求意向承租人先付订金，这两件事情足以说明右
坞村屋租市场的火爆程度。最终，通过张飞跃的从中调解，该房屋得
以顺利出租。当然，从这一小小的纠纷调解事件，也可以看出张飞跃
的确是一位有胆识、有谋略的"企业家"。

（3）农民的理性：出租与拼住。农民也是理性的经济人，会在约
束自己的条件下寻求自身利益的最大化。随着城市化的不断推进，地
价和房价不断攀升，城市郊区的土地和房屋出租收入也迅速上涨。在
现有的市场经济背景下，房屋出租可以说是一种"零风险"的生意，

符合农民行动的"安全经济学"逻辑，农民在求富过程中通常求稳。在 2012 年，右坞村就有 11 户农户将整栋楼房出租，但是农户家的宅基地和自住房通常只有一处。这些将房屋整栋出租的农户想到了一个两全其美的办法，将自己家的房屋整栋出租，然后自己租住在亲戚家（一般是兄弟家），兄弟家因此也有了房租收入，这样不仅可以获得最大的利润，还达到了双赢的效果。这既反映了农民具有理性的一面，也从侧面反映出右坞村屋租市场的供不应求。当然整栋楼房出租，艺术家也能够对其进行更好地使用和管理。

（二）权力运作的"制度创新"与村落秩序的重构

当一个村落出现一种新的经济发展模式，且这种发展模式对村落发展的影响越来越大时，必然会对现有的村落治理秩序产生挑战，需要对其进行相应的"创新"来适应新的经济发展模式，这主要是对村落财务运作模式进行"创新"，毕竟财务管理是权力腐败的关键环节。

随着城市化的快速推进，市场化的不断深入，以及村民自治制度的实施，村民们的民主意识不断提升。然而，在村落治理的过程中，往往容易出现"强人治村"现象。"强人治村"不同于"能人治村"，但在很多时候"强人治村"是由"能人治村"演变而来。贺雪峰、何包钢认为，"以强人治村为特色的村落自治，容易出现两个引起村民不满的问题：一是强人治村时，他选择的治理目标可能会过于脱离村民愿望的实际，这种对实际的脱离，既可以包括上级安排下来的超出村落实际需要的种种达标升级活动，也可以包括因为个人眼界的局限乃至私利考虑而决定下来的公共工程目标。二是强人治村容易出现权力的滥用，尤其是在办理公共工程等公益事业中，为自己谋取私利，最终导致好的公共工程目标成为村民支出的噩梦，村民手中的资源是提取上去了，公共工程却遥遥无期。村民因此而失望和愤怒"。①

右坞村在成立了股份经济合作社以后，先后完成了"百村示范、千村整治"、"背街小巷"改造以及"风情小镇"创建等一系列工程项目。在这些项目建设的过程中，张飞跃以及整个村委班子逐渐意识到，村委班子如果直接进行工程招标或者项目购买，而没有做好村级监督，那么这些工作将难以开展。在"风情小镇"创建工作完成后，村落的公共事务越来越多，于是右坞村创建了项目决策、运作和监管相分离的一整套运行机制。工程项目的招投标决策由股东代表大会决定，具体的招投标工作和物资采购由物业管理办公室负责，股份经济合作社监委会对招投标工作和物资采购进行监督，以保证工程项目招投标工作的公正、公开、透明。由于整个村落是依托股份经济合作社来运营的，股份经济合作社的各项事务往往与村级事务相互交叉、相互重合。因此，项目招投标的决策、运作和监督工作由股份经济合作社承担。

老百姓看干部，一是看这个人有没有能力，二是看这个人有没有公心，有些人有能力但是私心很重，老百姓就很怕的。老百姓最怕有私心的人。他自己捞得很多，老百姓怕把集体的东西给毁了。所以说，我们当干部到现在，工作上也是平时在摸索的。我们从"风情小镇"建设以来，刚刚早上这个老会计也说的，我们下面不是有个物业公司，就是监督委员会啰，我说我们所搞的一切建设，坦率地说是成功的。所有的购材料也好，工程监管也好，我们无非是出个点子，购材料也好，监管也好，我们都是由

---

① 贺雪峰、何包钢：《民主化村级治理的两种类型——村集体经济状况对村民自治的影响》，《中国农村观察》2002 年第 6 期，第 46 ~ 52 页。

下面物业公司的人来操办的。要买材料，由他们签字了以后，再由我们上面来签字的，这样老百姓就比较理解了。如果说这个事情我们来做，我们是哑巴吃黄连。现在工程都是招投标的，因为什么呢，我们要省几个钱，集体经济收益也不容易。早上我还在跟书记说，幸好这几年我们是成功的，不然你跟老百姓说你不捞，老百姓都不会相信。工程队是你们叫，材料是你们买，所以说我们这个权利下放到下面，所有的事情叫他们来监管。这几年下来，我们也是在慢慢摸索的，使老百姓放心，对不对啰。如果我们不这样子的话，说实在的，我们是最小的官，也是最难当的官，最不被理解的官。为什么不理解啊，直接涉及老百姓利益的就是我们这批人，方方面面都涉及的。因为什么呢，村民是百人百心的，上面的政府他们都接触不到，就是看到我们这条线的，那肯定是盯牢我们的。通过这几年的摸索，我们自己绝对不允许有私心的，我们自己要带头的啰，你不带头怎么行，对不对。我们这种官最难当，难当在什么地方，难当是因为涉及集体的东西，老百姓都不理解的。涉及老百姓本人的利益，这个工作是最难做的。你说我们晚上去给他们做工作，他们也是感动的。他说如果是你私人的，我二话不说，给你都无所谓，他们都是这样的，是集体的都不肯的。当村干部很难的，上面领导说说很容易的，交给我们来办很难的。（仇正义之访谈）

三 民心凝聚：村落在市场化进程中的秩序维护

随着市场化程度的不断提高，村落内部的社会成员必然走向分化，村落内部的阶层结构也随之不断分化与重组，这必然会对村落的秩序造成一定的冲击。稳定的村落秩序是推动经济发展的重要保障，也是村落自身发展的重要内容。面对村落分化带来的秩序问题，张飞跃采取了一系列措施来维持村落秩序的稳定，以推动村落经济持续健康地发展。

（一）十项福利与民心凝聚

村落福利是村落经济效益提升的惠民成果，它具有村落黏合剂的作用。张飞跃走马上任以后，右坞村的经济效益明显提升，村落福利也在股份经济合作社成立以后，不断增多。目前，右坞村共有十项福利。这十项福利既有普惠村民的福利，也有针对村里特殊群体的福利，如全体股民的股份制分红、奖学金、煤气补助费、年糕福利、老年福利费和节日慰问费、妇女和幼儿的医疗补助费、困难户和老年人的高温慰问费、创业补助以及招商引资奖励等。村民收入在不断增加的同时，各种村落福利更让村民们感受到了村落发展带来的实惠，从而大大增强了村落内部的凝聚力。

我昨天在开村委班子会议的时候跟他们说，你们知不知道咱们村里有多少项福利，我告诉他们我们右坞村有 10 项福利。一是股份制分红，这是明显的；第二个是老年费，就是老年人的退休工资，多少不管，反正总归是有的；第三个是奖学金，我们一二三本线各设立了 3000、2000 和 1000 块的奖学金；第四个是煤气补助费；第五个是节日慰问费，节日慰问费比如像重阳节啊、中秋节啊在这个老年人群体里面我们都付了一定的慰问费；第六个是医疗补助费，像妇女儿童啊，妇女是很明显的，比如妇检奖励啊，大肚子或者要流产这些都是由村里来报销的，那么儿童呢比如上幼儿园，我们跟幼儿园赞助，这样也照顾我们村里上幼儿园的这些学生；第七个是年糕分红，我们每户人家人均五斤年糕，多少不管；第八个是高温慰问，我们从去年开始，今年特别明显，高温的时候我们去买些水果或者慰问品去慰问那些困难户啊，今年我们村里 120 多个老年人，每个人都有一箱葡萄，发放高温慰问；第九个呢是创业补助，创业补助是什么概念呢，就是说如果是本村村民，租用我们村里的房屋或者土地用来创业的话，我们村里呢有扶持的，我们本村民有八折优惠，帅印茶叶就是个典型；第十个呢就是招商引资奖励，比如我们右坞有些房屋啊，有一些公共的资源，村民可以利用自己的亲戚或者朋友啊介绍过来了，到我们村里来创办了企业，那么产生的效益我们作为给他们奖励，最少是 2000 元起步到 10000 元不等的奖励，如果贡献大的，我们会把这个事情提交到街道，提交到股民代表大会上讨论进行奖励，我们一共有这么 10 项福利。（张飞跃之访谈）

（二）村民意识"半市场化"与非民间投资

近年来，右坞村的经济发展速度虽然较快，但是右坞村村子较小，因此村落的集体经济总体上还不够强大，村集体的主要收入来源为公房出租收入和物业管理费收入，由于还要进行年终分红和维持村里的日常开支，村集体的结余资金非常有限。一些发展成功的超级村落，在村落发展亟须资金时，往往选择民间投资（社会投资和村民投资）的方式来解决资金问题。在右坞村，张飞跃和仇正义也都想过吸纳社会资金入股来发展村落集体经济，尤其是右坞村创建"国家 3A 级风景区"需要大笔资金，但是他们考虑到村落目前的具体情况，而尚未采取该方式来解决村落资金发展问题。第一，右坞村的主要集体产业是支出成本较低的屋租和旅游产业，当前村落的可利用资金尚能勉强维持村落的产业发展，还没有到非得靠社会民间投资才能推动村落产业可持续发展的地步。第二，村落发展目前尚处于起步阶段，家庭经济条件好的村民还不是太多。如果吸纳的投资对象只是集中在家庭经济条件好的村民，那么就会引发其他村民的心理不平衡，这会对整个村落的发展和秩序稳定造成负面影响。第三，村民的投资意识尚处于培育期，还未意识到投资收益是现代家庭的主要收入来源之一。第四，如果实行社会民间投资入股，一旦村落经济发展速度放缓，村集体经济收益低甚至处于亏损状态，那么就容易增加村里的矛盾，影响村落的和谐与稳定。

我们也想过吸纳社会资金来入股发展。但现在还没有这种想法。农村里面是这样的，我们村九几年的时候，原来经济比较那个的时候，镇里面还不是统筹来监管的时候呢，我们村的产业发展呢有过这样一次教训。我们开了个企业，属于自己村办的企业，但是后来没办好亏掉了，亏掉了以后呢，老百姓就怨声载道的，你们怎么干成这个样子的。所以呢，我们也就不要再重复了，尽量去避免这个矛盾。民间资本投入到村里来发展的这种模式呢可以会考虑得很慎重，以后是不是一定要走这条路呢，就要看我们的发展模式了。如果以后真的产业发展壮大了，村里面没有这个条件去扶持，需要民间资本来投资的话，那么我会很慎重地跟街道、跟村里面的党员、跟村民代表一起商议来做一个统一的决定。此外，我们也考虑过吸纳村民的资金来参与村落的建设。但是这样的，村民有个特定的概念，这种我们不会优先考虑，为什么呢？我们村还处于起步阶段，条件好的村民还不多，村民手里还没有太多的投资款或者闲钱。如果我做这个事情集中在几个村民身上的话，可能会对整个村的村民造成负面影响。两三年以后，我感觉每个农户都能拿出十万二十万了，那我就可以让每个农户将 20 万投资在我们村里，这样就很平均化了。那我现在出台这么一个政策，有钱的人能拿出 200 万，没钱的人我一个都拿不出，那村里集资 2000 万，就四五个村民集资过来的，那年底分红就分给这么几个老板，那么村里面就肯定会有想法。其实呢，作为村里来讲，集资了 2000 万，分红分给谁都一样。但是作为村民来讲，"不患寡而患不均"的传统思想还是很重的，村民的思想还是比较保守的。我们现在还处于培育期，还没有到发展期，我们还处于转折点，如果到了成熟期，你不叫他投资，他借钱都要来投资的。（张飞跃之访谈）

（三）书画学习社成立与村民素质提升

从某种意义上讲，村落发展速度的快慢在很大程度上取决于村民素质的高低。只有农民的文化素质提高了，才能充分利用先进的科学技术成果，实施规模化经营和产业化生产，提升农业经济效益；只有具备高素质的农民，农村经济发展才会有后劲，才能推动农业、农村经济结构的调整，提升农民整体收入。张飞跃深知，要实现右坞村经济持续健康发展，就必须提高村民素质，推动村落发展模式由"外向依赖型"向"内生主动型"转变。自担任右坞村党支部书记以来，他感觉最难的且一直在做的一件事情就是提升村民素质。村落产业的可持续发展需要人的可持续发展来维持，这就需要不断提升村民素质。张飞跃认为，在推动村落发展的过程中，单做一件事情，不是特别难，难就难在要有可持续性。要实现村落发展可持续，就必须提升村民素质，将村民根深蒂固的小农思想转变过来。

在村里工作这么多年，最难的一件事情是一直持续在做啰，如何提升村民的素质，这个是很重要的。第二个呢就是如何把村里的产业做到可持续发展。但实际上产业的可持续发展还需要人的可持续发展来维持啊。所以相当于做文化啰。如何做好一个村的文化，这个是很要紧的。我们村以后要有一个很好的出路的话，这个村民的素质提高是相当重要的。对我们整个班子来讲，单做一件事，是没有困难的。难就难在必须要有可持续性，不然发展到一定时间就不能发展了，那其实就是一种失败。其实提升人的素质就是要转变他的思想啰。那农民根深蒂固的思想，你要把他转化过来难度是很大的。所以我们都是一件一件事情在做，就像我们一开始都勒紧裤腰带，但是我必须做每一件事情都对老百姓负责。所以呢，我可以讲，从 2005 年到现在为止，我说的每一句话都做到了，从来没说过一句空话。做不到的事情呢，我也从来没有说过一句。那我对 500 个村民，我都是有承诺的，做不到我就不说，我说了就一定要做到。这个是要取信于民的，不能失信于民啊。我也要求我下面的班子成员一定要这样做，不要夸海口。那如果你什么事情都答应下来，一旦做不了了，那你就失信于民了，那这个班子的战斗力就没有了。所以呢，如果你感觉做不到的事情，你就拒绝他，以后等你做好，他就更感激你。（张飞跃之访谈）

为了提升村民的艺术气质和右坞村的书画艺术氛围，张飞跃特意在村里成立了一个"画·右坞梦里书乡"书画学习社，利用村里丰富的艺术家资源来进行村民素质的提升。实际上，这是提升村民素质的一个绝佳切入口，也是右坞村在"艺术经济"发展道路上应运而生的产物。

开设这次学习社我们花了很多心思，克服了资金、老师聘请等多重困难，为的就是要让右坞村民也能懂艺术、学艺术。村两委聘请了国际知名画家闵庚灿等几位资深艺高书画家、艺术家担任顾问和特约理事，他们定期到学习社现场指导每位学员。（仇正义的新闻媒体访谈）

目前，"画·右坞梦里书乡"书画学习社共有会员 33 名，大多数为右坞村村民，年龄最长者已达 77 岁高龄，年龄最小的则为刚启蒙的幼儿。书画学习社的成立不仅给村民提供了参与书画创作、提高艺术修养的绝佳平台，更有利于打响"画·右坞"艺术特色村这一品牌，加快创建"浙江省艺术旅游第一村"的步伐。

四 思考与讨论："村落再造"的内驱力：社区精英及其"创新"

"村落再造"作为城市化进程中村落变迁的一种重要形式，相比于"村落终结"，其发展模式更可资借鉴和研究。右坞村再造实践的实质就是村民们在村落带头人张飞跃的带领下，以"艺术经济"发展为主体，围绕村落经济发展，不断增强村政功能，不断完善村域社区结构，村落整体实现"重建"和"创新"，最终形成村落"利益关联共同体"的过程。要洞察和理解右坞村再造实践背后的"社会隐秘"，对精英人物及其"创新行动"的研究就显得至关重要。从右坞村的再造实践来看，张飞跃是通过一整套的"创新"（"技术创新"、"组织创新"和"制度创新"）来推动右坞村"艺术经济"的发展、村政功能的增强和村域社区结构的完善。右坞村的再造实践是以"艺术经济"发展为主体，因此本节以村落带头人张飞跃的"创新行动"推动村落"艺术经济"发展为线索来探寻右坞村再造实践背后的"隐秘"。

（一）"技术创新"：右坞村"艺术经济"发展的探索与实践

"技术创新"，通常指工程学意义上的发明。熊彼特笔下的"技术创新"是指推动经济发展的新的要素的变化："应用一类新产品或一类产品的新特征、运用一种新的生产工艺和方法或者开拓一个新市场等。"① 对一个家庭、企业或社区来说，"技术创新"与工程学意义上的发明并不是一回事，也不完全是熊彼特笔下的应用新产品或新方法的"创新"，而是一种改变生存（生产、生活）方式和社区发展方式的策略性和适应性变化。这种"创新"大致分为三种：第一，新的产品、生产项目和方法的引进与采用；第二，摸索和创造新的就业机会和致富门路；第三，重新配置社区生产要素，以获致新的生产力和高效益。家庭或社区意义上的"技术创新"，是决定一个家庭或一个社区的命运与发展路径的抉择。从社区层面上来说，发现和创造新的致富门路的"技术创新"对社区发展起着初始的推动作用，通常用"找门路"这一俗语来表达。用陈光金的话说："门路找着了，找对了，发展也就是一个时间问题了。反过来，找不到新的门路，而仍然固守旧有的生产经营内容或方法，发展就是困难的。"② 张飞跃带领右坞村村民走上"艺术经济"发展之路，就是"找对门路"的"技术创新"。

张飞跃上任伊始，右坞村百废待兴。与周边村落相比，右坞村经济发展相对滞后，78 万元的集体可利用资金可谓捉襟见肘。那时，周边部分村落的农家乐旅游业蓬勃发展，而右坞村由于面积小、地势倾斜，并不具备发展农家乐的本土资源优势。即使发展农家乐旅游，市

---

① 〔日〕金指基：《熊彼特经济学》，林俊男、金全民译，北京大学出版社，1996，第 78 页。
② 陈光金：《中国农村社区精英与中国农村变迁》，中国社会科学院研究生院，博士学位论文，1997，第 147 页。

场业已饱和。张飞跃深知必须找到一条新的致富门路，才能在周边村落的发展中脱颖而出。随着城市化的不断推进，城区房屋租金不断上涨的压力，使得创意工作者开始逐步向城市郊区转移，刚好右坞村临近中国美术学院，可谓天时地利，头脑精明的张飞跃决心发展文创屋租经济。利用杭州市"百村示范、千村整治"工程建设的契机，他将久经未用的集体茶叶加工房和老村委会办公房进行修缮后，改建成农居SOHO。一期项目完工后，马上吸引了20多位艺术家前来入驻。随着第一批艺术家的入驻，右坞村的"艺术经济"效益开始显现，打造"艺术村落"的想法在张飞跃心中悄然而生。他开始向弯池街道和西湖区农办申请惠农资金，计划对村落进行整体改造，以带动农户房屋的出租，并试图将"艺术经济"作为村落经济发展的龙头，利用它的辐射效应带动村落整体经济的发展，形成真正的"艺术村落"。在上级政府的支持下，右坞村以其艺术特色优势成功申请到杭州市首批"风情小镇"创建的机会。以"风情小镇"创建为平台，右坞村前后总共获得十多个新农村建设项目，资金投入高达8000多万元。在"风情小镇"创建一期工程完工后，越来越多的艺术家入驻右坞村，各类文创企业也相继入驻，右坞村的文创产业区初显雏形，右坞村的第三产业也获得极大发展，成为西湖区"五彩经济"发展的明星村。此外，张飞跃以"艺术经济"发展为中心，开始重塑村落的传统文化和挖掘其潜在的人文和商业价值，试图将右坞村打造成为一个总体型"艺术村落"。

根据帕森斯的社会行动论，"技术创新"作为一种特殊的社会行动，也具备行动参照架构的特征。因为"技术创新"不仅有自己特定的目标执行，它必然要与行动者所处的社会环境发生关系，或者受到环境的限制而调整自己的行动方式，或者利用环境中的有利资源来达成自己的行动目标。① 张飞跃的艺术经济发展之路的"创新"就是参照了右坞村所处的外围环境和拥有的内在资源。第一，右坞村临近中国美术学院，依托美院的辐射效益来发展"艺术经济"，从而带动村落整个文创产业的发展。第二，在城市化的大背景下，城市地价和房价的不断上涨给近郊农村的屋租市场发展创造了绝佳机遇。第三，在社会主义新农村建设的大背景下，右坞村能够较为容易地获得惠农资金的支持，为村落"艺术经济"的发展提供资金保障。除了外在的有利条件，由于右坞村经济底子薄弱，面对邻村的迅速崛起，激发了张飞跃的"创新精神"，他突破了村落发展的各种条件限制，带领村民走上一条与众不同的"艺术经济"发展之路。正如张兆曙所言："当例行化程序和路径无法支持行动者的自主性欲求时，行动者将会筹划出新的行动程序和路径，借助非常规行动实现自主性欲求。"②

（二）"组织创新"：右坞村"艺术经济"发展需求的回应

"技术创新"通常需要"组织创新"的配套和支持。从经济层面上来讲，组织是按照一定原则将人与物结合在一起甚至进行重组以实现某种特定目标的行动单位。随着市场化程度的不断提升和新技术的采用，经济组织趋向企业化。③ 进入市场化改革的农户，必然也要面临着用新的企业化生产组织来代替传统农民家庭的人、财、物、土地这种简单的家庭资源组合，村域社区层面的组织化更是如此。社区精英对这种组织化的要求通常都是敏感的，而"组织创新"也在具有"创新精神"的精英们的操作下变得愈发普遍。"组织创新"主要在家

① 冯鹏志：《论技术创新行动的环境变量与特征——一种社会学的分析视角》，《自然辩证法通讯》1997 年第 4 期，第 39 ~ 46 页。
② 张兆曙：《非常规行动与社会变迁：一个社会学的新概念和新论题》，《社会学研究》2008 年第 3 期。
③ 〔美〕小艾尔弗雷德·D. 钱德勒：《看得见的手——美国企业的管理革命》，重武译，商务印书馆，1994，第 118 页。

庭、企业(集体企业、私营企业)和社区三个层面展开。企业层面的"组织创新"是以市场化的方式来配置资源,以形成人、财、物的企业化生产经营;社区层面的"创新"主要是社区层面的党政组织、合作经济组织等的"创新"。① 当然,村级组织层面的"创新"一般集中在合作经济组织、企业等社区组织的"创新",党政组织的"创新"虽然也经由社区精英在实践中发明,并上升到国家层面的推行(如村民自治组织)。但在城市化和市场化的背景下,要推动村落经济不断发展,更多的是通过经济层面的"创新"来推动政治、社会组织功能的"创新"与完善。就当下的村落发展而言,社区层面"组织创新"的重要标志是集体组织的实体化,通俗来讲,就是社区集体企业化或公司化,将整个社区变成一个横向联合和纵向一体化的巨型集团公司。这种集团公司以社区为本位,通过社区组织体系,利用市场协调机制对社区内各种资源进行重新配置和再组织,从而获得一种巨大的生产和经济效益,使社区经济实力大增。改革开放初期,带领自己的村落走上集体致富道路的社区精英,如吴仁宝、王宏斌、史来贺、仇振亮,都是这种"组织创新"的设计者和控制者的典型代表。

2004年,遭遇集体资产严重流失的右坞村为适应城市化发展的需要,并根据村落的具体情况,成立了凤坞地区首家以土地入股的右坞村股份经济合作社,将整个右坞村作为一个集体公司来运营。股份经济合作社的筹建工作由金立贤牵头,但实际的运作和筹备工作则由已是公认的接班人张飞跃负责。2005年,张飞跃正式担任右坞村党支部书记以后,利用"反租"和"合租"的方式将右坞村的土地和房屋资源进行重组,使得右坞村的集体经济收入连年增长。在步入"艺术经

---

① 王思斌:《村干部的边际地位与行为分析》,《社会学研究》1991年第4期,第46~51页。

济"发展道路后，为给"艺术经济"的发展提供后勤保障和整套优质服务，右坞村成立了物业管理办公室，利用城市社区的管理方式来使右坞村的社区管理走向正规化和现代化，这对于生活相对自由散漫的农村来说，可谓一大创举。成立的物业管理办公室隶属于右坞村股份经济合作社，不仅履行维护村落卫生和秩序的常规职能，还承担着如收取出租房屋物业管理费等的其他职能。物业管理费的收取增加了村里的集体收入，能够将其用于维护和改善村落硬件设施，从而使村落的整体发展不断走上新台阶。在成立物业管理办公室的同时，右坞村还成立了"龙腾·画右坞"旅游服务管理有限公司，负责村里的招商引资和旅游管理服务工作。此外，在右坞村被纳入中国美术学院国家大学创意园区后，张飞跃依托"风情小镇"创建的契机，将整个村落往创意园区的方向进行打造，根据右坞村的资源优势和基础特点，聘请中国美术学院设计院对具体施工项目进行方案提升，试图将右坞村"文创产业园区"成功升级为"国家3A级风景区"，推动右坞村发展成为"艺术经济"与"旅游经济"相融合的一体化社区。通过文创产业和旅游产业的互动和融合，来推动村里的第一、二、三产业共同发展，增加村集体经济收入和村民家庭收入，实现村富民富。

综观右坞村为推动村落"艺术经济"发展而成立物业管理办公室、旅游管理有限公司和打造"国家3A级风景区"的一系列行动，实际上是村落为顺应"艺术经济"这一"技术创新"的发展要求而进行的"组织创新"，它们都是在作为村落"黏合剂"的股份经济合作社的框架内进行的"创新"。

（三）"制度创新"：右坞村"艺术经济"发展的体制保证

诺斯的制度变迁理论模型告诉我们："如果预期净收益超过预期

成本，一项制度安排就会被创新。"① 也就是说，"制度创新"是收益驱动的结果。"技术创新"必然受潜在利益的驱使，当现行的制度和组织方式无法满足这种潜在利益的期望实现时，就必然要进行相应的组织和制度调整。适应"技术创新"要求、能够使"技术创新"者得到追加利益的组织和制度变化，就是"组织创新"和"制度创新"。其中，"组织创新"是"制度创新"的必经途径，"制度创新"是"组织创新"的体制保证。②

物业管理办公室作为一个正式的管理机构，必然要有相应的规章制度来管理其日常的工作和维持其正常的运转，为此，张飞跃要求物业管理办公室制定了《画·右坞物业管理条例》。物业管理条例的第一条："右坞村是杭州市十大特色'风情小镇'之一，是中国版的'枫丹白露'。众多知名艺术家入驻。为了规范物业管理，维护业主和物业管理的合法权益，改善业主及村民的生活和工作环境，现成立画·右坞村物业管理办公室，并制定本条例。"此外，还针对房屋出租制定了《画·右坞房屋租赁合同》，以规范右坞村屋租市场的运营和管理。专业管理机构及其相应制度的建立，为右坞村"艺术经济"的发展创造了良好的外在环境，右坞村屋租经济获得迅速发展。截至2013 年年底，已有 50 多家农户将自己家的房屋出租给艺术家，屋租收入成为村民收入的主要来源。值得注意的是，部分农户将自己的整栋楼房出租，然后自己租住在亲戚家，这样不仅亲戚家也有了房租收入，自己也实现了利润最人化，达到了"双赢"的效果。农户房屋出租方式的创新是受利益驱动的结果，这正体现了行动主体的"创新"。

---

① 〔美〕L. E. 戴维斯、D. C. 诺斯：《制度变迁的理论：概念与原因》，载 R. 科斯等著《财产权利与制度变迁》，刘守英译，上海人民出版社，2004，第 266 页。

② 陈光：《技术创新的社会运行设计——论"组织创新"与制度创新》，《科学学研究》1995 年第 4 期，第 64 ~ 67 页。

《画·右坞物业管理条例》和《画·右坞房屋租赁合同》是张飞跃为满足村落"艺术经济"发展的需要而进行的"制度创新"。正如汪丁丁所说，打破习俗而非按习惯办事，并利用自己掌握的经济权力和/或政治权力来强制社区成员遵守，从而达到改变习惯的作用是社区精英对"制度创新"的重要贡献。[①] 物业管理条例和房屋租赁合同的制定都是为了规范物业管理办公室以及房屋租赁双方的行动，为了适应和配合这种组织行动，建立一套行动规则与之相适应。此外，物业管理条例对物业管理办公室工作人员的行为、穿着进行相应的规定，实际上就是当社区精英在创建新组织的时候，他同时也会对该组织内成员的行动与行为制定一系列的规则，用以确定组织内的各种地位—角色的等级层次，以及与这些地位—角色相对应的权利、义务与职责。当然，"制度创新"与"组织创新"并非总是同时进行的，相反，"制度创新"通常是在组织成立后，通过不断的试错而建构起来的。"技术创新"、"组织创新"与"制度创新"三者之间相互支撑，"技术创新"是根本，是后两者"创新"的源泉，而"组织创新"与"制度创新"则为"技术创新"提供激励和"创新"空间。

（四）研究结论与启示

1. 研究结论

在国家实行以经济发展为主导的发展战略背景下，发展壮大村级经济、带领村民发家致富是一个村落的头等大事。在城市化和市场化的宏观背景下，"村落再造"的内在驱动力是推动村落发展、带领村民致富的村落带头人及其"创新行动"。他担任熊彼特笔下的"企业家"角色，具有"企业家素质"和"企业家精神"，是经济能人和政

---

① 汪丁丁：《经济发展与制度创新》，上海人民出版社，1995，第20～22页。

治能人的结合体，是党政经一体的"铁腕精英"。他在社区层面实施的一系列"创新"推动了整个村落的发展。右坞村党支部书记张飞跃担任的就是村落"企业家"的角色。他将右坞村作为一个集团公司或者企业来经营和运作，通过对整个村落的资源进行整合和重组，从而推动集体经济发展。他既是整个村落公共资源的掌控者和执权者，同时也是实现村落发展"创新"的领路人，华西村的吴仁宝、南街村的王宏斌、刘庄村的史来贺、窦店村的仇振亮都扮演的是此类角色。故此，笔者得出结论：一个村落要想实现跨越式转变，村落带头人不仅要具备"企业家素质"和"企业家精神"，还要具有"企业家"角色的"创新意识"和"创新能力"，真正将其"创新行动"转化为村落发展的内在驱动力，才能引领整个村落走向集体致富之路。如果只是作为一个碌碌无为的村干部，充当国家代理人或者国家与村民间的中介角色，那么整个村落几乎不可能实现跨越式发展。正如戈夫曼的"剧本期望"理论所认为的那样，社会生活就是戏剧舞台，每个人都是舞台上的演员，而隐藏在人们行动背后的"剧作家"就是社会体系。每个人的行动都要受到作为社会体系的"剧本"限定，扮演社会所期望的角色。"剧本期望"则是社会规范对处于各种社会位置上的角色的限定。当然，对于每个行动者来说，还要受到来自其他行动者期望的影响。行动者在行动时，社会结构、暂时性情景、共同规则和规范对行动者具有决定性影响。超级村落的精英们就是在这种角色期望下，发挥主观能动性，借助村落资源进行"创新"和实践，带领村民走上致富之路。

2. 研究启示

通过对右坞村再造过程的分析，笔者认为，在城市化和市场化的大背景下，培养农村社区精英是十分重要的。具体来说，在大力建设社会主义新农村的同时，在国家、社会继续保持对农村的政策、智力、技术、资金等方面投入的同时，要推动村落健康发展，必须发挥村落创造主体的主观能动性，增强村落内部的造血功能，重视农村人力资源的开发，为新农村建设提供人才智力支持。不仅要重视社区精英人才的培养和挖掘，防止精英断层，同时也还要培养出适应市场、适应社会的新型农民。新型农民的培养除了国家外在层面的支持外，更要通过对农村精英的培养去推动新型农民的培养。因为村落精英会在带领村民致富的发展实践中，通过各种生产、生活实践来培养出适应市场、适应社会的新型农民。此外，培养农村人才关乎农村发展的对内和对外两个方面。对外，需要有村落能人和新型农民去不断地学习、接收村落外信息，增强适应市场和社会的能力。在我国不少农村，由于缺少一个连接国家、市场和社会的桥梁，导致农民对国家政策、市场环境、发展机会的理解不到位，缺少对社会资源的有效利用能力，缺少进入市场、判断市场、分析市场的能力，导致村落发展处于被动局面。这实际上就是村落发展内在驱动力不足的问题。对内，村落发展需要具有"创新精神"和"创新能力"的带头人来引领，这就需要具有"企业家素质"、"企业家精神"和"创新能力"的社区领袖来实现。在当前城市化和市场化的宏观环境下，要想村落获得积极主动的创造性发展，必须增强村落发展的内在驱动力。

第十章
研究结论与未来展望

"村落再造"作为城市化进程中一种与"村落终结"相对应的主流村落变迁模式，有着与其他村落变迁模式不同的过程特征、内在动力和演进逻辑，对国内其他村落的发展和再造有着重要的借鉴意义。

一　城市化进程中"村落再造"的基本特征

城市化进程中实现再造的村落在变迁方向、动力、方式、过程和形态等五个方面均呈现出与其他村落变迁不同的特征，其中变迁方向和变迁动力两个方面的特征差异最为显著。

（一）村落变迁方向：从"分散型村落"走向"利益关联共同体"

新中国成立后，国家通过行政力量将整个农村社会以人民公社为载体组织起来，农村社会几乎成为铁板一块，发展活力受到极大抑制。改革开放以后，随着家庭联产承包责任制的实施和人民公社体制的解体，工业化、城市化和市场化力量开始嵌入村落内部，引发村落社会变迁。城市化进程中的村落至少存在着"村落终结"和"村落再造"两种完全不同的变迁形式。"村落终结"主要是指那些耕地全部被征用且被城市包围的城中村，这类村落的变迁主要是由国家行政力量推动的。"村落再造"则是村民在自己的生产、生活范围内集体创办非农产业，村落整体实现向非农方向转化的创造性发展实践。在非农化的过程中，村落社区结构不断发展和完善，村政功能不断增强，村落整体实现"重建"和"创新"。实现再造的村落共同体是从一个原来以生产队为组织载体的"行政共同体"逐渐瓦解成为结构散乱的"分散型村落"，然后经由村民在村落范围内主动发展非农产业，推动村落逐渐转变成为以经济利益为纽带的"利益关联共同体"。

改革开放初期，家庭联产承包责任制的实施让右坞村从一个以生产队为组织载体的"行政共同体"逐步瓦解成为一个内部结构散乱的"分散型村落"，村民和村干部处于各自谋求发展的分散状态，村落组织名存实亡。随着工业化和城市化的大规模推进，右坞村开始向外发展，工业园区的建设标志着右坞村逐步走向非农化。后因村落带头人的临时更换，新的村落带头人由于市场经验不足而进行的非理性投资和盲目创办企业，致使村落集体资产大量流失，村落发展陷入迷茫混沌，村政功能萎缩和治理绩效低下。2002 年，村委选举的摸底调查事件成为村落发展的转折点。村落能人复出后，重组村委领导班子和为应对城市化发展而建立起股份经济合作社，村落政治秩序和经济秩序实现重构和再造。村委班子实行重组后，右坞村以股份经济合作社为载体，以"艺术经济"带动屋租、餐饮、茶叶、旅游等产业的发展而走上"艺术经济"综合发展之路。虽然当前右坞村集体经济尚不够强大，但是村落一体化的"艺术经济"使得大家必须共同致力于村落发展，才能使村民整体受益。物业管理办公室、招商引资公司和房屋租赁合同的诞生均从侧面反映出右坞村正朝着以经济利益为纽带的一体

化方向发展。这种"利益关联共同体"不是以一个大集团公司为运作
载体,而是以共同的产业发展和村民整体受益来带动和维系的。

(二)村落变迁动力:自觉性程度较高的内外动力相结合

内因与外因是表明事物运动发展的动力与条件之间关系的哲学范
畴,事物的发展是内因和外因共同起作用的结果。村落的变迁也是外
源性动力与内源性动力共同起作用的结果。传统乡土社会时期,中央
对基层社会的治理实行"皇权不下县、县下行自治"的双轨政治体
制,村落为由传统力量维持的自治共同体,属于费孝通笔下描述的
"生于斯、长于斯、死于斯"的流动性极小的封闭性社会。随着清末
新政的推行,国家政权开始向乡村扩张,行政系统延伸至乡村基层社
会。中央政府在进行国家政权建设的同时,为从农村汲取大量资源来
应对帝国主义的割地赔款和庞大的军费开支,无形中发展起庞大的村
落"赢利型经纪",村落结构受到极大破坏,村落组织发生断裂,整
个乡村社会陷入"总体性危机"。新中国成立后,国家先后运用互助
组、初级合作社、高级合作社和以"队为基础、三级所有"的人民公
社体制将农村社会全体成员组织起来,在国家的统一指挥下进行生
产、生活,农民被限制在土地上,农村社会的生产和发展活力受到极
大抑制,农村社会也从最初的快速发展逐渐进入僵化的低效率状态。[①]
从村落治理的上述三个演变阶段可以看出,国家对村落的治理从"双
轨政治"逐步迈向"单轨政治",这种单边控制在人民公社时期达到
顶峰,村落发展完全由外部行政力量控制,村落内部的自主性几乎被
完全压制。

改革开放以后,随着家庭联产承包责任制的实施,以人民公社为

---

① 李飞、杜云素:《中国村落的历史变迁及其当下命运》,《中国农业大学学报》(社会科学版)2015年第2期,第41~50页。

载体的组织体系逐步瓦解，村落的自主性开始逐步恢复，政社逐渐走向分离，村落的自主性增强，村落发展进入国家行政计划指导和村落自主发展相结合的阶段。这个阶段的村落发展，从外部力量来看，属于国家权力收缩与市场席卷的发展阶段，农村社会开始向市场社会转型，农村的产业结构逐渐走向工业化，社会结构逐渐走向现代化，村落发展形态开始城市化，但这些村落又未真正发展成为城市社区，而是以"城中村"的形式存在。在远郊村落和中西部地区，村落人口开始流入城市或者东部沿海地区，大量的空心村出现。

大量的村落变迁事实表明，尽管受到国家行政力量推动的城市化和市场化的巨大影响，村落内部的自主性仍然存在。如果说国家行政力量强力推动的"撤村建居"型社区，村落发展的外部力量无法控制，那么"村落再造"的这一发展形式则是村民们利用外部条件，在村落内部进行的主动的创造性发展实践。村落内部的精英及其"创新行动"，推动村落走上了一条发展非农集体经济的跨越式发展之路。右坞村的再造历程正是与村落带头人及其"创新行动"紧密相连。随着工业化和城市化的大规模推进，企业家型精英张飞跃利用村落外部的有利条件，在村落内部进行一系列"技术创新"、"组织创新"和"制度创新"的创造性发展实践，使右坞村最终走上"艺术经济"发展之路。这也就解释了处于相同位置、相同条件的左坞村为什么没有走上跨越式发展之路。这也正是本书研究的主旨所在。当然，村落的再造并非全然是村落内部"创新"的结果，"村落再造"的发展经验只适用于有着相同发展条件的村落。值得一提的是，城市化进程中"村落再造"这一变迁形式的最大特点在于村落内部自觉性程度较高，当然这是相对于被动地在城市化力量作用下几近解体或消失的村落而言的。

（三）村落变迁过程：由点到面层层推进

随着工业化、城市化和市场化的大规模推进，作为乡村基本组成单位的村落自然会在外源性动力的刺激下，发生部分或者全方位的变迁。村落城市化变迁的实质就是村落的非农化和现代化过程，"从社会学意义上来说，社会的现代化变迁就是指由传统的封闭性、僵化性社会结构向开放性、流动性的社会结构转型。对于乡村社会而言，社会结构的现代转型则具体通过非农化过程来实现"。[①]从社会组成要素的角度来看，乡村城市化是乡村经济、政治、社会、文化、生态等各领域从传统向现代的转型。但从一个具体的村落来看，村落城市化是一个村落的产业结构、阶层结构、职业结构、治理结构以及村落主体行为观念等方面的现代化转型。作为城市化进程中实现再造的近郊村落，右坞村的城市化变迁呈现出产业结构→职业结构→阶层结构→治理结构→行为价值观念变迁由点到面层层推进的特征。

随着人民公社体制的解体和家庭联产承包责任制的实施，从土地上解放出来的茶农开始寻求销售商机，从事茶叶加工和贸易而崛起的新兴经济精英，带动村内纯农产业结构向茶叶加工和销售产业转变，右坞村的非农化过程启动。进入20世纪90年代，围巾加工厂的创办、工业园区的建设以及两家村集体企业的创办，进一步推动了村落的非农产业发展。现代知识型精英张飞跃担任村支书后，利用城市化发展的外部机遇，根据村落自身发展条件，探索出一条集屋租经济、茶叶经济、旅游经济等综合一体的"艺术经济"发展之路，这是城市化背景下村落实行的一种安全、可靠的"守护型"经济发展之路。由此可见，右坞村的非农化路径为茶叶加工和销售的兴起→非农加工业和屋

---

① 杨建华等：《进步与秩序——浙江乡村社会变迁60年》，浙江人民出版社，2009，第57页。

租产业的发展→"艺术经济"的崛起。

产业结构的非农化自然会推动村落职业结构的非农化。随着茶叶加工和销售产业的发展，村内个体工商户和私营企业主逐步增多，围巾加工厂的创办和工业园区的建设，使得部分村民成为"既不离土又不离乡"的农民工。在村落走上"艺术经济"道路后，村民又拥有了房东、个体老板等多种身份，村民的职业从单一的农民逐步向个体工商户、工人、商业服务人员、私营企业主等多种角色转变。此外，从产权阶层结构变化来看，右坞村的阶层结构从以家庭承包劳动者为主的纯农阶层结构转变为现今由受雇民工、私营企业主、个体工商户、个体劳动者和家庭承包劳动者组成的多元阶层结构。产权阶层结构和职业结构的变化推动社区精英结构和治理结构的变化。

家庭联产承包责任制的实施，使得一元化政治精英结构的合理性基础随之消失，村落精英结构逐步转变成为由政治精英、经济精英、社会精英和文化精英组成的多元化精英结构。多元化的精英结构既有分散性状态，也有"总体性精英"的存在。右坞村的精英结构呈现出从一元化精英到多元化精英再到"总体性精英"的变迁路径。村落精英结构的转变引发村落治理结构的变化。不仅有经济精英凭借经济地位和各种资源优势参与政治，宗族势力亦主动寻求参与村落治理的机会，经济精英、社会精英和文化精英在村落治理中开始发挥作用。

社区生产方式、职业结构、阶层结构的变化必然会引发人们生活方式、行为观念的转变。生活方式的转变直接反映在住房建造上。许多村民建造起现代化的乡村别墅，与城市住房无异，甚至比城市社区更好。在衣食住行等消费习惯上，也带有强烈的城市化倾向。社区生产和生活方式的变迁，最终会改变社区的行动和价值评价规则。村民间的社会关联由以地缘血缘为纽带的传统伦理关联向以市场为纽带的现代契约关联转变，村民的行动组织结构和时空结构亦发生变化，从"日出而作、日落而息"的自由生产方式转向按照规定的时间、地点、规章制度和生产流程进行工作的现代化企业生产方式。村民的成功标准也不再仅限于通过升学或者参军从而做官、吃公粮，对新兴经济精英的态度也从最初的抵触到后来的尊敬和赞美。

（四）村落变迁方式："渐进式"而非"激进式"

与东欧采取的"激进式"改革方式不同，中国采用的是从下到上、先易后难的"渐进式"改革路径。"渐进式"改革是在原来的国家政体框架范围内进行的先增量、后存量的逐步型改革，遵循的是先生产后流通、先经济后社会政治、先东部沿海地区后中西部内陆地区、先农村后城市的改革顺序。① 发端于农村的"渐进式"改革，是从人民公社解体和家庭联产承包责任制的实施开始的。家庭联产承包责任制的实施将农民从土地上解放出来，在管理好自家责任田后，农民可以外出打工、经商，收入来源逐步多样化。随着改革开放的深入和市场经济的进一步渗透，城市"退二进三"②的产业结构调整，使得大规模的工业企业开始从城市转移到农村，农村发展开始步入工业化时代，村落的产业结构、经济结构、职业结构和收入结构开始发生转变，村落的治理结构亦发生极大变化。21世纪初，城乡统筹和社会主义新农村建设发展战略的实施，使得中国进入工业反哺农业、城市反哺农村的改革新阶段，中国农村发展由此进入大跨步时代。

作为农村社会基本组成单位的村落，必然受到国家整体改革进程的影响，呈现出"渐进式"变迁的特征。在城市化进程中实现再造的村落，其变迁的"渐进式"特征则更为明显，因为"村落再造"是村

① 马晓河：《渐进式改革：经验与未来》，《中国改革》2008年第9期，第12～15页。
② "退二进三"是指在产业结构调整中，缩小第二产业，发展第三产业。

落整体的变迁，不可能一蹴而就。村落的产业结构、空间形态、存在方式可以在短时期内改变，但村落的治理方式、文化观念、生活方式、交往方式等软性变迁则需要一个长期的过程。美国社会学家奥格本提出的"文化堕距"理论也可以解释这种变迁的渐进性。奥格本认为，在社会变迁的过程中，物质文化和科学技术的变迁往往快于制度和观念的变化速度，由此产生了社会变迁中的延迟现象。这种延迟变迁产生的时间差距即为"文化堕距"。由于社会各部分变迁速度的差异而产生各种问题，是社会变迁的基本规律和正常现象。① 李培林先生通过对广州城中村的考察，提出了"村落终结"的村落变迁形式，这是与折晓叶提出的"村落再造"相反的变迁形式，但这两种村落变迁形式都将经历一个长期的、"渐进式"的过程。"村落终结"是沿着经济边界→自然边界→行政边界→文化边界→生活边界的先后顺序完成终结过程②，"村落再造"虽然并不是沿着这样一个轨迹来进行变迁，但再造的大致过程与时间却与之相似，村落的再造最初从经济方面开始，再逐步实现文化、行政和生活方式的再造，最终建立起以股份经济合作社为依托、经济利益为纽带的村落共同体。右坞村的再造过程亦基本如此。

村落的变迁形式和变迁过程除了受到国家政策层面的外力影响外，村落的地域环境、地理位置和村落内部的资源条件、人才资本储备都与其紧密相关。在滚滚而来的工业化和城市化的时代大潮冲击下，村落要实现主动的再造式发展，中间也要经历许多挫折，最终凭借良好的发展机遇和村落内部的主动创造来实现"创新"的跨越式发展。回顾右坞村的城市化历程可以知晓，由于村落带头人的更换，村

① 彭克宏、马国泉：《社会科学大词典》，中国国际广播出版社，1989，第278页。
② 李培林：《村落的终结：羊城村的故事》，商务印书馆，2004，第64页。

落发展也经历了集体资产流失的重大挫折，最终在企业家型精英的带领下，经过逐步探索，借助右坞村的外部有利发展条件走上了"艺术经济"发展之路，实现了村落的集体再组织和再造。

（五）村落空间形态的变迁：由乡村形态转变为亦城亦乡形态

村落空间形态的变迁主要是地理空间和社会公共空间形态的变化。村落地理空间变化是指从传统的乡村聚落形态向有规划的现代组织形态的变迁。城市化带给村落最先、最显而易见的变化就是村落地理空间形态的变化，这种变化的直接推动力之一就是征地拆迁运动。随着工业化和城市化的大规模推进，国家通过大量的农村征地拆迁运动来为建造城市化所需要的现代公共交通设施和娱乐设施提供空间，城市周边村落随之逐步发展成为城市外围圈。右坞村的两次村落空间形态变迁正是由征地拆迁引发的。第一次是1994年，为建造西湖国际高尔夫球场，右坞村的大部分水田被征用，村落自然地理区域开始缩小，茶地和林地成为右坞村的主要农业用地。第二次是1996年为配合杭州市绕城高速公路建设而引发的村落形态变迁。杭州市绕城高速公路从右坞村穿村而过，宅基地被征用和房屋被拆迁的村民搬迁到了绕城高速的另一侧，新建了丽景湾新村，右坞村从一个自然村和行政村一体的村落变为由两个自然村落组成的行政村。这使得整个村落的居住空间形态发生根本改变。

征地拆迁导致村落空间整体形态的变化，村落内部空间的布局则受到村落产业发展和村落发展规划的影响。随着城市"退二进三"产业发展政策的实施，城市工业企业逐步转移到城市周边村落。右坞村工业园区的建设，让村落空间开始有了民居和工业园区的划分。张飞跃走马上任后，右坞村通过"百村示范、千村整治"工程和"背街小巷"改造工程的实施，村容村貌大为改观，村落的集体公房被装修成高大上的出租房，因意外机遇而走上"艺术经济"之路。"风情小镇"的创建项目让右坞村发生了极大改变，整个村落发展成为由艺术空间、工业园区、茶园、饭店、旅游服务中心和民居组成的一体化"艺术村落"。

随着地理空间形态的变迁，右坞村的社会公共空间形态也发生了相应变化。聚贤庙的重建是村落公共空间变化的显著标志。聚贤庙作为右坞村传承百年的土地庙，在"文革"时期遭到破坏而被拆。改革开放以来，随着村落经济的发展，村民生活水平的提高，老人们又开始思念起聚贤庙的公共生活。为重建村落集体祭拜公共空间，张飞跃重新修建了聚贤庙，同时也将其作为老年活动中心，以提升老年人的生活品质。除了社会公共活动空间的变化，村内的政治生活空间亦发生变化，如朱德纪念室的重修、朱德兰园的建造、村委会住址的变更以及股份经济合作社、物业管理办公室的创立带来村落政治生活空间的变化。从总体上看，右坞村的地理空间和社会空间都愈来愈倾向于城市规划设计，城市社区色彩浓厚，成为规划性较强的亦城亦乡的现代性村落空间。

二　"村落再造"的内在逻辑：社区精英与村落变迁

随着改革开放的深入和工业化、城市化、市场化的继续推进，农村社会已经发生和正在发生巨大变化，而精英人物在其中起着巨大的推动作用。农村社会的巨大变化与精英人物之间是一种相互催生的关系，翻天覆地的变化需要精英人物的引领和驱动，但也正是这样的时代背景和社会条件催发了精英人物的产生。通过对右坞村30年城市化变迁的深入观察，来探索社区精英与村落变迁之间的内在关系，以及社区精英推动"村落再造"的内在逻辑。

（一）时代背景和村落外部的社会条件变化推动社区精英的产生

首先，时代背景和村落外部条件变化催生社区精英。随着改革开放的深入和国家宏观政策的调整，农村社区创造出大量的发展机会。抓住时代机遇乘势崛起的村民就成为村中的新兴经济精英。新兴经济精英的崛起改变了农村社区精英的组成结构，农村社区精英结构由单一的、全能型的政治精英构成向多元化的精英类型构成转变，它也改变了村落单一的权力结构，推动村落权力结构向多元联合型权力格局转变。新兴经济精英作为社区发展的新生力量，为村落发展注入了新的活力。他们不仅改变了村落的权力结构格局，推动适应时代变化和满足村落发展需要的治理模式诞生，还直接推动了村落的经济社会发展，如村落产业非农化，社区阶层结构不断分化，以及村民的价值评价体系和行动规则体系发生改变等。

其次，社会变迁驱动村落精英顺时转换角色。根据我国社会变迁历程，社区精英可以划分为传统乡土社会的士绅型精英、人民公社时期的革命型精英、改革开放早期的经验型精英和当下的知识型精英。当然，社区精英在不同的时代扮演不同的角色，总体来说乡村精英角色的演变轨迹依次是：传统乡土社会的社区"保护人"、"国家代理人"或"经纪人"；人民公社时期的"国家代理人"；改革开放时期的"边际人""企业家"。乡村精英的角色转换主要受到国家权力在乡村社会的渗透程度、乡村社会的市场化程度、村落的组织化程度与方式，以及精英的个人利益实现方式四个变量的影响。在这四个变量当中，国家权力在乡村社会的渗透程度是主导性变量，其余三个变量都要受到它的影响和控制，而个人利益实现方式这一变量则要受到前面三个变量的影响和控制。在传统的乡土社会时期，基于治理技术和成本控制的考虑，国家对乡村社会实行"皇权不下县、县下行自治"的治理策略。乡村社会由受过儒家文化洗礼、能够贯彻国家意志、主持乡村社会公共事务和维持乡村秩序的"士绅"进行治理。该时期的乡村治理又叫"乡贤治理"。人民公社时期，为了使国家意志顺利达到基层并切实得到贯彻和执行，国家需要忠于国家、忠于党的出身好的农民担任社队干部。这个时期对党的绝对忠诚成为社队干部政治资本的重要来源。人民公社解体后，致富与发展成为农村社会的主旋律，农村社区要在市场经济条件下走上一条致富发展之路，就需要有经商经验丰富和眼界开阔的干部主持村落公共事务。因此，市场经验就成为村落精英的首要条件和特征。他的经验能够成为村落发展的重要政治、经济和人力资本。随着改革开放的深入和市场经济的进一步渗透，村落发展面临的内外部环境快速变动而又愈加复杂，该时期的村落精英需要有足够的知识和技术，能够应对村落外部条件的变化。尤其是在市场浪潮的进一步冲击下，知识型精英能够快速适应市场发展形势，带领村民走上致富之路。

（二）"带头人型"的社区精英对村落的发展至关重要

村落带头人通常是村落政治精英、经济精英和社会精英的结合体。在当下"国家—农民"关系框架下的村级治理中，村落带头人起着十分重要的作用，他们是国家和农民在村落社区的中介。人民公社时期，农民处于国家无所不在的严密控制和监视之下，全能型的政治精英成为国家在农村社区的代言人。家庭联产承包责任制实施以后，国家力量从农村基层撤退至乡镇，这时以村干部为核心的乡村基层组织仍然起着重要作用。他们不仅传达上级命令和执行上级任务，还要担负起维护乡村社会稳定和推动经济发展的重任。从这个意义上讲，"带头人型"精英是推动村落发展、带领村民致富的主要依靠力量。从历史上看，不管国家政治力量在乡村社会的渗透程度如何，政治精英在乡村治理中皆发挥着不可替代的作用，我国乡村社会总体上就是属于精英治理的社会。普通村民由于经济资源的缺少、政治地位的低下，通常被动或主动地依附于社区精英参与乡村政治生活。村落集体经济的发展是个庞大的系统工程，其主要依靠力量只能是乡村精英，因为普通村民没有能力，通常也不愿意挑起这个重担。政府部门也只能在宏观政策和制度层面给予支持，无法担负起村落发展所需要的财力、人力和物力，社区精英则能组织村民利用村落内外部力量来解决村落发展所需要的各种资源和存在的各种问题。

在实现村落稳定和发展的过程中，村落带头人的价值观十分重要。他的公私心在很大程度上关系着整个村落的发展。村落带头人的个人利益一定要与村落整体的利益捆绑在一起，这在实现村落整体发展的同时，也实现了个人利益。如果两者分离，那么村落发展方向就会走偏，村落可能会遭遇集体资产流失、发展机遇错失等各种不良后果。当然，村落带头人的公心和私心的比例偏重问题也很重要。当整体利益与个人利益相冲突时，是选择维护个人利益还是维护村落整体的利益，关系着村落的发展和前途。

村落实际上是一个集政治、经济、文化于一体的基层社会共同体，因此村落的发展需要具备各种不同能力和资本的精英来引领，尤其是在村落发展面临外部的快速变迁时，集各种资本于一身的"总体性精英"往往能带领村民走上一条跨越式发展之路。实践证明，带领一个村落走上现代化发展之路的带头人通常是经济精英和政治精英的结合体，在带领村落走向现代化道路上逐渐成为党政经一体的"铁腕精英"。作为基层政府与村民之间的桥梁纽带，在社区二重权力结构的互动中，村落带头人需要充当"国家代理人"角色和充当村民"监护人"角色。随着市场化的深入，村落带头人需要扮演政治与市场的双重角色，当然其中熊彼特笔下的"企业家"角色是当下村落带头人必须具备的新角色。在工业化、城市化与市场化大规模推进的时代背景下，一个村落带头人要带领村民走上共同致富的道路，需要具备以下几个能力：创立"合作预期"，凝聚民心民力；整合领导力量，组建精英集团；挖掘本土资源，发挥比较优势；有效领导，正确决策，适应市场。

（三）社区精英推动村落实现跨越式发展的内在逻辑

成立利益关联的自组织以提高村落的集体行动能力和通过企业家式的"创新"来找到推动村落发展的关键门路，是社区精英推动村落实现跨越式发展的内在逻辑。

领导村民创造利益关联的自组织，是发展集体非农经济的重要载体。人民公社解体后，基层组织必须承担的经济和社会功能并没有消失，因为小农经济的格局依然存在。他们在面对自然界、政府、市场的冲击时，他们有联合并组织起来的基本需求，这种需求并没有因人民公社的解体而降低，反而愈加强烈。随着市场经济的发展，城市化进程加速，农民个体间高度关联的社会生活状态开始解构，传统的社会关联开始松散甚至出现断裂，农民个性化需求也越来越突出，社会个体出现孤立化，村落共同体也处于加速消解的状态，村社合作能力急速下降，乡村之间、乡村中的个体之间，均缺乏紧密的内部关联，村落呈现出"原子化"状态。经过城市化和市场化的洗礼，大家似乎形成一种共识，那就是需要将农民组织起来。将农民组织起来不仅仅是为市场经营或者维权行动而将其组织起来，而是需要将村落以股份经济合作社为载体全方位地组织起来。股份经济合作社作为村落的组织架构和筋骨，承担起带头人推动集体经济发展、带领村民致富的着力点和助推器，它具有非常强的"黏合剂"功能。因为村落组织化能

够形成集体行动、整合村落资源，有助于村落经济发展、村民自治和
农村社会稳定。这种股份经济合作组织由于直接与农民的经济利益相
关，因而它能够将村落内部处于一盘散沙状态的村民组织起来，为了
共同的经济利益采取集体行动，壮大集体经济实力，从而推动整个村
落结构的分化和整合，村政功能的完善，最终实现村落的再造。同时，
国家对农村的投资、补贴等也可通过股份经济合作社来承接，无形中
转变成一种新的集体资产。这种通过经济利益关联组建起来的村社共
同体，笔者把它称之为"利益关联共同体"，以区别于人民公社时期
的"官政共同体"。因此，"村落再造"的过程就是村落从"官政共同
体"向"利益关联共同体"转型的过程。

社区精英的"企业家精神"和"创新能力"是推动村落发展的内
在驱动力。一个村落要想实现跨越式转变，村落带头人不仅要具备
"企业家素质"和"企业家精神"，还要具有"企业家"角色的"创
新意识"和"创新能力"，真正将其"创新行动"转化为村落发展的
内在驱动力，才能带领整个村落走上集体致富之路。如果只是作为一
个碌碌无为的村干部，充当"国家代理人"或者国家与村民间的中介
者角色，那么村落几乎不可能获得发展。当然，在城市化和市场化大
规模推进的背景下，村落带头人要根据村落的具体环境和发展条件，
借助"非常规行动"即一整套"创新"（技术、组织和制度）来因村
制宜和应时调解，筹划出新的发展路径，走村落特色化发展之路，才
能实现村落的跨越式发展。

从具体的一个村落的发展来看，"创新"是指社区精英采取"非
常规行动"，利用村落内外的各种资源和有利条件在村落社区层面进
行组合与创造，形成村域内发展实践的"创新"。"创新行动"既有个
人层面、家庭层面的，也有组织层面的，每种不同的"创新行动"和

不同层面的"创新行动"推动了整个村落社区的经济成长和社会发展。右坞村再造的实践，实际上就是在城市化和市场化背景下，村民们在"村落带头人"张飞跃的带领下，以"艺术经济"发展为主体，围绕村落经济发展，不断增强村政功能，不断发展和完善社区结构，村落整体实现"重建"和"创新"，形成村社"利益共同体"的过程。从右坞村的再造实践来看，张飞跃是通过了一整套的"创新"——"技术创新"、"组织创新"和"制度创新"——来推动右坞村"艺术经济"的发展、村政功能的完善和实现村落的跨越式发展。"技术创新"是"村落再造"的首要因素，对社区发展起着初始的推动作用，其实质是探寻新的发展门路。①"技术创新"通常需要相应的"组织创新"来配套和支持。从经济层面上来讲，组织是按照一定原则将人、财、物三者有机结合、重组以实现某种特定目标的行动单位。市场化的深入和新技术的采用，经济组织会日趋企业化。进入市场化改革的农户，必然也要面临着用新的企业化生产组织来代替传统的农民家庭的人、财、物、土地这种简单的家庭资源组合，对村落社区层面的组织化更是如此。农村社区精英对这种企业组织化的要求通常都是敏感的，而农村"组织创新"也在具有"创新精神"的精英们的操作下变得愈发普遍。诺斯的制度变迁理论告诉我们：如果预期净收益超过预期成本，一项制度安排就会被创新。②也就是说，"制度创新"是收益驱动的结果。"技术创新"必然受潜在利益的驱使，当现行的制度和组织方式无法满足这种潜在利益的期望实现时，就必然进行相应的组织和制度调整。适应"技术创新"要求、能够使"技术

---

① 陈光金：《中国农村社区精英与中国农村变迁》，中国社会科学院研究生院，博士学位论文，1997，第143页。

② 〔美〕道格拉斯·诺斯：《制度、制度变迁与经济绩效》，刘守英译，上海三联书店，1994，第9页。

创新"者得到追加利益的组织和制度变化，就是"组织创新"和"制度创新"。其中，"组织创新"是"制度创新"的必经途径，"制度创新"是"组织创新"的体制保证。[①]

三　研究小结与未来展望

（一）研究小结

从中国村落变迁的历史来看，国家和市场是影响村落变迁的两大主要外在力量。从"国家—村落"的关系来看，在传统乡土社会时期，中国乡村社会实行官治与民治并存的治理模式，村落治理的自主性较强。为应对帝国主义的侵略和国家内部的改良思潮，清末新政实施后，国家力量开始介入乡村治理，村落治理的自主性逐步丧失。民国时期的乡学和区公所的设立则标志着国家力量强力渗入乡村社会。新中国成立后，国家运用行政权力，依次以互助组、初级合作社、高级合作社和人民公社为载体将村落组织起来，国家对乡村社会的控制力度在人民公社时期达到顶峰。村落治理的自主性几乎完全被压制，达到历史最低点，村落治理形成"单轨政治"局面。这种国家权力全面介入的村落组织方式暴露出种种弊端。改革开放后，国家权力开始从村落撤退至乡镇层面，基层社区的官治和民治并存的局面重新回归。当然，国家行政权力从村落的撤退并不意味着完全放弃对村落的管控，而是通过乡镇政府的间接管控和村民自治的形式来进行治理，给了村落自主空间，让村落自主决定其公共事务。

从"市场—村落"关系来看，市场对村落变迁的影响是从改革开

---

① 陈光：《技术创新的社会运行设计——论"组织创新"与制度创新》，《科学学研究》1995年第4期，第64～67页。

放开始的。在传统乡土社会时期，村落是以血缘和地缘关系为纽带形成的地域性聚落，市场对村落变迁几乎未产生影响。虽然施坚雅提出中国传统村落是以市场为中心形成的基层共同体，但市场实际上只是村民满足日常生活需要而进行商品交换的流通场所，但并未对村落的生产和生活方式产生影响。在计划经济时期，几乎就未见市场，商品的流通和贸易被国家的统购统销政策所取代。改革开放后，市场力量以工业化和城市化为搭载工具进入乡村社会，大量的农村劳动力和土地开始商品化，以金钱和效率为导向的市场价值观开始冲击乡村社会。面对市场力量的冲击，不同的村落根据村落自身的条件，施以不同的应对策略。部分城市近郊村落通过集体举办非农产业，转化成为以股份经济合作社为组织载体的"利益关联共同体"；部分城市近郊村落受到城市化的冲击后，村落内部由于未能通过举办非农产业而组织起来，成为散乱的"原子化"村落；一些远郊村落和中西部地区的村落则由于受到市场力量的拉动，大量青壮年劳动力进入城市而成为"空心化"的村落，村落的自我再生产能力受到严重削弱，村落组织名存实亡。某些市场主义的倡导者认为，市场能够满足人们的各种需求，能够高效提供村落公共服务，村落完全可以市场化而没必要存在。但事实上，市场化的成本很高，需要国家和村落有足够的财力来支撑村落的公共服务。一旦完全市场化，许多集体经济薄弱的村落就会陷入困境，而国家财政又无力承担高昂的广大农村地区的公共产品供给。此外，村落作为一个共同体的存在，不仅是公共产品供给的需要，更是情感共同体和日常生活共同体。村民可以在村落中获得情感支持而满足认同感、归属感的需要，一些日常生活中的事务和纠纷调解也需要借助社会网络和村落组织基于地方性共识来予以协助解决。

通过"国家—村落""市场—村落"关系的演变，我们可以看到村落始终作为一个具有自主性的社会结构体系存在，它在政治、经济、文化方面保留其自主性，有着生产生活共同体的功能。尽管随着国家力量的嵌入和市场力量的渗透，村落的宗族碎片化严重，但在整个村落共同体内部仍然有各种认同单位和行动单位的存在。村落的地方性共识就是村落在应对外界变化和解决村内事务时所形成的一种独特的地域性文化，这种地方性共识就是人们在日常行动时不假思索的力量来源。因此，无论是国家，还是市场，都不能取代村落内部的自主性，而是国家、市场、村落要在村落治理中各司其职，达到相互建构的动态平衡。因为村落的发展历史表明，在任何历史时期，村落不仅具有构建本体性安全、满足社会生活需求、团结起来应对各种风险的需要，它更具有在面对外来力量入侵时，保护村民的强大功能。因此，村落的自主性发展对国家现代化建设的推动和乡村社会的稳定具有十分重要的意义。

随着城市化的推进，部分城中村和近郊村落会最终消亡。但就当前我国广大范围内的农村来说，"村落再造"的变迁形式似乎更合乎我国基本国情，也是我国村落发展的主流方向。从短时期内来看，村落实现再造不仅能降低我国现代化的基本成本（它能够自我组织起来提供村落公共产品，满足村落日常生活需求），还可以凭借村落地方性共识化解现代化进程带来的各种纠纷和应对外界所带来的各种风险。村落要想实现成功再造，村落内部的自主性和村落内部的驱动力是其实现再造的关键。通过对右坞村再造过程的分析，笔者认为，在工业化和城市化的大背景下，解决农村发展的内在驱动力问题十分重要。具体来说，在大力建设社会主义新农村的同时，在国家、社会继续保持对农村的政策、智力、技术、资金等方面投入的同时，要使村落健康发展，新农村建设高效，必须发挥村落创造主体的主观能动性，增强村落内部的造血功能，重视农村人力资源的开发，为新农村建设提供人才和智力支持。我们不仅要重视社区精英的培养，同时也还要培养出适应市场、适应社会的新型农民。新型农民的培养除了国家外在层面提供资金、政策、技术、教育资源等方面的支持外，更要通过对农村精英的培养去推动新型农民的培养。因为村落精英在带领村民致富的发展实践中，通过村落社区的各种生产、生活实践来培养出适应市场、适应社区的新型农民。

此外，培养农村人才以增强村落发展的内在驱动力，实际上关乎村落发展的对内和对外两个方面。对外，需要有村落能人和新型农民去不断地学习、接收村落外部信息，增强适应市场、适应社会的能力。在我国部分农村地区，由于缺少一个连接国家、市场和社会的桥梁，导致农民对国家政策、市场环境、发展机会的理解不到位，信息不通畅，缺少对社会资源的有效利用能力，缺少进入市场、判断市场、分析市场的能力，导致村落发展处于被动局面。这实际上就是村落发展内在驱动力不足的问题。对内，村落发展的积极实践需要依靠具有"企业家素质"、"企业家精神"和"创新能力"的村落社区领袖。在当前城市化和市场化大规模推进的时代背景下，村落要想获得积极能动的主动式发展，必须增强村落发展的内在驱动力。

（二）未来展望

虽然本书通过对一个具体村落的研究，基本上阐明了改革开放以来社区精英在推动村落发展过程中的功能和影响，以及他们如何推动村落发展的基本过程和所扮演的角色等，对村落变迁的基本特征、微观动力机制和内在演进逻辑也作了很多的叙述和阐释，但笔者也认识到本项研究可能不够完备、不够充分和彻底，有一些问题尚未涉及，有些问题尚未解决，由于人力、物力、财力等各方面因素，致使研究本身具有一定的局限性。在此略提几端，希冀成为笔者或其他学者以后的研究课题。

第一，新中国成立前传统乡村社会、改革开放前、改革开放后乡村精英的内在特征，他们对村落产生影响和发挥作用的方式比较，他们与国家和乡村民众的关系格局比较，他们与民众的关系变迁，这些有待深入研究。

第二，由于研究所局限，只能局限于一个较为典型村落的发展研究，如今村落发展道路各异，精英发挥作用的方式和扮演的角色也各异，如能在全国范围内选取特色各异而又具有典型的相当数量的村落进行同类主题的研究，或许更具说服力，同时也能丰富研究的内容和主题，增加学术界和理论界关于乡村精英的知识和理论，从而构建起全国范围内的整体框架和类型。

第三，由于本书对一个村落的研究，采用夹叙夹议的方式来书写，未能具体测量出精英们到底对村落经济的发展和推动做出了多大贡献。如果能进行全国范围内的大规模研究，我相信这一议题会更有趣味和意义。

第四，当前许多村落的发展，是传统的权威在起作用的个人魅力型的治理方式，因此大部分获得成功的村落都存在"铁腕精英"，当前我们需要警惕的是村落精英的接班人培养问题，或者干脆说是精英的可持续性问题。在许多村落的发展中，精英群体迅速衰落，而新的精英没有及时出现和培养起来，导致村落精英出现断层，给村落发展造成巨大损失和困扰。因此，需要国家从宏观层面彻底创造出一套机制来培养乡土内生型的能人来给村落的发展注入活力，成为一种长效培养机制。这些问题都是至关重要的。

　　本项研究只是暂时告一段落，笔者还会一如既往地关注社区精英群体，关注他们的村治智慧和在村落发展的每一个关键时期的理性选择或非常规选择，关注他们在城市化进程中对村落变迁所起的独特作用，研究他们对农村现代化以及"三农问题"解决所做出的巨大贡献。在这里，笔者真诚地呼吁并期望更多的学者能够走向田野，走进村落，关注乡村社会变迁，研究像张飞跃类型的引领村落发展的土生土长的草根村落精英，并通过既能"顶天"也能"立地"的原汁原味的"接地气"的学术成果，让社区精英们坚忍不拔的开拓"创新精神"得以传承和弘扬！

附　录
右坞村相关文件材料

附录 1　右坞村股份经济合作社章程

一　总　则

第一条　为规范股份经济合作社股份制改革，保护本社和全体社员（股东）的合法权益，根据《中华人民共和国宪法》、《中华人民共和国民法通则》、《浙江省村经济合作社组织条例》和市、区的有关政策规定，结合本社实际制定本章程。

第二条　本社定名为杭州凤坞镇右坞股份经济合作社，社址设在杭州西湖区凤坞镇右坞 47 号（原村委办公楼）。

第三条　本社由原凤坞镇右坞村经济合作社改制而成，是合作经济组织实现形式，是以资产为纽带、股东为成员的社区性、综合性的合作经济组织，是本社资产的所有者代表和经营管理主体。

第四条　本社有独立的法人资格，遵守国家的法律、法规和政策，按照计划管理和民主管理，市场化运作的原则，实行独立核算、自主经营、自负盈亏，以其全部的资产对合作社的债务承担责任。

第五条 依法属于本社集体所有的资源型资产、固定资产、流动资产、对外投资和其他资产，均属于本社全体股东共同所有。

第六条 本社的基本职能：资产管理、资产经营、资产积累和收益分配等。

第七条 原村经济合作社集体资产，按本章程量化到本社基本股东和普通股东，并由本社办理区农经管理部门统一确认的记名股权证，对股份合作社所有的山林、土地以及无形资产，一律不折值入股，由股份合作社统一管理发包，租赁给社区内、外人员经营，今后国家征用，除地面附属物及青苗费归经营者外，其他补偿一律属股份合作社所有，把征用的资金量化到股民，增加股值。

二 股东与股东的权利和义务

第八条 股东资格：

（一）本社现有常住农业人口，包括本村农转非人口一起作为本社的基本股东，分别享受全额基本股、土地股（二轮承包有承包权的）及农龄股（农龄股配股为16周岁以上）；

（二）曾经是本社社员的农迁居人员（顶职、转干、求学、城迁等人员）和在外征地农转非后嫁人、招赘入本社的人员一起作为本社的股东，分别享受一定的基本股、土地股和农龄股（农龄计算以户口迁出或迁入为截止时间）；

（三）由于本社的特殊性，现有基本股东，股东一次性配股后不再变动（继承式）。

第九条 股东权利：

（一）本社年满16周岁的基本股东享有选举权和被选举权；

（二）本社股东享有对本社资产状况、资产运营、资产处置、收益分配方案的知情权；

（三）本社股东享有对本社董事会提出咨询、批评和建议的权利；

（四）本社股东享有本社收益分配的权利。

第十条 股东义务：

本社股东必须依照国家的法律、法规和本章程行使权力，遵守本章程规定，执行本社股东代表大会（或股东大会）通过的各项决议，维护本社的共同利益，并根据个人所持股份份额，承担相应的经营风险与经济责任。

三 股份量化与股权设置

第十一条 本社设"基本股"、"土地股"和"农龄股"三种。

第十二条 截止时间为2003年12月31日止，在实施由清账理财小组清产核资，张榜公布，报镇农经管理站审查以后，经区农经部门确认，原村经济合作社集体净资产（所有者权益）共8597992.66元，其中资本金6878394.13元，量化资本金为6878394.13元，今后因土地征用补偿收入增加或净资产增值等变化，可以追加拆股量化额。

第十三条 集体资本金拆股量化范围：

（一）截止2004年3月31日止，基本股东（本社常住农业户口，本村就地农转非户口）无论老幼，人均配置基本股5股，土地股1股。

（二）农龄股，自然年龄在十六周岁（为下限）以上，到50周岁止（为上限），农龄股的配置为每年（岁）0.1股，最高农龄股为3.4股。

（三）至截止之日因婚姻迁入本社的农业人口（包括招赘），1982年12月31日前的按实际年龄配农龄股，每年配0.1股，1983年1月1日至今嫁入本社的，按结婚登记日起每年配0.1股，户口未迁入的因政策因素，应予以配基本股、土地股及农龄股，如无故不迁入的，原则上不予配基本股、土地股及农龄股。

（四）劳教、劳改人员股份配置按本条第1、2条款执行，但从股份经济合作社成立起，在服刑、劳教期间（包括缓刑及监外执行）其年终股份红利归股份合作社所有。

（五）因顶职、求学、转干、城迁，根据户口迁出先后量化股份。

①1982 年 12 月 31 日前城迁、转干、求学、顶职人员一律不配股。

②1983 年 1 月 1 日至 1993 年 12 月 31 日止，转干、城迁、顶职、求学人员每人配基本股 1.5 股，农龄股按户口迁出年止计算。

③顶职、求学人员，1994 年 1 月 1 日后配基本股 5 股，农龄股按迁出年止计算，每年 0.1 股（学生按实际年龄，每年配 0.1 股）。

（六）城镇居民户口嫁入（招赘）本社的，一律不予配股（其子女报农业户口的配股，报居民户口的不配股）。

（七）农嫁居，另方为城镇居民，当时户口受政策限制，无法迁出，后农转非可迁出，按户口迁出时计配农龄股 0.1 股/年（迁出时间统一到 1996 年止计算）。

（八）外地农民嫁入（招赘）本村城镇居民者，一律不配股（包括子女）。

（九）外地征地农转非，嫁入、招赘本村的，按第 1、2 条配股（但必须出具农转非原始资料或有效证明）给予配股。

（十）1983 年后按国家政策应迁出而未迁的及已迁出婚嫁人员，按结婚登记日止，每年配农龄股 0.1 股，其他股不配。

（十一）关于招赘，根据村规民约，该户无男孩有两个以上女孩的只认可招赘一个（有男孩要招赘的，必须具有区级以上残疾证明）。

（十二）涉及计划生育政策，夫妻双方生育一孩的，已领独生子女证的，14 周岁以上未办理结婚登记证的统一称独生子女，每人奖励两股。因国家政策许可生二胎，仍享受独生子女优惠（2 股），但配股后再领取生育指标者，其优惠股一律由股份经济合作社收回。对 2004

年 3 月 31 日前违反计划生育指标者，其优惠股一律由股份经济合作社收回。对 2004 年 3 月 31 日前违反计划生育政策，非法领养、无规划出生一台及二胎的，从社会抚养费征收完毕后起夫妻双方及超生子女 10 年不享受股份分红（股份按本条 1、2 条配）。2004 年 4 月 1 日后出现违反计划生育政策非法领养、无规划出生一胎及二胎的，自违反之日起（必须及时上交国家社会抚养费），夫妻双方 10 年内不享受股份分红，并收回夫妻双方各 2 股股份归合作社所有。已享受的独生子女奖励股份及分红全额收归合作社所有。育龄妇女不参与村每年的妇检，其本人年终不予股份分红，其红利归合作社所有。

（十三）再婚，其中男方（招赘）属本村初婚的独生子女，享受奖励股 1 股。

（十四）城镇居民娶城镇居民的一律不配股。

（十五）农嫁女，包括婚嫁的户口应迁未迁的一律不配股。

（十六）2004 年 3 月 31 日零时前死亡者一律不配股。

（十七）原来外地农业户口暂放本村，现仍是本村农业户口，基本股和农龄股照配，土地股不配，但其死亡后不能继承和转让（必须办理双方协议后再配股）。

（十八）对无子女和嫡系亲属，孤寡老人生活由集体照顾者，其死亡后，股权由股份经济合作社收回，不能转让。

第十四条　实行配股范围年审制度，每年的 3 月份对股民的资格进行审核并公布。

第十五条　量化股有集体收益分配权，可以按章程规定在持股成员中协商转让（必须到合作社办理有关手续），但不得退股和提现，量化股可依法继承，死亡者在死亡之日次年，其分配股由法定继承人享有（如有遗嘱根据遗嘱执行）。

四　组织机构

第十六条　股东大会（或股东代表大会）是本社的最高权力机构，董事会和监事会成员由股东代表大会（或股东大会）选举产生。

第十七条　本社股东代表大会（或股东大会）由董事会召集和主持，每年至少召开两次，股东代表大会（或股东大会）每届任期 3 年，有 1/3 以上股东代表（或 1/5 以上年满 16 周岁以上的股东）提议，应当召开股东代表大会（或股东大会），股东代表大会（或股东大会）应有不少于 2/3 以上股东代表出席方能召开。

第十八条　本社股东代表大会（或股东大会）实行一人一票制，股东代表大会（或股东大会）形成的决议，须经到会股东代表（或股东）2/3 以上通过方能有效。

第十九条　本社股东代表大会（或股东大会）的主要权力：

（一）通过、修改股份经济合作社章程；

（二）选举、罢免董事会、监事会成员；

（三）听取、审议董事会、监事会的工作报告、年度财务决算报告；

（四）讨论、决定本社发展规划，资产经营规划，年度财务计划和集体资产经营管理方案；

（五）讨论、决定本社收益分配方案；

（六）讨论决定股份经济合作社日常工作人员人数和基本报酬标准及资产经营责任考核办法，日常工作人员必须以董事会主要成员（或全体成员为主），适当聘用其他工作人员，监事会成员按"实误实补"办法确定报酬标准；

（七）讨论决定其他重大事项。

第二十条　董事会是本社的常设机构和执行机构。对本社股东代表大会（或股东大会）负责。

第二十一条　董事会由 5 名成员组成，设董事长 1 人，副董事长 2 人，董事 2 人。董事会每届任期 3 年，可以连选连任，董事长是本社的法定代表人。

第二十二条　董事会须严格执行股东代表大会（或股东大会）通过的决议，向股东代表大会（或股东大会）报告工作，接受监事会和本社股东的监督，其主要职责：

（一）召集与主持股东代表大会（或股东大会）；

（二）拟定本社发展规划、经营计划和集体资产经营方案；

（三）对重大投资项目进行可行性论证，提出投资决策方案；

（四）拟定本社财务管理制度、财务预算、收益分配方案及资产经营考核办法；

（五）提出董事会、监事会成员及工作人员的报酬方案；

（六）执行股东代表大会（或股东大会）通过的决议；

（七）负责日常社务工作。

第二十三条　监事会共由 5 名成员组成，设监事会主任 1 人，监事 4 人，监事会每届任期 3 年，可以连选连任。董事会成员不得在监事会中交叉兼职，董事会、监事会主要成员及财会人员的直系亲属要实行回避制度。监事会成员必要时可以列席董事会会议。

第二十四条　监事会对股东代表大会（或股东大会）负责，向股东代表大会（或股东大会）报告工作，其主要职责：

（一）监督本社章程执行情况；

（二）监督股东代表大会（或股东大会）决议的执行情况；

（三）对董事会的工作提出建议和批评意见；

（四）每季至少检查一次本社财务，并向股东公布；

（五）提议临时召开股东代表大会（或股东大会）。

第二十五条 监事会可以向股东代表大会（或股东大会），提出要求罢免不称职的董事会成员的建议。

五 资产经营与管理

第二十六条 董事会以经济效益为中心，以资产的保值增值为目标，加强对本社资产的经营管理，依法决定资产的经营方式，可采取独资经营、股份合作、租赁、拍卖、兼并等多种方法，盘活存量资产，确保资产保值增值。

第二十七条 经股东代表大会（或股东大会）同意拍卖、转让的企业，拍卖、转让金应一次性收回，确有困难的应与对方制订还款计划、付息方法，限期付清。被拍卖、转让企业的土地仍属本社集体所有的，受让方必须向本社交纳集体土地使用费。

第二十八条 董事会对本社资产负有保值增值的责任，严禁为其他单位和个人做经济担保。

第二十九条 董事会在发包、租赁时，应依法签订承包合同，按合同约定及时向承包人收取承包款。

第三十条 本社必须建立集体资产登记制度，每年清查盘点一次，并做好登记造册与归档工作，应依法向区农经管理部门进行产权登记，领取资产产权证书，并按规定及时办理年检手续。

六 财务管理与收益分配

第三十一条 本社执行财政部《农村合作经济组织财务制度（试行）》、《农村合作经济组织会计制度（试行）》，试行计划管理和民主管理。

第三十二条　本社必须建立健全财务管理制度，至少每季一次公开财务收支情况，采取预决算，重大开支项目，须经股东代表大会（或股东大会）审议通过。

第三十三条　本社建立固定资产折旧制度，按规定足额提取折旧费。

第三十四条　本社坚持勤俭办社的方针，反对铺张浪费，严格控制非生产性开支。加强本社的资金管理，土地征用补偿费，不得用于日常开支，不得擅自出借。

第三十五条　本社应正确处理国家、集体、个人之间的关系，实行同股同利，搞好收益分配，当年净收益分配的顺序和比例如下：

（一）公积金10%；

（二）公益金和福利费20%；

（三）股东分配70%。

第三十六条　如任期内经营管理成效明显，使本社资产有较大幅度增加的，可根据董事会成员的贡献大小，给予经济上的奖励。如任期内因经营不善，使本社资产流失、亏损的，可根据董事会成员责任大小，承担相应的经济责任。

第三十七条　经本社股东代表大会（或股东大会）讨论通过的分配方案及目标责任考核结果，须报镇、乡（街道）农经管理部门备案。

七　附则

第三十八条　本章程经第一届股东代表大会审议通过后生效。

第三十九条　本章程由董事会负责解释。

附录2　右坞村股份经济合作社第一届董事会、监事会选举办法

根据《中华人民共和国选举法》、《浙江省经济合作社组织条例》、《右坞村股份经济合作社章程》的有关规定，制订本办法。

一、本届董事会成员由 5 名组成，监事会由 5 名组成，董事会、监事会由全体股民代表选举产生，分别确定董事会正式候选人 6 名，监事会正式候选人 5 名，董事会实行差额选举，其中差额 1 名，监事会实行等额选举。

二、董事会候选人的产生，采用股民代表无记名推荐，监事会候选人的产生，经村二委及股份制工作小组成员会议民主协商确定，并通过股民代表举手表决产生。董事会候选人必须是本届的股民代表，监事会候选人原则上是本届的股民代表，也可以在股民中有财务知识的基本股民中产生。

三、进行大会选举时，股民代表必须超过应到代表半数以上方可进行，选举时采用无记名投票的方式进行，股民代表对候选人可投赞成票、投反对票，投弃权票。

四、填写选票时，对选票中的候选人如赞成，在其姓名上方的空格内划"○"；如反对划"×"；不划任何符号的作为弃权；划其他符号视为无效。每张选票所选的人数等于或少于应选人数的为有效票，多于应选人数的为无效票。

五、选举设总监票一人，总计票一人，监票一人，计票一人。由筹委会提名，经大会表决通过，总监票、总计票、监票、计票人必须是本届股民代表，董事、监事会候选人不能担任以上职务。

六、选举开始时由计票人将选票分到股民手中，一人一票，填写好选票后进行投票，完毕后进行计票，收回的选票等于或者少于发出

的选票，选举有效；多于发出的选票，选举无效，需进行重新选举。董事会、监事会成员必须获得参选代表半数以上的赞成票，按得票多少当选，过半数不足应选名额或遇到同票的，进行补选，不足名额一人的取得票多的二名作为候选人选一名，不足名额二名的取得票多的三名作为候选人选二名，同票的在二人中选一人。补选中，赞成票超过三分之一即为当选，同样按得票多少，取足应选名额。

七、本办法经第一届一次股民代表大会表决通过方为有效。

附录3　右坞村村民自治章程

第一章　总则

第一条　为贯彻实施（村委会组织法），加强民主政治建设，保障村民实现自我管理、自我教育、自我服务，调动村民建设社会主义新农村的积极性，促进物质文明和精神文明建设，特制定本章程。

第二条　本章程依据（村民委员会组织法）及其他有关法律、法规，联系本村实际，经全体村民、股民代表反复讨论修改，民主制定。

第三条　本村实现村民自治，是在党的现行政策和国家法律规定的范围内，在党支部的领导下，由村民委员会、股份制经济合作社具体组织管理本村的政治、经济、文化及其他社会事务。

第四条　本章程是本村全体村民的行为规范，章程面前人人平等，任何人都必须遵守。

第五条　本章程由村民委员会具体组织实施，并由村民代表大会监督执行。

第二章　村民组织

第一节　村民代表会议

第六条　户籍在本村，年满十八周岁以上的村民，具有民事权利能力和民事行为能力，并享有选举权和被选举权。村民代表会议由村民代表组成，村民代表由村民选举产生，是全村最高权力机构。村民代表与村民委员会任期一致，每届任期三年。村民代表可以连选连任，必要时也可以撤换和补选。

第七条　村民代表会议由村民委员会负责召集和主持，村民代表会议每季度召开一次，必要时可随时召开。有五分之一以上的村民代表提议时，应召开村民代表会议。

第八条　村民代表会议职权：

（一）听取和审议村委会的年度工作报告，提出意见和建议并做出相应决议；

（二）讨论决定涉及全村村民利益的重大问题；

（三）制定或修改村民自治章程；

（四）监督审查村财务，包括本年收支预算和上年收支决算；

（五）撤换和补选村民委员会成员；

（六）否决和修改村民委员会不适当的决议和决定。

第二节　村民委员会

第九条　村民委员会是在国家法律规定范围内由村民自我管理、自我教育、自我服务的群众性自治组织，具有法人资格，受上级政府的指导和党支部的领导。村民委员会由主任、副主任和委员组成，每届任期三年。成员由村民直接选举产生，可以连选连任。

第十条　村民委员会职责：

（一）教育组织村民认真贯彻执行党的路线、方针、政策，自觉遵守国家的法律、法规；

（二）向村民代表会议负责并报告工作；

（三）完成上级政府布置的行政、经济等工作任务；

（四）维护村民的合法权利，教育引导村民履行公民义务；

（五）组织村民发展经济，做好本村生产的服务协调工作；

（六）管理本村集体所有的土地和其他财产，教育村民合理利用自然资源，保护和完善生态环境；

（七）办理本村公共事务和公益事业，调解民间纠纷，维护社会治安，向上级政府反映村民的意见、要求和建议；

（八）做好优待抚恤、救灾救济、五保供养等社会保障工作，开展移风易俗活动；

（九）带领群众开展社会主义精神文明建设。

第十一条 村民委员会的工作制度：

（一）学习制度：每月学习二次，由党支部统一组织以不断提高思想水平和政策水平；

（二）会议制度：村委会（村三委会）每隔 10 天一次办公会议，半年一次汇报会，年终一次总结会，根据工作需要也可随时召开；

（三）建立任期目标，年度目标和分工负责制度，并定期进行检查；

（四）村务公开制度。凡需要村民知道的村务都要公开，主要包括：上级党委、政府有关政策、规定；本村重要公共事务；村干部的分工和报酬；财务收支；水、电费收缴管理；宅基地审批；计划生育；救灾救济；优抚政策等有关村民关心的重大问题，采用不同形式公开。

第三节　村民小组

第十二条 村民小组是村民委员会领导下村民开展群众性自治活动的基层组织，是村民委员会联系村民的桥梁和纽带。

第十三条 本村划分四个村民小组，村民小组各设组长 1 名，组员 8~9 名，由各组村民民主选举产生。

第十四条　组长必须是年满十八周岁以上热爱党、热爱社会主义、生产经验丰富、办事公道、遵纪守法、热心为村民服务，受群众信任的村民担任。

第十五条　村民组长职责：

（一）积极宣传党和国家的路线、方针政策和村规民约，引导和监督村民认真贯彻执行，动员并组织群众依法履行应尽的义务；

（二）协助村领导搞好本组公益事业的统一规划以及环境卫生的统一管理，管好公有的路、渠道、沟、水管、电线等公共设施，对强占集体土地及时向村委会反映，作出处理；

（三）积极配合村委会做好土地管理、土地征用、征兵等其他各项突出任务，按时参加各种会议和活动；

（四）对本组发生的民事纠纷、土地纠纷、赡养纠纷等必须过问调解，并及时向村委会汇报；

（五）配合村土管员管好村民建房工作，做好村民建房初审工作；

（六）要代表群众意愿，为民多办实事，特别是本组的一些特困户要及时向村委会反映情况，帮助解决一些实际困难。

第四节　村干部

第十六条　村干部是全体村民的公仆，必须牢固树立全心全意为人民服务的思想，立足本职工作，努力为村民造福，要求做到：

（一）认真贯彻执行党的路线、方针、政策、坚持四项基本原则，政治上同党中央保持一致；

（二）认真学习政治、科学文化知识，不断提高政策水平和工作能力；

（三）坚持实事求是，讲究工作方法，发扬民主作风，尊重村民意见，善于做耐心细致的思想政治工作；

（四）吃苦在前，享受在后，履行职责，勤奋工作，带领村民勤劳致富；

（五）清正廉洁，不以权谋私，敢于同不良倾向作斗争；

（六）以身作则，各项工作中起模范带头作用；

（七）坚持原则，主动开展批评与自我批评，自觉接受群众监督；

（八）维护集体团结，执行会议决议，齐心协力共同开展好工作。

第三章　财务管理

第十七条　建立健全财务管理制度，由村委会分管财务的负责人统一负责全村的财务管理。

第十八条　村成立由村民代表组成的民主理财小组，实行财务公开，加强财务监督。

第十九条　财务人员职责：

（一）出纳员要加强现金管理，及时记好现金账、银行账，严格收支手续，对不符合手续的单据拒付，做到收有凭、支有据，严禁打白条，不挪用公款，不私自外借现金，库存现金不得超过规定标准，做到账款相符，及时结清记账款，做到单据不跨月，及时与街道会计交接单据，短款自补；

（二）实物保管员要建立进仓入库，领用台账，做到账、物相符，对领用手续不齐全的有权拒领，并且做好仓库安全防范措施。

第二十条　严格财务审批手续，由村委会（经济合作社）负责人签字，费用报销额在伍佰元以上的由支部负责人共同审批。万元以上的大额开支，必须经集体负责人共同审批，报销单据必须具备经手人、验收人、审批人签字方可报销，财务人员对各种支付凭证应严格审查。

第二十一条　预决算管理：

（一）年初由村三套班子对当年的收入、支出、主要资金使用等项目做出预算，编制计划，交村民代表大会审议通过；

（二）年中由村委会向村民代表大会汇报半年来财务收支执行情况，必要时，可提请村民代表大会，对年初的财务预算计划做适当调整；

（三）年终进行收支决算，并在村民代表大会上通报全年收支情况，并向村民张榜公布。

第二十二条　建立审计制度，在村民委员会的领导下，村委会分管财务的负责人具体抓。建立审计小组，审计小组每季对企业单位的财务进行审计，对审计出的问题提出批评和改进意见。

第四章　企业管理

第二十三条　所有企业、个人经营者所有租赁的土地、厂房期限按合同执行，经营者必须按合同规定及时上交规费，如无故拖欠，村将视情节给予处理，直至终止租赁。

第二十四条　所有企业、个人经营者必须服从上级政府、村有关部门的管理，积极完成村下达的产利地税指标，按时上交月报表及税收。

第二十五条

（一）加强企业管理，村成立安全生产领导小组，村与企业签订安全生产责任状，每季对所属企业进行安全检查，对有事故隐患的必须督促企业整改，对屡教不改者，建议有关部门对该企业停产整顿，对特种行业必须持证上岗；

（二）对危险品，必须按规定使用及安放。严格规章制度，按规定积极做好职工的养老保险工作。和职工享有的权利和义务。

第二十六条　鼓励村民自主创业，村对外招商的商铺、工作室、厂房、闲置土地等，由村民承包自主创业的享受对外招商价格的8.5折优惠。但必须合法经营，工商注册应在弯池街道。

第二十七条　鼓励村民积极引进符合村落整体规划与发展的企业，村对引进企业落户者进行一次性招商奖励，合同签定后，租金在两万至五万的奖励两千元。五万以上至十万的奖励肆仟元。十万元以上的奖励陆仟元。租金在五十万元以上的大项目，由村委统一讨论奖励。

第五章　农业生产管理

第二十八条　村委要抓好以下工作：

（一）抓好承包土地面积的管理，制止农户弃耕抛荒，对连续抛荒一年的由村委发通知，规定期限内做好农业后勤服务工作，做好良种引进、化肥农药销售等服务，进行不定期的虫情病情通报；

（二）对山林、空地等集体所有土地，村民不得私自开荒种植茶园，对已开荒的土地应在册登记。今后遇土地征用，不作任何赔偿。对前期村调剂补偿过或征用过茶地，村开发后有遗留部分的，如有村民参与管理的，在二次使用中补偿一律按杭州市政府土地征用青苗补偿标准赔偿，每亩人民币叁仟元整。

第六章　土地管理

第一节　土地管理

第二十九条　农村的土地，除有关法律规定国家所有之外，其余土地（包括宅基地、自留地、承包地）均属集体所有，村民只有管理权和使用权，没有所有权。

第三十条

（一）一切集体土地，由村和街道统一管理，任何单位和个人不得侵占、买卖、租赁等违法转让；

（二）对村民自留地管理，从本章程实施之日起，应进行在册登记，予以确权。

第三十一条 严格控制占用集体土地，乱搭乱建者该农户取消村级股份制分红，如有违反直至拆除违章建筑。

第三十二条 擅自占用集体土地乱搭乱建，挖井、堆放建筑材料等导致村规划和社会秩序混乱的，查实后拒不整改的该农户取消村级股份制分红。在本章程实施之日前已存在的，如村对该地块开发，必须无条件服从村委安排处理。

第三十三条 外来人员通过购买、抵债等形式获得该村土地、房屋，须交纳村一定的物业管理费。

第二节　村街道建设及企业用地

第三十四条 按村总体规划，凡村集体意向发展用地，及公益性事业用地，涉及本村村民承包地、自留地等，村民必须服从村总体规划。经村民代表大会表决通过后，向村民调剂土地一律按以下三种方法实施：

（一）按每亩土地一次性补偿人民币伍万陆仟元整；

（二）按土地与村可调剂承包土地调换，按1∶1调换，再一次性补偿人民币每亩壹万伍千元整；

（三）按土地租赁价格，补偿每亩每年人民币三千元整。

第三十五条 国家街道、村建设用地征地补偿费按市政府文件规定执行，对拒不交地的强制执行。

第三十六条 除承包地、自留地、宅基地以外的集体土地村原则同意农户种植季节性作物，不得种植永久性植物，但如遇村规划涉及该土地一律不支付征地费及青苗赔偿费，并不得阻碍村规划用地。

第三十七条 对村民承包的土地，农户与农户之间为生产发展，承包土地使用权流转的，须经村民小组及村委会同意后方可调剂，发展生产必须符合村集体统一规划。否则今后涉及该土地调整时视作无效，造成相关损失由村民自负。严禁本村农户承包土地流转给本村以外的人员。产生变相土地买卖，严禁在承包土地上搭建永久性建筑物，查实后取消该农户村集体股份制分红。

第三十八条　对村内道路、公园和停车场，属村公共设施，任何单位和个人不得强行侵占，不得以任何理由长时间占用公共用地及停车位，对劝阻不听的，一律上报管理部门处理。

第三节　村民建房的有关程序和要求

第三十九条　村民建房首先必须提交申请报告报村委。经村委研究同意建造的，由土管员发给私人建房用地呈报表，按规定填好表内内容，由村及村民小组长签字，报街道土管所审批，经审批同意拿到地基证后方可建房，并由街道村定点放样，填基放样单，方可施工。宅基地审批条件（一）常住户口三年以上；（二）户口单独立户；（三）未享受过村宅基地分配；（四）未享受过集体分房；（五）女儿户农嫁居，男方无住房的；（六）此政策暂考虑男方在家，出嫁女不列入在内。（七）按国家相关土地审批办法。

第四十条　村民建房面积按政府部门规定的在册农业户分大、中、小户进行审批，独生子女优惠按规定执行。

第四十一条　建房户建好新屋后，必须拆除旧屋，建房户所建房基四周有纠纷的必须双方或三方达成协议后方可建房。

第四十二条　农户在建新拆旧申报建房过程中，涉及村道路规划用地必须无条件服从村镇规划，所拆围墙附房包括宅基地由村统一调剂，对不服从规划的，村有权不予申报建房手续。

第七章　户口、计划生育管理

第四十三条　除基本股东以外，如户口落户本村的都应与村委签定户口协议（时间 2005 年 1 月）。

第四十四条 本村女儿户，招赘女婿的，每户只能过户一人，凡有儿子一律不得招赘。

第四十五条 符合新条例要求生育第二个孩子的夫妇，必须双方一致申请，经村民委员会评议，报上级有关部门批准，申请者须退回领取的《独生子女光荣证》及已领取的所有奖励费，方可安排生育。

第四十六条 已生育一孩、二孩的育龄妇女，在产后3个月内落实长效可靠的避孕节育措施，计划外怀孕者，应及时中止妊娠，进行人工流产或引产，在采取节育措施中发生怀孕，引流产由村适当给予经济补贴，引产一次200元，流产一次补贴100元，放环补贴100元，带环怀孕200元，发生二次以上村不给予补贴，如遇特殊情况可酌情处理。

第四十七条 本村育龄妇女每年必须接受定期妇检，对不参加妇检的，取消该家庭的一切福利待遇，外出育龄妇女二次妇检间隔不超过六个月。

第四十八条 计划外出生的，在按国家有关法律法规规定处罚外，将取消村内所能享受的一切福利待遇，时间10年，房屋审批等根据街道有关文件执行。

第八章 水、电管理
第一节 供水管理

第四十九条 加强供水设施管理，对户外设施由村负责管理维修。进户使用的设施由各户维修管理。村民户外安装管道须经水电组同意，不得擅自安装，未经水工同意不得私关阀门，违者作停水处理。

第五十条 为节约用水，平衡水费，对用户水费收取工作待村进行一次彻底整顿后，将按每吨0.30元收取，收取后的水费作维修费开支。对现有企业、村店、饭店、修理铺的水费，以每吨0.80元的标准收取，对无故不交者，给予停止供水处理。

第五十一条　供水设施必须人人爱护，对破坏水设施的单位、个人按情节轻重给予处理，严重的交司法办处理。

第五十二条　不允许自备供水系统同村供水系统接通混用，如接通者村将给予拆除。

第五十三条　用户家中水龙头或水管破裂必须在 24 小时内向水工报告，对逾期不报告，自己又不修复的，一经发现作停水处理。水工必须在接到报告后 24 小时内及时修理并修复。逾期不修一经查实，应予处理。

第二节　供电管理

第五十四条　安全用电。安装用电线路必须由村电工和凤坞机电站电工负责进行。严禁私拉乱接，严禁私设电网，如发现违反者，立即切断电源，后果自负。

第五十五条　电费的收费标准：

（一）照明电费，按机电站指导价收取；

（二）村民建房用电按表收费；

（三）安装空调涉及电力容量超负荷问题，须经村电工同意方可安装。农户私自安装造成损失一切责任由农户承担；

（四）私营企业、个体商店须向村委交纳用电管理费。

第五十六条　村设专职电工，负责供电设施的安装、保养维修，保证正常供电。

第九章　教育、合作医疗、卫生

第一节　教育

第五十七条　学龄儿童和青少年有依法接受教育的权利和义务，其法定监护人应保证子女接受九年制义务教育，积极配合学校和社会做好子女的思想品德教育工作。

第五十八条　本村企业、组织、个人一律不准招收 16 周岁以下童工，违者报有关部门处理。

第五十九条　村民有自觉接受党的路线、方针、政策及科技培训和普法教育的义务。

第六十条　根据我村实际情况，积极鼓励本村学生高考升学，接受高等教育，多出人才，对在校的学生考上大学本科，奖励按录取分数线分两个档次，第一档奖励 3000 元，第二档奖励 2000 元。

第二节　合作医疗

第六十一条　为实现人人享有卫生保健，保障我村村民的身体健康，体现一人有病大家相助的精神，街道成立医管会，实行合作医疗大病补助，纳入全区统一管理。

第六十二条　凡本村常住农业户口及农转非人员（户口在本村）均为参加城乡居民医疗保险对象。入会以自愿为原则，每人每年 1200 元和 800 元两档。参保人员可以选择参保：（一）按每人每年 1200 元标准参加医保的，村民个人缴纳 300 元，村委每年根据参保人员补贴 100 元，市财政补贴 400 元，区财政补贴 400 元，共计 1200 元；（二）按每人每年 800 元标准参加医保的，村民个人缴纳 100 元，村委每年根据参保人员补贴 100 元，市财政补贴 300 元，区财政补贴 300 元，共计 800 元。

第三节　卫生

第六十三条　搞好环境卫生人人有责，村民有搞好门前三包的义务，不得乱倒垃圾，严禁占道堆积杂物，对建房户在放样时向建房户收取卫生清理保证金 1000 元/户，附房 500 元/户，由村指定地点堆放。建房完成后必须及时清理所有遗杂物，方可退还押金，不及时清理的，不得退回保证金并由村负责清理后代付卫生清理费，其间如遇卫生检查，必须严格按村委要求做好卫生保洁工作，否则将严肃处理。

第六十四条 路边、水源附近严禁建厕所，保持道路卫生清洁，防止水源污染，所有露天厕所（包括粪池）都要加盖。

第六十五条 村卫生保洁员必须每天对村内主要道路进行卫生扫除，并对公共场所进行化学除草，垃圾清运人员必须及时清运垃圾箱内的垃圾，不得满溢。

第六十六条 为保持村落环境卫生，村民对房前屋后堆积物应进行定期清理，村主干道路两边不得堆积柴草、建房多余材料等。如有违反者，将取消当年该农户村级股份制分红（时间以张贴公告及发通知为准）。

第十章 山林、坟墓管理

第一节 山林管理

第六十七条 本村山林、竹林属集体所有，由村统一经营。

第六十八条 严禁上山砍柴，砍伐竹、木，违反者无论在山上或家中被发现，所砍竹木没收归公，并交纳所偷竹、木价值 5 ~ 10 倍的培育费。对拒不交培育费者，将取消该农户村级股份制分红。

第六十九条 对拒不服从山林人员管理，打骂山林人员者轻则由村民委员会进行批评教育，重则交公安部门处理。

第七十条 加强山林防火工作，严禁在山边烧焦泥灰，严禁上坟带火种，一经发现火警，应立即采取措施全力扑救，同时查明原因。对于肇事者根据损失情况，轻则进行经济处罚，重则追究法律责任。

第七十一条 山林管理人员要恪尽职守，坚持原则，对一切偷盗行为要严肃处理，对工作责任心不强的，村委要给予解聘。

第二节 坟墓管理

第七十二条 为了控制山林白化现象的发生，以及坟墓安葬中的无政府主义，应根据街道规定的墓葬点统一安葬。

第七十三条　本村常住户口死亡人员，村实行殡葬补助标准，每人补贴650元（按基本股东）。

第十一章　福利待遇

第七十四条　自2005年1月1日起，全村实行股份制改革，全村村民福利待遇按股份制条例享受，村民股份福利待遇30年不变，新增户口将不再享受股份制。

第七十五条　基本股东老年退休费。年满60周岁含以上老年人，每月生活补助费为50元，年满70周岁含以上老年人，每月生活补助费80元，按季发放。

第七十六条　按基本股东户为标准，按常住人口为附则，村每年每人发放煤气一瓶。股份制分红按当年结算，如有违反本村村规民约而导致当年不能分红，次年将不再补发（时间以发通知为准）。

第十二章　治安管理

第七十七条　保护村民的各项合法权益不受侵犯，发生纠纷当事人应协商解决或请村调解委员会调解，不准动武、闹事、侮辱、诽谤他人。违者须写出检讨书，赔偿损失，触犯刑律者交司法机关处理。

第七十八条　任何人不得以各种借口到企业、村委办公地等任何地方起哄闹事，不得寻衅滋事，扰乱社会治安秩序。

第七十九条　严禁观看、传播淫秽物品，严禁卖淫嫖娼，严禁赌博，若有违反者，轻者处以罚款，重者移送司法机关依法追究其刑事责任。

第八十条　反对迷信活动，严禁利用迷信活动造谣、骗财。

第八十一条　加强外来人员管理，在本村暂住的外来人员，须在三天内由房东带领暂住人到村治保委员会申报临时户口，申领暂住证。要注意外来人员中的可疑情况，发现违法犯罪行为，应及时报告。如有运输车辆，每辆收取50元土地资源费，由房东统一收取，无法收取则在该农户股份制分红中扣除。

第八十二条　不得侵害国家、集体、他人财物，不得损害国家、集体的公共设施，违者进行批评教育，责令恢复原状或作价赔偿。

第八十三条　本村村民多次违反上述规定，屡教不改者，给予全村通报批评，不享受或暂缓享受本村的福利待遇。

第十三章　抚养、赡养和收养

第八十四条　村民收养子女须向村委会提出书面申请，讲明申请理由，经村委会审核同意到民政、公证等部门办理法定手续才能收养。

第八十五条　父母对未成年子女应尽抚养义务，子女应对父母尽赡养义务，不得干涉老年人合法行为，老年人享有婚姻自由，并受法律保护。对于拒不尽抚养、赡养义务者，情节轻微，由镇村委会进行批评教育，情节严重，依法追究当事人的法律责任。

第八十六条　继子女养子女与亲生子女享有同等权利、地位，享受同等待遇，同时也应尽相应义务，任何人不得虐待、歧视。

第八十七条　父母离婚后，双方仍应尽对未成年子女的抚养义务，不得借故互相推卸。

第八十八条　村民若在抚养、赡养等问题上发生纠纷，应由村委会调解，调解不成，村委会应支持被抚养人、被赡养人向街道法律服务所申请调解，或向人民法院起诉。

第十四章　依法服兵役

第八十九条　凡符合服兵役条件的本村村民，都有服兵役的义务，应积极主动参加兵役登记、体检和应征。如有违反规定的行为，轻者由村委会批评教育，本人及家庭三年内不享受村里的待遇。

第十五章　村落发展规划

第九十条　右坞村风情小镇创建按杭州市委市政府3号文件实施，于2011年10月1日完成建设。其间村落可持续发展，提升村落品位，发展村级经济，打造最美丽乡村，根据总体规划部署，制定以下方案：

（一）完成风情小镇建设后，整个村的策划及可用资源，统一由大美星工场文化创意策划有限公司负责经营，负责市场招商，对外宣传，统一管理；

（二）村集体可调剂房屋和村民可调剂房屋，经过美院设计立面整治后统一由该公司负责租赁，价格统一按每月每平方米人民币拾元计算。按建筑面积计算；

（三）为了维护整个村落平稳发展，抵制变相恶意竞争，村民房屋出租必须经村委审核备案，同意后方可进行出租，否则村及政府将不予支持该经营户的营业执照审批；

（四）所有房屋出租后，移交画·右坞物业管理办公室统一管理，其他按公司管理章程实施。

第十六章　其他

第九十一条　严格遵守国家法律、法令，凡触犯法律被有关部门依法处理，家庭在本年度的福利待遇上应给予适当减少。

第九十二条　村民均应自觉遵守本村规民约，有义务维护本村社会治安、经济秩序。

第九十三条　对严重违反本村规民约且屡教不改者，停止其享受在村里的一切待遇，包括股份分红，确认改正再继续享受福利待遇。

第九十四条　对集体公益事业不支持，擅自阻碍村委发展意图的，根据村民代表大会及董事会研究定性的，则取消该农户村级股份制分红。

第九十五条　对村发展公益事业及发展经济上，有村民恶意举报及鼓动村民闹事及散布谣言的，一经查实，则取消该农户村级股份制分红。

第九十六条　外来人员住在本村，参照本村村规民约执行。

第九十七条　本村村规民约由村委会负责解释和实施。

第九十八条　本村村规民约自 2011 年 7 月 1 日起实施，原村规民约同时废止。

右坞村村民委员会

2011 年 6 月 30 日

附录 4　画·右坞物业管理条例

"画·右坞"是杭州市十大特色"风情小镇"之一，是中国版的"枫丹白露"。众多知名艺术家入驻。为了规范物业管理，维护业主和物业管理的合法权益，改善业主及村民的生活和工作环境，现成立画·右坞物业管理办公室，并制定本条例。

业主（房屋租赁人）及所有在画右·坞的经营户、工作室等居住者，都应遵守本条例。

第一条　物业费按建筑面积每平方米每月收取人民币 1.5 元。按合同签订时间，每年一次性缴纳，统一由画·右坞物业管理委员会收取。物业服务收费遵循合理、公开以及费用与服务水平相适应的原则。物业费用包括物业管理区内治安、巡防、公共卫生、信息咨询、绿化养护、公共设施维护等服务项目。这些项目都纳入物业管理范畴，统一收取物业费。

第二条　画·右坞物业管理办公室是右坞村村民委员会下属机构，成员由右坞村村民委员会决定。它应当代表和维护物业管理区域内全体业主在物业管理活动中的合法权益。为保障户主与业主的合法权益，所有房屋出租户都应纳入本管理条例。

第三条　画·右坞物业管理条例符合中华人民共和国宪法及中华人民共和国物权法等相关法律的规定。

第四条　业主在物业管理活动中，享有下列权利：

（一）按照物业服务合同的约定，接受画·右坞物业管理办公室提供的服务；

（二）就物业管理的有关事项向物业管理办公室提出建议；

（三）监督风情小镇物业管理工作；

（四）监督物业管理办公室履行物业服务合同；

（五）依法享有物业共用部位、共用设施设备使用权。

（六）对物业共用部位、共用设施设备和相关场地使用情况享有知情权和监督权；

（七）法律、法规规定的其他权利。

第五条　业主在物业管理活动中，履行下列义务：

（一）遵守业主公约以及风情小镇的有关规定；

（二）遵守物业管理区域内物业共用部位和共用设施设备的使用、公共秩序和环境卫生的维护等方面的规章制度；

（三）执行风情小镇物业管理办公室的决定；

（四）按照物业管委会规定按时、按量交纳物业管理费用，未交纳的将在农户股份制中扣除；

（五）法律、法规规定的其他义务。

第六条　农户房屋出租一律经过物业管理办公室办理营业执照，否则按无证经营处理。

第七条　画·右坞物业管理办公室的决定对物业管理区域内的全

体业主具有约束力。

画·右坞物业管理办公室履行下列职责：

（一）制定、修改本条例；

（二）定期召开会议，对物业管理的实施情况进行汇报；

（三）应当配合公安机关，与村民委员会相互协作，共同做好维护物业管理区域内的社会治安等相关工作；

（四）在物业管理区域内，物业管理办公室应当积极配合村民委员会依法履行自治管理职责，支持村民委员会开展工作，并接受其指导和监督；

（五）按照物业服务合同的约定，提供相应的服务。

第八条 物业服务合同应当对物业管理事项、服务质量、服务费用、双方的权利义务、专项维修资金的管理与使用、物业管理用房、合同期限、违约责任等内容进行约定。

第九条 业主应当根据物业服务合同的约定交纳物业服务费用。业主与物业使用人约定由物业使用人交纳物业服务费用的，从其约定，业主负连带交纳责任。

第十条 物业管理办公室可以根据业主的委托提供物业服务合同约定以外的服务项目，服务报酬由双方约定。

第十一条 物业管理区域内，供水、供电、供气、供热、通讯、有线电视等单位应当向最终用户收取有关费用。

第十二条 对物业管理区域内违反有关治安、环保、物业装饰装修和使用等方面法律、法规规定的行为，物业管理办公人员应当制止，并及时向有关行政管理部门报告。

第十三条 物业管理办公室应当协助做好物业管理区域内的安全防范工作。发生安全事故时，物业管理办公室在采取应急措施的同时，应当及时向有关行政管理部门报告，协助做好救助工作。

第十四条　物业使用人在物业管理活动中的权利义务由业主和物业使用人约定，但不得违反法律、法规和业主公约的有关规定。物业使用人违反本条例和业主公约的规定，有关业主应当承担连带责任。

第十五条　物业管理区域内按照规划建设的公共建筑和共用设施，不得改变用途。

第十六条　业主不得擅自占用、挖掘物业管理区域内的道路、场地，损害共同利益。因维修物业或者公共利益，业主确需临时占用、挖掘道路、场地的，应当征得物业管理办公室的同意。业主应当将临时占用、挖掘的道路、场地，在约定期限内恢复原状。

第十七条　业主需要装饰装修房屋的，应当事先告知物业管理办公室，需征得同意后方能动工。物业管理办公室应当将房屋装饰装修中的禁止行为和注意事项告知业主。

第十八条　物业存在安全隐患，危及公共利益及他人合法权益时，责任人应当及时维修养护，有关业主应当给予配合。

第十九条　违反本条例的规定，有下列行为之一的，由画·右坞物业管理办公室责令限期改正，给予警告，并按照本条第二款的规定处以罚款，所得收益，用于物业管理区域内物业共用部位、共用设施设备的维修、养护，剩余部分按物业管理办公室决定使用：

（一）擅自改变物业管理区域内按照规划建设的公共建筑和共用设施用途的；

（二）擅自占用、挖掘物业管理区域内道路、场地，损害业主共同利益的；

（三）擅自利用物业共用部位、共用设施设备进行经营的。

发现以上行为，由右坞村村民委员会做出处理决定。

第二十条 违反物业服务合同约定，业主逾期不交纳物业服务费用的，物业管理办公室应当督促其限期交纳；逾期二个月仍不交纳的，按违约处理，画·右坞物业管理办公室可以向人民法院起诉。同时停止该业主的一切经营活动。

第二十一条 本条例最终解释权属右坞村村民委员会。

画·右坞物业管理办公室

2011 年 9 月制定

附录5 画·右坞房屋租赁合同

出租方：＿＿＿＿＿＿＿＿＿＿＿＿＿＿＿＿＿＿＿（简称甲方）

法定代表人或授权代表：＿＿＿＿＿＿＿＿＿＿＿＿＿

地址：＿＿＿＿＿＿＿＿＿＿＿＿＿＿＿＿＿＿＿＿＿＿

联系电话：＿＿＿＿＿＿＿邮政编码：＿＿＿＿＿＿＿

承租方：＿＿＿＿＿＿＿＿＿＿＿＿＿＿＿＿＿＿＿（简称乙方）

法定代表人或授权代表：＿＿＿＿＿＿＿＿＿＿＿＿＿

联系电话：＿＿＿＿＿＿＿邮政编码：＿＿＿＿＿＿＿

根据《中华人民共和国合同法》、《城市房屋租赁管理办法》及相关法律法规和本市的有关规定，甲、乙双方在平等、自愿的基础上，并鉴于乙方已充分理解并认可中国美术学院国家大学科技园关于艺术休闲小镇为了发展艺术休闲经济招商入驻企业的相关内容，甲方将其房屋出租予乙方，由乙方进行统一运营招商事宜经协商一致，订立本合同，条款如下：

第一条 房屋基本情况：甲方出租的房屋位于杭州市西湖区弯池街道右坞村＿＿号。房屋结构为砖混结构，该房屋所占的土地使用权性质为＿＿＿＿。该房屋产权证号为【 】，土地使用权证号为【 】。

甲方保证已经征得其共有权人的一致同意出租该房屋。甲方并同意乙方将该房屋予以转租（附平面图和土地证复印件）。

第二条 乙方租用甲方__门牌号，建筑面积为＿＿＿＿＿＿平方米，根据弯池街道规划、策划要求从事创意休闲旅游产业。

第三条 出租期限：租用期＿＿年，从＿＿年＿＿月＿＿日起到＿＿年＿＿＿月＿＿日止。

第四条 租金以及交纳方式：租金按建筑面积计价，标准为每月每平方10元；第六年开始每五年递增一次，第一个五年（即第六年至第十年）增幅为10%即每年租金为每月每平方11元；第二个五年（即第十一年至第十五年）增幅为5%即每年租金为每月每平方11.55元；第三个五年（即第十六年至第二十年）增幅为10%即每年租金为每月每平方12.71元。（注：本合同内出现的金额均以人民币为本位币计算）。租金缴纳方法为一年一交，时间按合同时间。甲方按乙方需求开具发票，税费由乙方承担。

第五条 维修责任：

5.1 甲方负责房屋正常使用情况下房屋各部位自然耗损的恢复维修；

5.2 如因乙方使用不当造成房屋或设施、设备损坏的，乙方应立即负责修复。如对甲方或第三方造成损失的应承担经济赔偿责任；

5.3 甲方维修房屋结构，应提前15天书面通知乙方，乙方应予以协助和配合。如因甲方维修房屋导致乙方不能正常使用房屋的，则乙方有权不支付维修期间的租金并有权要求甲方依法赔偿经济损失。

第六条 关于装修更改房屋结构的约定：

6.1 租赁期间甲方允许乙方在不影响房屋承重情况下可以进行房

屋装修，对承重的墙体及水泥梁等改变必须有加固措施的情况下才可以改变房屋的结构。乙方对房屋的使用和装修必须符合消防、环保、安全、防疫等方面的要求，按规定配置设施。

6.2 乙方如需要增扩设备涉及基础设施时，应事先征得甲方的书面同意，并按规定向有关部门办理报批手续后，方可进行。

6.3 合同期满或中途退租时，乙方的不动产装修归甲方，保持房屋现状归还甲方。

第七条 甲方权利与义务：

7.1 甲方保证其租赁行为已取得房屋所有权人的同意。合同租赁物正式交付给乙方以前的一切债权、债务及相关税费由甲方负责。租赁期间，甲方不得擅自将租赁地块及其上的建筑物、构筑物抵押、出让给第三方。

7.2 租赁期间内甲方不得终止本合同，否则视为违约，应赔偿乙方所有投入及年租金的三倍。

7.3 甲方允许乙方对租赁房屋进行招商、运营、转租。甲方不得以任何理由影响迫使乙方停止或不能正常开展经营活动。

7.4 如甲方仍居住在与出租房同幢的房屋内，甲方应当配合乙方以及乙方引进的企业使用该房屋用于创意产业的形象要求。

7.5 甲方应确保出租房屋能安全正常使用，保证不漏水，通水、电、通电话和网络，保证排污排水系统正常运行。甲方应按照乙方用电量的需求，保证水、电用量正常使用，不得无故停水断电，如遇故障和设备维修，甲方应提前通知乙方。

7.6 甲方应按时向乙方收取租赁费。如遇乙方三个月以上无正当理由逾期不缴租金的，甲方有权单方面终止合同。乙方应在一个星期内清空所有物品，否则视作乙方放弃，甲方有权处置。

7.7　为配合乙方签约注册，甲方应开具注册所需的转租证明、土地证等所有证明和文件。

第八条　乙方的权利与义务：

8.1　租赁期内，乙方必须遵守国家有关财政、税收等政策，依法经营，如有违反，一切后果由乙方负责；

8.2　租赁期内，乙方应爱护甲方资产，乙方不得将租赁财产对外担保和抵押，不得将所租赁物（房屋）到银行进行信誉贷款；

8.3　在租赁期内乙方经营所发生的债权、债务及相关费用由乙方自行承担；

8.4　乙方必须按合同约定期限及时支付租金；

8.5　乙方在租赁期满后，如需续租，乙方享有优先权；

8.6　租赁期间，房屋的使用权归乙方，包括房屋外墙、屋顶、绿化带、附房、院子、厕所、合同区域内的空地及房屋的附属配套设施（如自行车位、汽车车位）等。

第九条　违约责任：

9.1　甲方应按合同约定的交付日期将出租的房屋交乙方使用。如甲方逾期不交房屋的，则每逾期一天，租金计算日往后延一天，并向乙方按日支付年租金款项的万分之五的逾期交房违约金。若乙方逾期办理交接的，约定交付日即为实际交付日。

9.2　乙方应当按时缴纳房租。乙方逾期缴纳房租，按每天万分之五计算违约金。

第十条　免责条件：由于地震、台风、水灾、战争、国家政策发生重大调整或社会突发性事件等不可抗力因素致使直接影响本合同的履行，遇有上述情况的一方立即以书面形式通知对方，并应在30天内提供不可抗力详情及合同不能履行、部分不能履行或需要延期履行的有效证明文件，按其对履行合同的影响程度，由双方协商解决是否解除合同或部分免除履行合同的责任或延期履行合同。

第十一条 争议的解决：因履行本合同发生的争议，由当事人协商解决；协商不成的，可依法向房屋所在地的人民法院起诉。

第十二条 协议文本：本合同经双方签字盖章后生效，一式四份，甲、乙双方各执二份。

出租方（盖章）：　　　　　　　承租方（盖章）：

授权代表人（签名）：　　　　　授权代表人（签名）：
　年　　月　　日　　　　　　　　年　　　月　　　日

主要参考文献

巴特摩尔：《平等还是精英》，尤卫军译，辽宁教育出版社，2006。

曹锦清、张乐天、陈中亚：《当代浙北乡村的社会文化变迁》，上海远东出版社，2001。

陈光金：《中国农村现代化的回顾与前瞻》，湖南出版社，1996。

陈光金：《中国农村社区精英与中国农村变迁》，中国社会科学院研究生院，博士学位论文，1997。

道格拉斯·诺斯：《制度、制度变迁与经济绩效》，刘守英译，上海三联书店，1994。

杜赞奇：《文化、权力与国家——1900～1942年的华北农村》，王福明译，江苏人民出版社，1994。

费孝通：《乡土中国生育制度》，北京大学出版社，1998。

费孝通：《江村经济》，商务印书馆，2001。

冯鹏志：《论技术创新行动的环境变量与特征——一种社会学的分析视角》，《自然辩证法通讯》1997年第4期。

弗朗索瓦·佩鲁：《新发展观》，张宁、丰子义译，华夏出版社，1987。

贺雪峰：《村庄精英和村庄记忆：理解村庄性质的二维框架》，《社会科学辑刊》2000 年第 4 期。

胡书芝、刘征：《农村精英与农村社区发展》，《社会》2003 年第 1 期。

胡杨：《精英与资本——转型期中国乡村精英结构变迁的实证研究》，中国社会科学出版社，2009。

黄宗智：《华北的小农经济与社会变迁》，中华书局，2000。

加塔诺·莫斯卡：《统治阶级》，贾鹤鹏译，译林出版社，2002。

贾春增：《外国社会学史》（修订本），中国人民大学出版社，2000。

金太军：《村庄治理中三重权力互动的政治社会学分析》，《战略与管理》2002 年第 2 期。

金指基：《熊彼特经济学》，林俊男、金全民译，北京大学出版社，1996。

蓝宇蕴：《都市里的村庄——一个"新村社共同体"的实地研究》，生活·读书·新知三联书店，2005。

李珂：《集市乡村的再造——一个中国西南村落精英的成长历程》，社会科学文献出版社，2012。

李路路、王奋宇：《当代中国现代化进程中的社会结构及其变革》，浙江人民出版社，1992。

李培林：《村落的终结——羊城村的故事》，商务印书馆，2004。

卢福营、刘成斌：《非农化与农村社会分层——十个村庄的实证研究》，中国经济出版社，2004。

陆学艺主编《内发的村庄》，社会科学文献出版社，2001。

陆益龙:《农民市场意识的形成及其影响因素——基于2006年中国综合社会调查的实证分析》,《中国人民大学学报》2012年第3期。

马良灿:《"内卷化"基层政权组织与乡村治理》,《贵州大学学报》(社会科学版)2010年第2期。

毛丹:《一个村落共同体的变迁——关于尖山下村的单位化的观察和阐释》,学林出版社,2000。

米尔斯:《权力精英》,王崑、许荣译,南京大学出版社,2004。

倪志伟:《市场转型理论:国家社会主义由再分配到市场》,载边燕杰主编《市场转型与社会分层——美国学者分析中国》,生活·读书·新知三联书店,2002。

潘维:《农民与市场:中国基层政权与乡镇企业》,商务印书馆,2003。

瞿同祖:《清代地方政府》,法律出版社,2011。

任轶:《政治精英在村庄治理中的角色:一种比较发展的视角》,《南京社会科学》2013年第9期。

孙立平:《总体性资本与转型期精英形成》,《浙江学刊》2002年第3期。

仝志辉:《农民选举参与中的精英动员》,《社会学研究》2002年第1期。

王春光:《中国农村社会变迁》,云南人民出版社,1996。

王春生:《村民自治背景下的基层政权与村落社区互动关系探究——以1998年后珠三角农村地区为个案》,《社会主义研究》2002年第6期。

王汉生:《改革以来中国农村的工业化与农村精英构成的变化》,《中国社会科学季刊》1994年总第9期。

王铭铭：《村落视野中的文化与权力》，生活·读书·新知三联书店，1997。

王思斌：《村干部的边际地位与行为分析》，《社会学研究》1991年第4期。

王颖：《新集体主义：乡村社会的再组织》，经济管理出版社，1996。

维尔弗雷多·帕累托：《精英的兴衰》，宫维明译，北京出版社，2010。

吴思红：《村庄精英利益博弈与权力结构的稳定性》，《中共中央党校学报》2003年第1期。

吴毅：《村治变迁中的权威与秩序——20世纪川东双村的表达》，中国社会科学出版社，2002。

西奥多·舒尔茨：《改造传统农业》，梁小民译，商务印书馆，1987。

肖唐镖：《转型中的中国乡村建设》，西北大学出版社，2003。

萧楼：《夏村社会——中国"江南"农村的日常生活和社会结构（1976~2006）》，生活·读书·新知三联书店，2010。

宿胜军：《从"保护人"到"承包人"》，载杨善华、王思斌主编《社会转型：北京大学青年学者的探索》，社会科学文献出版社，2002。

徐勇：《由能人到法制：中国农村基层治理模式转换》，《华中师范大学学报》（社会科学版）1996年第2期。

徐勇：《权力重组：能人权威的崛起和转换——广东省万丰村先行一步的放权改革及启示》，《政治学研究》1999年第1期。

徐勇、徐增阳：《流动中的乡村治理》，中国社会科学出版社，2003。

亚历山大·亚诺夫：《农民经济组织》，萧正洪译，中央编译出版社，1996。

杨建华主编《经验中国》共5本书，分别为《村落的非农经济》、《村落的政治》、《村落的技术》、《村落的宗族》、《村落的生活世界》，社会科学文献出版社，2006。

詹姆斯·斯科特：《农民的道义经济学——东南亚的反叛与生存》，程立显、刘建等译，译林出版社，2001。

张静：《现代公共规则与乡村社会》，上海书店出版社，2006。

张静：《基层政权——乡村制度诸问题》（增订本），上海人民出版社，2007。

张兆曙：《非常规行动与社会变迁：一个社会学的新概念与新论题》，《社会学研究》2008年第3期。

张仲礼：《中国绅士——关于其在19世纪中国社会中作用的研究》，李荣昌译，上海社会科学院出版社，1991。

折晓叶：《村庄的再造——一个"超级村庄"的社会变迁》，中国社会科学出版社，1997。

折晓叶、陈婴婴：《社区的实践——"超级村庄"的发展历程》，浙江人民出版社，2000。

郑辉、李路路：《中国城市的代际转化与精英再生产》，《社会学研究》2009年第6期。

图书在版编目（CIP）数据

社区精英与村落共同体再造：右坞村城市化的观察
与阐释／莫艳清著. -- 北京：社会科学文献出版社，
2017.6
（中国地方社会科学院学术精品文库. 浙江系列）
ISBN 978 - 7 - 5201 - 0425 - 8

Ⅰ. ①社… Ⅱ.①莫… Ⅲ.①农村 - 城市化 - 研究 -
杭州 Ⅳ. ①F299.275.51

中国版本图书馆 CIP 数据核字（2017）第 043280 号

中国地方社会科学院学术精品文库·浙江系列
社区精英与村落共同体再造
——右坞村城市化的观察与阐释

著 者／莫艳清

出 版 人／谢寿光
项目统筹／宋月华 杨春花
责任编辑／周志宽

出 版／社会科学文献出版社·人文分社(010)59367215
地址：北京市北三环中路甲 29 号院华龙大厦 邮编：100029
网址：www.ssap.com.cn
发 行／市场营销中心（010）59367081 59367018
印 装／三河市尚艺印装有限公司

规 格／开 本：787mm × 1092mm 1/16
印 张：25.75 字 数：318 千字
版 次／2017 年 6 月第 1 版 2017 年 6 月第 1 次印刷
书 号／ISBN 978 - 7 - 5201 - 0425 - 8
定 价／128.00 元

本书如有印装质量问题，请与读者服务中心（010 - 59367028）联系